復刻版

現代知識 教化講習録 第4巻

不二出版

〈復刻にあたって〉

一、復刻にあたっては、高野山大学図書館にご協力いただきました。記して深く感謝申し上げます。

一、本復刻版は、より鮮明な印刷となるよう努めましたが、原本自体の不良によって、印字が不鮮明あるいは判読不可能な箇所があります。

一、資料の中には、人権の視点から見て不適切な語句・表現・論もありますが、歴史的資料の復刻という性質上、そのまま収録しました。ただし、「地方資料」は編者との協議の上、収録しておりません。

（不二出版）

〈第4巻　収録内容〉

『現代知識 教化講習録』執筆者索引

凡例

一、本索引は配列を五十音順とした。
一、旧漢字、異体字はそれぞれ新漢字、正字に改めた。
一、表記は、復刻版巻数―復刻版頁数の順とした。

（編集部）

現代知識

敎化講習録

第七巻

現代智識 教化講習録（第七巻目次）

實用論理……（一七―四八）……東洋大學學長 境野黄洋
社會問題と思想問題……（八五―一〇〇）……帝國大學助手 文學士 赤神良譲
兒童心理の應用……（一七―三二）……東洋大學教授 高島平三郎
經濟學說と實際問題……（九七―一一二）……慶應義塾大學教授 淸水靜文
思想の表現と聽衆の心理……（四九―六四）……加藤咄堂
歐洲近代文藝思潮……（八五―一〇〇）……文學博士 金子馬治
社會教育……（九七―一一二）……文部省社會教育課長 文學士 乘杉嘉壽
大戰後の世界現勢……（八五―一〇〇）……ドクトル・オブ・フイロソフイー 長瀨鳳輔
日本の文化と神道……（九七―一一二）……帝室博物館祭祀神祇部主任 津田敬武
課外講義 日本敎育史上に及ぼせる佛敎の勢力……（一―一四）……文學士 橫山健堂
敎化資料（一五―二四）……雜錄……（二四）……

法せりと稱せらるゝ彌勒菩薩の述作、此等大乘諸論師の著書中に採用せられて居るところの因明は、悉く此の古因明に屬するものであります。龍樹菩薩の『方便心論』には『明造論品』『明負處品』『辨正論品』『相應品』の四品を設けて、因明學を說いて居るので、此の事は村上專精博士が、過ぐる年、始めて『因明學全書』の中で此の事を明にせられて居る。それから彌勒菩薩の說としては、其の『瑜伽論』第五十卷の中に七因明を說いて居るが、七因明といふのは、論體、論處、論據、論莊嚴、論負論出離、論多所作法である。今は一々之を說明することを略するが、此の中で第三の論據が最も重要なので、此の一段に、論式及び其の他の一般法則が說明されて居るのであります。此の『瑜伽論』は、彌勒が、無着の請ひにより、每夜兜率天より、中天竺の阿瑜遮耶(Ayodhya)の講堂に降下して說いたと傳說せらるゝもので、支那に飜譯せられて一百卷の多きに及んで居るのであります。

無着菩薩の因明論は、其の著『顯揚論』と『雜集論』とに出て居るので、世親菩薩の因明說は、『論軌』、『論式』、『論心』の三部の書を出して、之を大成したと言はれて居るが、然し此の書は、支那に飜譯になつて居ないから遺憾ながら之を知ること

が出來ないのである。然し佛敎に於て、因明學を採用し、落も盛んに其の著書中にも適用してるものは、無着、世親系の學徒、卽ち法相唯識論派に多いのであつて、佛敎因明學といふも、或意味から言へば、法相宗の因明學と言つても然るべしと思はるゝほどであるのであるから、此の派に於ける因明學硏究の盛んなることは想像せらるべきものであつて、そうして其の起原は、全く無着、世親の二大菩薩にあるのであります。

龍樹の『方便心論』には、論式組織の詳細の説明はないのであるが、彌勒の『瑜伽論』には八種の能成立を説いて、論式には四段論法を構成して居る。八種の能成立といふのは、

八種の能成立
- 立宗
- 辨因
- 引喩
- 同類
- 異類
- 現量

比量
正敎量

此の能立の八種といふのは論式組織の要件八種を擧げたのであるが、然し無着の『雜集論』には立宗、立論、立喩の三は、盖し『瑜伽』の立宗、辨因、引喩と同じことで、其の次ぎに合と結との二つを加へて同類、異類を省いて居る。思ふに立宗、辨因引喩は、宗因喩の三段で、これは前にも述べた如く、斷案、小前提、大前提であつて、そうして其の引例たる譬諭に同類の喩と、異類の喩とがある。此の詳細のことは後に述べるが、兎に角『雜集論』には、合と結との二を加へて、此の同異喩を合の一つとし、更に結を増したものである。後の現量、比量及び正敎量(『雜集』に御聖敎量)は現見の事實より來るか、推論か、或は典籍の上に依據があるか、其の主張の材料の由來を明にするので、これも論式組織の要件ではあるが、論式構成の直接材料ではない。されば『雜集論』の論式は

宗
因

五段論式
- 喩
- 合
- 結

となるのであるが、『瑜伽』の八能立説は恐らくは、論式としては、此の五段論式の結のないものであらうと思ふから、宗因喩同異喩の四段論式となるわけであるが、然し同喩と異喩とを別々に擧げたものとすれば一種の五段論式で『雜集』の五段とは、大に異なるのである。卽ち

『瑜伽』の五段論式
- 宗
- 因
- 喩
  - 同喩
  - 異喩

世親菩薩は、其の『如實論』等によると、『雜集』と同一の五段論式を用ひたものの樣である。然し世親は此の五段論式を煩雜に失するものとして、合と結との二を除いて、之を三段論式に改めたものゝ樣である。これが歴史的には、三段論式卽

ち因明學でいふところの三支作法の起原になつて居るのであります。蓋し合といふも、結といふも、つまりは宗因喩の外にあるものではなくして、此の三支の中に含んでることを反覆するに過ぎないのであるから、三支の外に、重ねて之を繰り返すのは、簡明を旨とする論理の形式としては無用のことであるので、世親は、之を省いて三支としたものであらうと思ふ。世親が三支作法を用ひたといふことは、支那の因明學大成者とも見らるべき慈恩大師の『因明大疏』に出て居るのであります。今五分作法を古い合によつて出して見ると、

(一)、聲ハ是レ無常ナリ――宗
(二)、依テレ因ニ生スルカ故ニ――因
(三)、若シ有リレ物、依テレ因ニ生スル者ハ是レ無常ナリ、譬ヘハ如シ二瓦器ノ依テレ因ニ生スルカ一故ニ無常ナルカ一――喩
(四)、聲モ亦如シレ是ノ――合（總テ依ッテレ因ニ生スル者ハ無常ナリ聲ヘ依テレ因ニ生ス故ニ聲ハ無常ナリ）

（五）是《ノ》故《ニ》聲《ハ》無常《ナリ》——結

此の論式の内、第四段の合は、下に註した樣に言ふのが正式であるが、略して「聲《モ》亦如《シ》是」と言つたのであります。　此の聲に關する論式は、因明の書物には能く出て來る例であつて、印度のミーマーンサー派、即ち聲論哲學派と稱する一派では、聲の本體、は常住なりといふことを主張したので、之に對して、佛教の方から、聲は無常にして常住でないといふことを言つた、其の論式を、例にして來たのであります。　此の論式の中で、第一の宗、第二の因はこれでよいとして、第三の喩は、因によつて生ずるものは皆無常であると結んで、其の實例まで出したのであるから、これでもう論理の形式は立派に終つて居る筈である。　因明で、喩といふのは、名稱から言へば、實例としての、譬喩を出すのが本來の意味なのであるが、其の例とさるゝ物柄と共に、これが譬喩となる理由をも同時につけ加へることゝなり、しかも此の理由あればこそ、此の物も、實例に供さるゝわけであるから、理由は喩の本體と考へらるゝことゝなり、物柄は寧ろ第二義的のものと見らるゝわけになるのである。　そこで、前の「若し物あり、因に依つて生ずるものはこれ無常なり」といふ、其の理由が喩の本體で「譬へば瓶

器の如し」といふ方は、喩としては、寧ろ本體ではないといふことゝなり、喩について喩躰と喩依との別を明記し、理由は喩躰であり、物柄は喩依である、喩依は喩躰によつて、始めて喩たることを得るものであると考へられることゝなつたのである。それであるから、喩の名稱から言ふと、喩依の方が主の樣であるが、因明學では、喩依は、必ず喩躰を伴はなくては喩たる資格がないことになるのであるから、「總べて因に依つて生ずるものは無常である瓶器などは其の一例だ」と言はなければ、單に「瓶器の如し」と言つた丈では完全の喩の形式とはならないわけである。此の喩躰、喩依を擧げて、論式を結べば、五段論式の合と結との二は全く無用のものであることは明である。蓋し之を五段として、所謂五分作法なるものゝ現はれたのは宗を斷案として、理由(因)を述べ、喩によつて例證し、以て宗と同じ斷案(結)まで行く、當然の思想運用の順序を並べたので、「火は熱い」「熱があるから」「熱のあるものは何でも熱い」だから熱のある火は熱いんだ」と順序よく、丁寧に言へば言ふのであるが、然しそう言はなくても「火は熱い」「熱があるから」「熱のあるものは何でも熱い」と、言つた丈で、能くわかつてるわけだ、それであるからおしまへの一段(合、結)は入らないといふ、簡潔を

欲するところから三支作法は出て來たわけで、五分作法は、言はゞ丁寧な形式なのであり、それが丁寧過ぎたと考へられたわけなのである。

「我々勞働者(鐵工)の賃銀は全體馬鹿に廉いじやアねいか、こんなこッちやアとても食へやアしねえや。マア造船職工だつて同じやうなもんだ。金持の奴等見ろ毎日二時間か三時間、會社に顏丈出しやアがつて、それでしこたまうめい汁を吸つて居やがるじやるねえか」

今の鐵工勞働賃銀は廉過ぎる——宗
これじやアとても食へねえ——因
食つて行けねえ賃銀なら廉いと言はなくつちやアなるめえ
造船職工だつてみんなそうだ。金持の奴等とは、丸であべこべだ——喩

斯ういふ論理の形式になる。此の喩の中で「おればかりじやアねえ」といふこと

を示す爲めに、實例として、「造船職工だつて皆そうだ」と言つたのはこれは喩依であり、「食つて行けねえ樣な賃銀は廉い」といふのは喩體である。ところが、金持のものはどうかといふと、我々とは反對に少しばかり働いて、多額の收入を得て居るではないかと言つたのは、これは反對の實例を示して、長く働いて食ふことの出來ない賃銀を得て居るものは廉いと言はなければならないといふ論據を確實にしたのであつて、これも喩依の一つである。そうすると、喩依に二つの區別があるといふことがわかる。即ち宗の斷案と同じ種類の例證に供さるべき譬喩と之と反對の例證として擧げられる譬喩とで反對の譬喩は、反面から自分の主張を確實にするものであります。そこで此の反面の例と正面の例との二つの中で正面の例證を同喩といひ、反面の例證を異喩と呼ぶことになつて居るのである、

同喩に喩依、喩體の區別があれば、勿論異喩にも喩依、喩體の區別がなければならないわけである。故に詳細に言へば

食へない收入は廉いと言はなければならない、造船職だつて同樣じやァねえか

收入の多過ぎる奴は贅澤過ぎる資本家どもを見ろ

と一々言はなければならないわけである。但し論理の形式としては、斯くの如く一々喩依喩體を出すのが原則であるけれどもこれも、實際相互立敵對立して議論をする時には必ずしも喩體は出さないので、單に喩依を出すに止めて居る。喩依を出す以上は、喩體は之に含まれて居るからである。之に依つて、理論としては喩體に重きを置くけれども、實際としては喩依を出すのが、本來の目的なので喩といふ名稱のある所以も、之で領會さるゝでありませう。

今の鐵工勞働者の賃銀は低廉なり
一家を養ふ能はざるが故に
造船職工の如し(同喩)
資本家の如し(異喩)

これでよいことになつて居るのである。此の喩體のことを或は理喩といひ、喩依のことを事喩と言つてもよい。

以上述べた樣に、三支作法は世親論師から始まつてるのであるが、然し此の三支作法を繼承して、此の論式に就いての議論を大成したものは、陳《ヂン》那《ナーガ》論師(Dignāga)であ

る。此の人は、學説としては純然たる世親系統の唯識宗の系統の學者であつて、最も盛んに因明論式の研究をなし、所謂三段論式を佛敎因明學の定式とし、なほ前に述べた喩に噴依喩體の別を論明したのも、實に陳那以後に出來たもので其の以前には、そんな議論はなかつたのである。なほ喩に喩依喩體あることを説いたと同じ樣に、宗にも宗依宗體の別あることを論明した。宗は、其の形は、

甲は乙なり

といふ、單純なものであるが、此の言葉の中で、一番重要な點は何處にあるかといふのに「なり」といふ一語にある。

今の我々の賃銀は廉い

否汝等の賃銀は廉くない

斯う兩人の間に爭ひの起つた際、兩者の爭點は「我々」と「汝等」ではなく、また「賃銀」でもない。其の「やすい」の「い」と「やすくない」の「ない」の爭ひである。「い」と「ない」これは「なり」と「ならず」の爭ひである。此の宗の

なり

ならず
を、陳那は宗の本體として、宗體と名づけたので「甲」と「乙」とは、共に之を宗依とするのである。

其の外陳那によりて明瞭にされ、詳細にされ、發明せられたる點が甚だ多いのでこれまでと違つて、陳那の新因明により、因明學は佛敎內の新しい學問として、他の婆羅門敎等で用ひたものと違つた因明として發達を遂げることになつたのであるから、之を陳那以後は、特に佛敎因明學と言つてもよい樣なものになつたわけである。故に因明學發達の上から言ふと、陳那以前を古因明とし、陳那以後を新因明として、之を二大時期に區別されると前に言つたのは此のわけである。

陳那論師の因明に關する著述としては、『因明正理門論』がありて支那に譯せられて居るし、其の弟子の天主論師卽ち商羯羅主(Sankrasvāmin)の『因明入正理論』も支那に譯せられて居る。これから以後、印度では唯識宗と三論宗と大乘佛敎に二大宗派の區別が出來、盛んに相爭つたのであるが、二宗共に其の議論に因明を應用したので、殊に唯識の學者には其の立論上、因明は少しも離れることの出來ない

ものとなり、唯識學者卽ち因明學者と言つてもよいほどになつて來たのである。

支那では、これも唯識を印度から支那に傳へた關係上、因明學も玄奘三藏によつて傳へられ、其の弟子の窺基卽ち慈恩大師之を受け、これから、支那で其の研究が益んになつたと共に、日本でも奈良朝から平安朝鎌倉と法相唯識の學者には、必然入り用なものとして、絶えず研究せられて來たものである。

三　宗　論

三段論式の中の第一の宗について、先づ大體のことを講述しやう。

宗の形體は總べて三段より成立して居る。

甲は乙なり

といへば、「甲」と「乙」と「なり」とを宗の三段とする。　但し「甲」と「乙」との間に「は」の一語があつて、「甲」と「乙」とを連續せしめて居る。　そこで「は」の言葉で前後に區別せられて、「は」の前の「甲」を前陳といひ、「は」の後の「乙」を後陳と呼ぶ。　此の前陳後陳の宗依を合せて「なり」と斷定し、卽ち此の宗體によつて、こゝに一個の宗が成立したのである。　宗體と

宗依のことは前章に述べてあるから、こゝでは略する。

今日の政黨は、公黨ではない、朋黨である。國家國民あることを知らないで、唯黨人黨利あることを知るのみではないか。

と言ふ場合に、

今日の政黨は朋黨なり

とか、

今日の政黨は公黨にあらず

とか、いづれにでも、宗を立てることが出來るが、「今日の政黨」は前陳の宗依で、「朋黨」「公黨」は後陳の宗依であり、「なり」「あらず」は、共にこれ宗體であるのであります。

宗體は立者（主張者）と敵者（反對者）と相爭ふ、所謂爭點であるから、言ふまでもなく一人は許し一人は許さない性質のものでなくてはならない。二人の間に反對がなく、宗體に對して、同意見である場合は議論は起らないので、議論が起らなければそれは宗として、特更に言ひ出す必要もないわけであるから、形は宗の形をなして居ても、因明學上宗としての價値はないのである。

人は誰でも死ぬ

と言ふ樣なことを、誰かまじめで主張したとすれば、それは唯滑稽である。此「死ぬ」の「ぬ」といふ宗體に對し、誰が「なぬ」と言つて反對するものがあらう。こんな宗は宗にして宗でない。之を因明學では、遍所許宗と言つて斥けるのである。適所許は、遍く誰でも許す所で、一人の異論者もないといふことをいふのである。また遍所許でないとしても、自分と同じ意見のもの丶中で、相互に認めて居ることを、宗として立てるのも、遍所許と同じ理窟で、宗としての價値はない。例へば佛致者仲間で、

佛樣は有りがたい

なんど丶言つたつて、それは宗としての價値はない。然し此の宗は、佛教反對者に對すれば宗となる。佛致者の間では、相互共許であるから、宗としての價値はないといふので、因明學では、之を先承稟宗と名づけるのである。先承稟は、昔から相承稟して來た說で、佛教者ならば、誰でも古來「佛樣は有りがたい」と傳へて來て居るから、これ先承稟と言はる丶のである。以上の遍所許と先承稟の二宗は共に立敵相爭ふものありて、始めて宗の意義が成立するといふ原則に反して居るから宗とし

ての價値はないといふのである。

それから因明論理は、言語があつて、始めて成立するもので、言語がなければ因明はない、勿論因明は言語だけで成り立つものではない、言語は一つの音符に過ぎないから、言語の中に包含して居る義理があつて、始めて言語の形式が出來るわけであるし、此の言語を聞いて、其の言語の含んで居る義理を領會する智識が、敵者になくては、因明は成立しない。言語と義理と智識、此の三者が揃はなくては、因明は成立しない、委しく言へばこういふことになる。なほ更に言へば義理を立敵兩者の問題とし、立者の方では言語により、敵者の方では智識により、此の義理を主張し、反駁する所に因明は成立する。故に立者から言へば、言語を生因と言ひ、これ敵智を生せしむる因とし、敵者から言へば、智識を了因とし立者の言語を知了する因なりとするのである。然しながら義といひ、智といふも、相互の意志を通ずべき言語となつて現はれない間は、因明形式の上には何の効果もないのであつて、「眼は口ほどに物をいひ」の眼で知らしたとてそれは因明にはならない。「ナア、それ、わかつたらう」などゝ、眼つきで、いくら知らしても、それは因明ではない。どれほど一を聞い

て十を知つたり、目機銖兩と言つて、一目見てハツとわかる智識があつたとて、それは因明にはならない。因明は、どこまでも言語に現はれた上の話である。之を因明の因とは、立者の言語で、即ち因とはこれ立言であるとまで言はるゝ所以で考へ様によつては、三支の因も立言なりとも言はれるとまで説くのである。されば宗も、言語に現はれなければ宗の價値はないので、眼や顏つきで知らす宗もなし、想像やあて推量でわからす宗もなし、遠廻はしに具はす宗もなし、間接に領會させる宗もない。たとひ言語に現はれても、間接では宗にならない、宗は必ず直接のものである。此の間接的の宗のことを傍憑義宗と名づけるのである。傍憑義といふのは、直接に言つた言葉により推量して外のこともわからせることで、傍とは間接の意味であり、義に憑るとは、其の言葉の義によつて、推量される様に言つてることを指すのである。

私は耶穌は嫌ひだ

と言つたら、勿論

私は無神論者だ

といふことがわかる筈だといふ様なことを言ふのは、これ傍憑義宗で、因明の形式として、

私は神ありと信せぬ

と、言語に現はさなくては立敵の爭を起す宗としては認められないのである。これは宗は、必ず言語に詮表せられなければならないことを示すのであります。

こゝまで言つて來たことによつて宗は必ず言語に詮表せられたもので、誰にも異論のない様なものではなく、必ず立敵相互に異論のあるものでなければならないことが明になつたであらうと思ふ。故に因明學上の宗は、必ず不顧論宗でなければならないといふのである。不顧論といふのは、敵者に對し、其の反對を顧みず論ずることで、卽ち反對あることを豫想せられた宗であることを意味するので「論ずる」といふから勿論言語に詮表せられたものであることを要することは言ふまでもない。

宗體は、斯ういふわけで立敵爭ひの中心であつて一許一不許でなければならない。術語で言へば、所謂違他順自でなければならないのであるが、然し宗依に至つては、前陳後陳ともに、これは立敵共許で、どちらにもわかりきつて居なければなら

ないことは申すまでもない。佛教者が少しも佛教を知らないものに向つて、
　俄《が》那《な》鉢《はつ》底《てい》は大日如來の等流法身なり
なんて言つたつて、何のことやら、薩張りわからない。爭點となるべき、宗體の「なり」丈はわかつたが、俄那鉢底（Gaṇapati 聖天樣）も（前陳）大日如來の等流法身、後陳）も少しもわからない、それでは、宗としての意味はないことになる。これは別にくどく言ふ必要のないほど明瞭なことであらう。

天地間に神樣なんてあるもんかネ、若しあるなら、此のおれに罰を當てゝ見ろだ、棚の達磨同樣神棚に睨まへて居つたつて何の罰が當てられるものかえ、

之を論理的の命題にすると、
　天地間に神あることなし
　神罰は信ずべからざるが故に
　神罰なきは神なきなり、神棚の達磨の如し
こんなことになる。　此の論式は「あることなし」と言ふんだから、消極的の論斷であつて、斯ういふ形式の宗を遮詮の宗といふ。　之に反して、

私は神があると信ずる

世界を造つたものがなければならない筈だから

造られたものがあれば造つたものがある筈だ、机があるから大工を知る様なものである

これは「我は神ありと信ず」とか「宇宙間には神あるべし」とかいふ宗になるから、此の場合は、之を表詮の宗といふのである。

お前は馬鹿だ、これ丈言つてもわからない、丸で豚の様な奴だ、我々と同じ人間ならもつとわかりそうなものだ。

此の話しは勿論表詮の宗である。

汝は馬鹿なり

理會力なきが故に

總べて理會力なきものは馬鹿なり

豚の如し

馬鹿にあらざる人間は理會力あり

我々の如し

先づこんなことになる。そこで此の宗の前陳後陳の宗依の關係を考へて見るのに「汝は馬鹿なり」と言へば「汝」の中に「馬鹿」といふ性質を持つてるといふことを言ふのであるから「馬鹿」は「汝」の中に含有されてることは明である。隨つて「汝」の中に含有されてる「馬鹿」を特に取り出して「汝」を說明してるのであるから「汝」は說明され手であり「馬鹿」は說明し手である。斯ういふと「馬鹿」は「汝」の中に含有されてる性質と言ふから「馬鹿」は「汝」より小さいもの〻如く思はれるがそうではない。「馬鹿」は「汝」の中に含まれて居るけれども「馬鹿」と言はれるものは、獨り「汝」ばかりではない。「汝」の外に、世界には澤山に「馬鹿」は居る。して見ると「馬鹿」の方は「汝」以外澤山の馬鹿に通ずるので「汝」と言はれるものは一人より居ないのであるから「汝」の方は「馬鹿」より非常に範圍の狹い、小さいものであることがわかるであらう。更に繰り返していふと、宗の前陳後陳の宗依の關係は、

一、前陳は範圍狹く後陳は廣し

二、後陳は前陳の中に含有せらる

三、前陳は所說明者にて後陳は能說明者なり

といふことになる。此の三つの關係を、因明學の術語でいふと、

一、前陳は自性、後陳は差別なり

二、前陳は有法、後陳は法なり

三、前陳は所別、後陳は能別なり

といふのである。自性は單獨な夫れ自身のことで、差別は、他の多くに共通することである。甲にも、乙にも、丙にも、存するから差別と言ふのである。故に自性は範圍の狹小で、差別は、範圍の廣大である。次ぎに有法といふのは「法を有《たも》つ」と訓むので後陳の法を含有して居ることである。法は、前陳の中に含有さるゝ物柄である。所別能別のことは說明するまでもあるまい。

宗依の前陳後陳の關係はどんな場合でも、大體以上の三つで說明されるので、之を無體の宗に就いて言ふ時は、第二條は前に反對に考へられる。即ち

汝は馬鹿にあらず

といふ宗の命題とすれば、「汝」の中に「馬鹿」を含んで居ないといふことになる。即ち

有法と法の關係は、有體の宗とは違つて來るのである。然し「馬鹿にあらず」といふは、實は「利巧なり」といふことであるから、之を有體に直ほして考へて見れば同じことになるわけである。

四　因　論

因明の因の字の解釋については、學者が色々なことを言つて居るが、私は簡單に因由或は理由といふことだと言つて置いてよからうと思ふ。つまり「わけ」である「私は世界に神樣といふものがあるとは思はない」といふ宗に對し、「何となれば」といふ意味で、次ぎに「神罰は信ぜられぬから」とか「在るといふ證明は出來ない故に」とかいふ理由を述べる、其の理由が卽ち因なるのである。三支作法の形式に於て、因は宗と喩の間に立つて居るが、これは因が一方宗に關係があり、一方喩に關係があるといふことを示して居るのである。そうして宗と因との關係を言へば、因は宗の前陳の宗依の中に存する、含まれて居るものであり、宗依後陳と同じ樣な關係にあるものである。然し宗後陳は、果して前陳の中に含まれて居るや否やは未知のこ

とで、争點になつて居るのであるが、因が宗依前陳の中に含まれて居ることは、已知のことであり、立敵相互に認められ、許されて居ることである。そうして因は宗前陳に含まれて居ることが確實なれば、當然後陳宗依は、宗前陳に含まれて居るといふことを示して居るわけである。そこであるから因と宗との關係は、因と宗前陳との關係、宗後陳との關係と二つになるので、また後陳との關係は、前陳の中に共に含まれて居る關係、因あれば必ず後陳ありといふ不離の關係になるのである。

今の日本の國民は丸で選擧といふことを理會して居ない、自分だち選擧區民や選擧地方の利益のために議員を選擧するものだと思つて、國家全體の爲め選擧するのだといふことを忘れて居る。

之を一つの形式にすると

今の日本國民は全く選擧の精神を理會せず

何となれば、自己の選擧區民、選擧地方の爲めに選擧するものと誤解し國家全體の爲めに選擧するたるを知らざるが故に

大分長い宗と因とになる樣であるが、それは少しもかまはない。宗にしても、前陳

後陳の宗依となる言葉は、必ずしも一つであるべき理由は無論ないのでいくつ重つても、更に差支はない。 扨此の論式に於て、「日本國民」といふもの丶中には、「選擧の精神を理會せず」といふ意味が含まれて居ることは、宗の有法と法の關係で當然のことである。 之と同時に、「國家全體の議政のための議員なんだから、地方の人民や、選擧區の不利益は、犧牲にしても、國家の爲めならば已むを得ないといふことを知らないで、地方や選擧區民の利益を計らない樣なものは選擧しないといふ利己的の心で議員を選擧して居る」といふ、卽ち因に述べられた理由も「日本國民」の中に含まれてる意味である。 卽ち「選擧の精神を理會せない」といふことも、「利己的に選擧してる」といふことも、共に「日本國民」の持つてるものであるから、宗後陳と因とは、共に「日本國民」の中に含まれて居るのである。 然し日本國民の選擧のしかたが利己的だといふことは、至るところの選擧で認められてることであるが、然し日本國民は「選擧の精神を理會せず」といふことは、一般に氣がつかずに居たのであるから、宗後陳は未知であり、因は已知であると言はなければならない。 そうして「かゝる利己的選擧を選擧と心得てる」樣なことでは、當然「選擧の精神を理會して居ない」ので

あるから、因に既に異論がないならば、宗後陳も認められなければならないといふことになる。但しこゝで宗後陳といふのは、精確に言へば、宗依後陳に伴ふ宗體を含めて言つて居るのであります。

かゝる次第であるから、因は宗の中に存し、因に依つて宗が成立するので、因がなければ宗は成立しない、卽ち因の外に宗がない。また因と宗後陳の關係を考へて見るのに、因のあるところ必ず宗後陳がある、因が立敵共許なれば、當然宗後陳も許されなければならないといふ、此の關係は、直ちに因と喩との關係を語つて居るのである。

利己的に選擧する選擧民は、選擧の精神を理會しないものである

といふのは、これ三支論式では、第三の喩の喩體であるからである。之に事喩を加へて、假りに

支那人の總統選擧の如し

とすれば、これで喩依喩體完全するわけである。それであるから、宗の斷案を成立せしむるものは、因であり、因を助けて、一層宗の成立を確實ならしむるものは喩で

あるから、因を眞能立とし、喩を助能立とし、宗を所立とするのである。しかも因と喩との關係は斯くの如く、因と宗後陳との結合を示して居るものであるから、因がなければ喩のあり樣はない。卽ち因の外に喩はない。して見ると、因は宗の中に存し、因は喩の中に存し、因は三支に貫通して、論式の本體となるもので、因の外に宗なく、因の外に喩はない、之を因相貫《いんさうくわん》」三《さん》、更無《きやうむ》別體《べつたい》」といふのである。之によつて、三支の内でも、因が論式中の最重要位置を占めて居るものであるといふことを知ることが出來るであらう。

尙ほ之から詳かに、因と宗喩との關係を明にするために、こゝに因の三相のことを述べなくてはならない。因の三相とは、因と宗との關係を規定した、遍是宗法性《へんぜしうはつしやう》といふことゝ、因と同喩との關係を規定した、同品定有性《どうほんぢやううしやう》といふことゝ、因と異喩との關係を規定した、異品遍無性《いほんへんむしやう》といふことゝである。因についての大事な說明は略ぼ此の三性を明にすることによつて盡きるのである。

遍是宗法性とは、今言つた如く、因と宗との關係を規定したものであつて、「遍してこれ宗が法たるの性」と訓む意味である。宗と法との關係に於て、法が宗に遍する

の關係でなければならないといふことを言つたので、「宗が法たるものは、是れ遍するを要する」といふことである。こゝで法と言つたのは、因を指したのであるからつまり「因は必ず宗に遍するを要す」といふことである。そこで「遍す」るといふことを少し説明しなければならないが、遍は周遍のことで、つまり一配になることである、範圍が滿遍なく一配になることである。

お前は馬鹿だ

理會力がない

と言へば「お前」と指される人間は唯一人であるし、「理會力がない」ものは、其の人間丈ではない、外にいくらもあるから、因の方が、宗よりも範圍が廣い、旣に因の方が範圍が廣いから「お前」といふものは「理會力のない」ものゝ中に全部はいつてしまつて、其の範圍外には出ない、斯ういふのを名けて、因は宗に遍するといふのである。

日本國民は自治といふことを知らない

賄賂で議員を選擧してるのでわかる

と、斯う言つたとする。然し日本國民は、一から十まで、誰でも賄賂でばかり議員を

選擧してるわけではない。寧ろ賄賂で選擧するものは一部分であつて、矢張り大部分は賄賂で選擧をしてないものであらう。そうすると、此の因では、「日本國民は自治を知らない」といふ宗は成立しないわけである。つまり日本國民の中には「賄賂で議員を選擧するもの」と、「賄賂などは顧みないで議員を選擧するもの」との二つの種類があるのに、此の因では、其の一方丈を擧げて居るのであるから、因の範圍の中に、宗がはいらない、宗の一部は因の範圍外のものになる、これは因が宗に周遍しないのであるからつまり遍是宗法性の規定に背いてるのである。嚴密に言へば前の「日本國民は選擧の精神を理會しない」といふ場合でも、之を言ふことが出來ることは勿論である。

之によつて、因と宗との關係は、因は必ず宗(前陳)に周遍することを要するもので周遍しなければ、完全の宗ではない、つまり宗として成立しないものであるといふことが明になつたであらうと思ふ。

次ぎに同品定有性であるが、これは因と同喩との關係を規定したものである。

日本國民は選擧の精神を理會せず

利己的選擧を行ふが故に

利己的選擧を行ふものは選擧の精神を理會せず、支那國民の總統選擧の如し

此の場合に於て「利己的選擧を行ふもの」は日本國民の場合の外でも「選擧の精神を理會せざるもの」と言はるゝや否や。今問題になつて居る、日本國民の場合を除いて、他の場合をしらべて見るといふのが、此の同喩の目的なのである。ところが支那の總統選擧の狀況を見ると、丸で黨派的利益や、個人の利慾のために、年中相爭つて、殆んど國家あるを知らないものゝ如くに見える、隨つて國內には紛擾絕えず、國力は日に衰弱して行きつゝあるではないか、これ選擧の精神を理會せざるが爲めに外ならない。そこで「支那國民の總統選擧の如し」といふ事喩を出したわけで、これで「利己的選擧を行ふものは選擧の精神を理會せず」と言はるゝのは、外でもさうである如く、日本でそうだといふ宗が成立するのである。

同品定有性といふ言葉の意味は、「同品には定めて有ふるの性」といふことで、同品とは宗に擧げられたと同じ種類のものを指したのである。

甲は乙なり

丙なるが故に

といへば甲と同じ種類のものが同品である。因の「丙なるが故に」「甲は乙」であるといふことを證明せんには、甲と同種類のものは、どれでも必ず「丙なるが故に乙である」ことを擧示する必要がある。それ故、同品には「丙なれば」必ず「乙は有なり」と證明するが同品定有なのである。

お前は馬鹿だ
理會力がないから
豚の様だ

といへば「お前」の外に、同品の「豚」も「理會力なければ馬鹿だ」と言はれる故に「お前」の馬鹿の證明になるのである。此の際に於て、「宗の成立に對し、一番必要なことは、「理會力のないものは皆馬鹿」だといふことの確實なことである、それさへ確かであれば、それでよいので、それが同品定有である、それを事によると「馬鹿なものは皆理會力がない」と考へるかも知れない、然しそれは今の場合必要のないことである。

甲は乙なり

丙なるが故に

と言へば「丙なるものは必ず乙なり」といふことさへ證明されゝば目的は達して居るので、同時に「乙なるものは必ず丙なり」といふことは入らないことである。たとひ「乙なるものは丙でない」ことがあつても宗の成立には、何の差支がないのである。「理會力のないものは馬鹿である」それ丈で宗は成立して居る、「馬鹿なものは理會力がない」と云ふことが入り用ではない。例へば馬鹿でも理會力のあるものがある感情が痲痺して居て、常人と違つてゐるのでも馬鹿と言はれる、よしそういふことがあつたつて、今の「お前は馬鹿だ」の宗の成立には差支がないのである。それであるから同品定有と言つて、特に同品遍有とは言つてない。つまり馬鹿に理會力な無いものと、有るものと二種あるとする。「お前は馬鹿だ」といふ宗を成立せしむる上に於て、因が其の同品の「馬鹿」の全部に同遍することを必要とはしない、唯一部分に定有であればよいといふのが、此の第二相の性質である。こゝが第一相「遍覺宗法性」とも第三の「異品遍無性」とも相違して、遍の字を用ひられて居ない理由である。

それから最後に、因と異喩との關係を規定した「異品遍無性」であるが、これは異品

には社會民主黨が組織されて、一九一二年には國際社會主義本部と連結され、一九一五年には五千三百八十八人の會員を有するに至つたのである。更に所謂ラテン亞米利加諸國、濠洲、南阿、東洋諸國に於いても相當の進歩と増加とを示しつゝあるのである。

以上、略記したのは大體世界各國に於ける、社會主義的政治運動であるが、此外にこの各國の社會主義的運動を運結して、世界を平面的に區分して日本であるとか、米國であるとか云はず、直ちに資本家と勞働者、富豪と貧乏人と、立體的に二分して、その間の階級鬪爭を遂行する爲に、世界に於ける勞働者の國際的團結が主張され、その運動が此の徒の國際會議となつて、次の如く行はれた。

第一インターナショナル

年度	開催地
一八六六年	Geneva.
一八六七年	Lausanne.
一八六八年	Brussels.

一八六九年　Basle.
一八七二年　Hague.
一八七六年　Philadelphia.

第二インターナショナル

一八八九年　Paris.
一八九一年　Brussels.
一八九三年　Zurich.
一八九六年　London.
一九〇〇年　Paris.
一九〇四年　Amsterdam.
一九〇七年　Stuttgart.
一九一〇年　Copenhagen.
一九一二年　Basle.

又第三インターナショナル*は、共産黨のインターナショナルであつて、一九一九

年の三月に新共産黨の宣言をなし、莫斯科にその大會を開催してゐるのである。

＊今年の第三インターナショナルでは、次の（1）、（2）、（3）項の決議をしたと、言はれてゐる。

（1）農民より租税の意味に於いて收穫の三分の一を徴收し、三分の二は農民の自由裁量に一任する事。

（2）最大の工業及其の輸送方法中特に鞣皮、鹽、織物に關する工業權は國家の所有とする事。

（3）小工業及中庸の協同工業及び民間の工業を奬勵して、工場を貸與し場合に依りては資金を供給すべきこと、又賃銀は勞働組合之を決定し、政府は工場監督の權利を有する事。

又六月二十五日國際デーローイドの報ずる所によると、米國の社會黨は、レーニン、トロツキーが出したる勞農政府の勞働法がその第一章に於いて强制勞働を規定してゐるのに反對して、この第三インターナショナルに加入するのを三十五票對四票で否決してゐる。

第七節　組合主義の運動

次に組合主義は主として、政黨の運動と殆んど密關して行はれ、彼等勞働者が團結し、その團結の力を以つて、勞働時間を短縮し賃銀を增額し、勞働狀態を改進せん

とするものであつて、其手段として用ふる所のものは、平和的のものに勞働條件の標準化、勞働の需要供給の調節、共濟、等で競力的にはストライキ、怠業、ボイコット等であつて、此運動は勞働運動の初歩である。そして若し此運動が進めば、議會主義となるが、退くと暴力主義に陷るのである。日本に於いてはこの種の運動*が最も勢力を得てゐて、議會主義にまで進まず、時として暴力主義にまで惡化することがあるけれども、それは多くは一時的である。

＊大正十年七月五日に東京市に於いて、開催された、日本勞働總同盟友愛會大會には、(1)東京鐵工組合、(2)東京電機及機械鐵工組合、(3)紡織勞働組合、(4)東京家具職工組合、(5)東京洋服技工組合、(6)竹內金庫職工組合、(7)大日本護謨勞働組合、(8)東京ゴム技工組合、(9)東京製材職工組合、(10)車輛勞働組合、(11)東京造船組合、(12)東京製紙工組合、(13)荏原、砂村、千住、北千住、龜戶、赤羽、日暮里友愛會獨立支部等が集會した。

この組合主義の運動の結果は職工組合(The Trade Union)であつて、賃銀勞働者と資本家とが對等に勞働契約をすることが出來る爲である。多くの職工組合は立法機關として、各地の支部より選出された代議員を以つて成る總會及び全組合員の一般投票があり、執行機關としては理事會、通常組合長、副組合長、會計及び書記長

から成つてゐる。又この組合は其地方によつて結合し、職工組合評議會(The Trade-council) 或は職工組合聯合會 (The Federation) がある、卽ち米國勞働聯合會、英國職工合總聯合會はその主なるものである。其外職工組合大會、職工組合中央團體書記國際會議、國際職工組合書記部(これは一九一三年に國際職工同盟と改稱した)等があつて、その活動を盛にしてゐるのである。

先づ組合は勞働者の生活狀態を高める爲めに、勞働條件に關する一定の標準を定め、これ以下では如何なることがあつても、勞働に從事することを絕對に、その組合員に禁じてゐる。そしてこの一定の標準は賃金に就いて云ふならば最低賃金の標準で、これ以下では勞働を供給しやうとはしない。それ故に斯くの如き理由で失業してゐる加入者には職工組合は失業給金(Unemployment Benefit)を支給するのである。やはりこれと同じい意味で、此の組合員以外の勞働者、卽ち最低生活の程度を保障し得られない賃金でも勞働しやうといふやうな、勞働者と同一會社內で働くことを拒絕することがある。それでこの組合員のみを雇入れると決定してゐる工場を Closed Shop と名づけ、混合して誰れでも雇入れる場合を Open Shop と

いつて區別してゐる

彼等の多くは又、マルクスが使用價値と交換價値との議論から、勞働時間を交換價値の目安としなければならぬ、卽ち一時間働いて生產した所のものと、一時間働いて得る所のものと同じきものでなければならぬといふ所から、一人の一日生活に必要なる物資をAとし、一週間に必要なる物資をBとし、四季に必要なる物資をCとし、一年に必要なる物資をDとすると、一日平均勞働者が必要なる生活資料は、次の式で表される、

$$\frac{365A+52B+4C+D}{365}=K$$

然るに、このKは多くとも六時間の勞働にて生產し得る物であるから、勞働者が一日六時間の勞働で一日生活するに充分なる賃金を得なければならぬ。然し苦痛であるか又は不快である勞働及び、その技術を修得するに長年月を要する勞働はこの時間の二分の一、卽ち三時間で充分であらねばならぬと要求するのである。

この學說によつて、其他の社會的事情を考察し、八時間制が一般に主張せられるや

うになつて來たのである。　茲に考へなければならぬ事は現今露國のボリシビキーの如く「働かざる者にはパンを與へず」といふことにならざる限り、世界の人口をその戶數について平均すると、大體、一戶の人數が五人といふことになる。　この標準定員の內で生產に從事する者、卽ち勞働者にせよ、官吏にせよ、他より一家の生活資料を取り來る者は、一人若くば多くして二人か三人で、五人が五人まで生產行爲をなすといふ家庭は殆んど稀である。　して見ると一人或は二人の生產者が、少くとも一家の生活費を得なければならぬことになる。

それ故に二人の者が五人の家族の生活費を得る爲には各十五時間の勞働をせねばならぬ譯である。　又ボリシビキーの如く "Not civil peace, but civil war" と叫ばす、現今の樣に各國對立競爭の有樣であるならば、各國の勞働者の能率及び機械の完、不完によつて、英國の勞働者が八時間制であるならば、日本は十時間も勞働せねば、ならぬことに立ち至る場合もあり得るのである、卽ち軍備に比率があるやうに國家對立の立場からすれば、この勞働時間にも比率がなければならぬ筈である。然しながら日本の勞働者は外國のそれに比して賃金が低率であるが故に同時間

で充分その價額に於て外國商品と競爭し得ることも考へねばならぬ。現に獨逸の勞働者は十二時間制を行ひ、十時間は自己の爲に、二時間は獨逸復興の爲にといつてゐるのに顧みて、勞働者はこの國家的立脚地に再考を煩はし、資本家は自家の利益にのみ走らず、勞働者の當然享有すべき賃銀を搾り取つてはならぬのである。乃ちリベル、ヒュルム氏の如きは、純然たる一日六時間制を以て足れりとするのであつて、現今の如く資本の豐富と、科學の應用と、自然力の利用と、機械の完備とを以てしては、充分に勞働時間の不足を補ひ得ると力說してゐる。成程、人間は必ず十四時間の勞働を十二時間とし、十時間とし、十時間を八時間として來たのであるから、科學の進步殊に動力に水力*の利用が進んで來るに於ては、六時間に止まらず、四時間となり、遂には二時間或は一時間で充分であると認められる時代が遠からず現れて來るに違ひない。

＊列國に於いて利用し得べき水力(一九二〇年)

國名	利用し得べき全水力	現に利用せる水力
米國	二八、〇〇〇、〇〇〇馬力	七、〇〇〇、〇〇〇馬力

英國	本國	一、〇〇〇、〇〇〇	八〇、〇〇〇
	植民地	五〇、〇〇〇、〇〇〇	……………
	合計	五一、〇〇〇、〇〇〇	……………
佛蘭西		五、〇〇〇、〇〇〇	六五〇、〇〇〇（戰前）
獨逸		一、四〇〇、〇〇〇	六〇〇、〇〇〇（同）
瑞典		四、五〇〇、〇〇〇	七〇〇、〇〇〇（同）
諾威		五、五〇〇、〇〇〇	一、一〇〇、〇〇〇（同）
瑞西		二、〇〇〇、〇〇〇	五〇〇、〇〇〇（同）
日本		五、〇〇〇、〇〇〇	一、〇〇〇、〇〇〇

然し何といふても現今では、まだ八時間勞働制であらねばならぬ。米國公衆衛生局の發表した、勞働時間短縮の研究によると、第一に八時間勞働制と十時間勞働制との效果及び能率をば比較研究して、十時間勞働制よりも八時間勞働制が、より能率的であると斷定してゐる。卽ち(1)生産の持續の點に於て、日中の作業の場合、八時間勞働制の立ちつゝけて爲す生産は、その持續は確實であるけれども、十時間勞働制の立ちつゝけて作業する場合にはその生産は遞降するものである。(2)浪費時間の點に於て、八時間勞働制では殆んど始めより終まで、全力をその仕事に傾注

し、時間割通りに勞働するから、時間を浪費することが最少限度であるに反し、十時間勞働制では、休息時間の前後仕事を止めるから、却つて時間を浪費する事になる。(3)生産の一定或は制限の點に於て、十時間勞働では生産を人爲的に制限する事が一般に流行してゐるが、八時間勞働制では各個人の能力によつて變化を生ずるけれども一般に人爲的に制限することが行はれない。(4)工業的慘禍の點に於て(イ)八時間勞働制に於ては疲勞が少なく、又生産の速度も速いので、危險を冒して仕事をする事がないから、慘禍の發生する割合も少くなる。(ロ)慘禍の度數の增加と生産の增加とは、共に見られない現象で、一日の終りの時間に於て疲勞より生産の割合が減少すると共に慘禍の割合も亦增加する。(ハ)慘禍の大なる原因として、疲勞が大切であると云ふことは、大なる慘禍が常に大なる疲勞が、工場を襲ふ時に起るので、午前と午後とを比較し、筋肉勞働と手先仕事又は機械仕事と比較し、十時間勞働制の工場と、八時間勞働制の工場とを比較して見れば明白の事實である。(ニ)又慘禍の頻發度と勞働者の經驗の程度とは反比例の關係にある。

第二に一般的の論證として、(イ)夜業―卽ち十時間勞働制に於ては十二時間の夜

業は既定である、この十二時間の夜業の主なる特長は非常なる能率の低下にあるのであつて、最後の二時間の生産の低下は實に甚だしいものである。(ロ)勞働條件─勞働の成績は勞働條件と大なる關係がある、卽ち長時間の勞働低率な賃金、好しからざる四圍の事物、これ等のものは勞働の成績を低下するを以つて、これ等の改良を勉めねばならぬ。(ハ)休息の效果──この休息は一日中の休みと、休日とに關して研究せねばならぬ。　先づ中休の一日全體の生産高に對する影響と、一時間に對する割合どを見なければならぬ、一日の總生産額に對しては、午前と午後とに十分間の中休を入れた時には、或者はこれが爲に生産額を低下し、或者は增加した、卽ち十六人の中十二人までが增加する割合になる、して見ると結局全體としては、一日の生産總額は增加する譯になる。　一時間に對する割合は中休みを入れし場合は生産額を增加する、殊に中休を入れしその前後の一時間を比較するに於ては前一時間より後の一時間が大なる增加を示してゐるのである。　又休日の場合に於ても明に生産增加の原因をなしてゐる。(ニ)工場に於ける律動─或る機械作業の場合には殊にレース仕事に於ては、その生産は平均的にやられるけれども、仕事の最

後の時間にはその生産が減少する、これは工場にも一種の律動のある實證である、宇宙には一つの律動があり、人にも一つの律動がある、萬物皆一つの律動を固有してゐるので、工場にも當然一つの律動があり、疲勞にも一つの律動がある、それ故にこの律動を研究し、この律動を利用して、工場の改善を立策せねばならぬ、これは大なる問題であり容易に解決せらるゝ可き問題でないけれども、困難であればあるほど尚重大且つ必要なる問題であると論述してゐる。

又巴里に於ける平和會議にも、一方國際聯盟の規約を設けると同時に、他方近世世界各國共に惱みつゝある勞働問題に對しても、その第十三章に勞働規約の一章を挿入してゐるのである。そして勞働管理に就いて次の樣に條項を擧げてゐる。

勞働管理―此規約に關聯する文書中には、今年華盛頓に第一會議を開催し、此目的のため國際的に組織されたる委員會を設立することを規定しあり、右文書は又一日八時間勞働問題の原則、失業者問題及び危險なる職業に婦人、小兒を雇傭する等の問題を含むでゐる。そして各自其特殊の事情の許す限り、凡ての産業社會が適用に盡力すべき勞働條件の管理方法及び原則について、締盟國は之れを確認し

なければならぬ。之等の方法及び原則中には左の項目がある。(イ)勞働は單に貨物又は商品と見做すべきではない。(ロ)雇主並びに被傭人に對しては、凡ゆる適法の目的に對して、組合組織の權利を與ふること。(ハ)被傭人に對しては國狀と時代に相應せりと認めらるゝ生活標準に適應する給料を支給すること。(ニ)未だ實施せられざる處に於ては、一日八時間或は一週四十八時間の勞働時間制を採用せしめること。(ホ)實行可能の箇所には、日曜日を含む尠くとも一週二十四時間の休暇を採用せしむること。(ヘ)小兒の勞働を廢止し未成年者の勞働は其敎育を繼續せしむる樣に制限すること。(ト)男女勞働者は同等の勞働に對して同等の支給を受くるを原則とする。(チ)勞働者の狀態に對する合法的標準は、各國之を公平に尊重すべく、其國在住の勞働者全部に經濟的待遇を與ふること。(リ)各國は被傭人保護のため監察制度に對する規定を設け、婦人を之に參加せしめること。

上述の如く勞働時間短縮の要求は、文化の進展するに從つて、當然要求すべき問題であつて、資本家もこれには相當の讓歩をなすべきである。

そして此方面に於いては、資本家は殆んど反對すべき何物をも持つてゐない。

然し資本家は茲に默々として服從しやうとはしない、彼等は他の方面より反對する、卽ち勞働時間の短縮は良い事にせよ、又は爲すべき事にせよ、斯くして短縮せられた、餘裕の時間をば、勞働者の大多數が何等休養の爲にも、或は交化に浴する爲にも利用しないで、只徒らに空費するか或は酒色の爲に供して了ふのである。それ故に勞働時間の短縮は勞働者の幸福を來すよりも寧ろ、不幸を來すものであると論ずるのである。成程十二時間又は十四時間も勞働してゐた勞働者が未だ日沒前に工場生活より解放せられるならば、大部分の勞働者は、その短縮せられた餘裕の時間を浪費して了ふけれどもこれに伴ふ社會的設備もなければ、これに對して社會的敎育を與へやうとする機關のない事に由るので、決して勞働者の缺點ではないのである。

茲に於いて勞働者の敎育が職工組合側にも問題となり、資本家側にも問題になる。若しこの勞働者を、廣義に解釋して、肉體勞働者の外に、精神勞働者をも含むものとすれば、この勞働者敎育の問題は更に精神勞働者敎育の問題と、肉體勞働者敎育の問題との二種類に分れなければならぬ。けれども現今、特に論じられてゐる

問題は、狹義の勞働者、卽ち肉體勞働者敎育の問題である。 そして此問題に就いては、第一に論ぜられねばならぬものは時間の問題で、如何なる時間に於いて、勞働者に敎育を與へ、又一週幾日、何時間、課業した方がよいかの問題である。

勞働者は、男も女も共に、一日一杯を困難な且つ不愉快な勞働に費してゐるのであるから、一日の終りには、精神的にも、肉體的にも、疲勞し切つてゐるのである。 此時に當つて彼等に必要であり、彼等が希望するものは寧ろ休養と娛樂とであつて敎育ではない。 唯だ特に眞面目なる方向に添うて、敎育を求めるといふ、新進の銳氣と、好奇心と、意志の力とを有してゐる者は、少壯の少數者に過ぎないのである。 それ故に勞働者の敎育は男、女により、老、壯、靑、幼によつて、その內容と時間數とを異にしなければならぬ。 眞に一日一杯充分に勞働した者は、如何に勉强に熱心であつても、一週間の中に眞面目な且つ困難な研究に、實際は一夜か二夜を費し得るに過ぎないのである。

さて、第二の問題はこの疲勞した勞働者に、少時間で何を敎へるかの問題である。 この科目に關しては、その敎育をする者と、その目的によつて、千差萬別である。 け

れども大體、國家は資本家と勞働者との協調を計り、國力を强大たらしめんが爲に職業敎育を主とし、之に加ふるに敎養敎育を以てする、然るに資本家は殆んど、敎養敎育を無視して、職業敎育を重じ、反對に勞働者は殆んど職業敎育を輕視して敎養敎育を主張する傾向がある。尙又勞働者を煽動する所謂勞働運動屋、或はこの勞働者の罷工其他の運動によつて、その國社會の經濟狀態を攪亂し、そして他國の利を謀らんとする一種の賣國奴等は、極端なる惡平等惡自由を皷吹して、これを人格敎育であると誇稱するのである。

この敎育問題に就いて勞働者の主張する所を見ると、「吾々も亦人である以上、勞働者の敎育は人類の敎育でなければならぬ、藝術、科學、文學は丁度經濟學と同じく勞働者の生得の權利である」と論じてゐる。これは純粹なる人道的見地からの解答としては、立派なものであるけれども、同時に實現するには困難なる事實が、存してゐるといふことは明白である。即ち勞働者は前述の如く、彼等に賦與された總ての權利を享受るには、餘りに時間の制限がある。それ故に彼等はこの賦與された範圍內より彼等の生活に、彼等の願望に最も役立つ所のものを、撰擇せねばなら

いふやうに幾何級數的に分裂增殖するのである。

かくて分裂した細胞は群を成して恰も桑實の如き狀を呈して集團する。此の時期を桑椹期と稱する。其の後細胞は周圍に連接して壁狀を呈し、內部に空洞を形成するに至る。此の時期を胚胞期と稱する。是等は何れも他の動物と比較することが出來る。卽ち第一に單細胞であつた時代はアミーバと同格であり、桑椹期はパンドリナやヴォルボックスのやうな動物と同格である。是等の動物は感官も分化した臟器も無く、極めて簡單な體制を具へて、水中に游泳してゐる。胚胞期から更に進むと細胞壁の一部から陷入が始まつて、上部の壁と下部のものとが接近し、外部は外胚葉となり、內部は內胚葉となり、更に中胚葉が生ずる。胚葉は卽ち器官發生の最初である。發生型式は動物によつて多少の差異があるので、ナメクジウヲなどの發生にあつては、內外兩胚葉の發生に當つて、胚葉に包擁されて原腸と稱する空洞を生ずるので、此の時期を原腸期と稱する。人類では此の時期には原腸を生ずることはない。併し何れにも之に相當する時期はある。かくて外胚葉からは表皮、爪、毛髮、脂腺及び汗腺、眼の水晶體、神經系統等を中胚葉からは隨意

筋、泌尿生殖器等を、内胚葉からは腸其の他消化器の大部等を生じ、更に小胚葉から分れた間葉といふものからは、血液、循環器、不隨意筋、結締組織等を生ずるのである。

さて胎生期の發生が此の如く進んで行つて形態が具はつてくると、恰も曲玉の如くに、頭が太くて尾の細長い形となる。此の時は眼球が大きくて、耳道は露出してゐる。斯る時代には、人類も哺乳類も區別が出來ない。胎生六箇月には、恰も猿の如くに全身に毳毛を生ずるが、七箇月の末頃から消失してしまふ。而して胎生二百八十日間の形態の變化を觀ると、胎兒が人類としての形態を具へるに至るまでには、動物の階級を經過し盡すものであつて、胎生期の早い程、魚類や爬蟲類のやうな下等動物に類似してゐるのである。生後に於ては、形態は他の動物と異るけれども、精神作用は尙ほ動物の階級にある。本能發現の狀態などはよく高等動物のに似てゐる。兒童が或る時期に障子や襖を破ることの盛なのは、猿が植物の皮を剝ぐ本能と同樣の狀態を呈する。兒童は又寢る時には、自分の大切な品、玩具や菓子等を床へ持つて行く。是は猿が食物を獲て何れかへ持つて行つて隱れて食べるのと同じである。其の他兒童と猿との間には餘程近い本能がある。此の如

く、兒童は初めは動物に近い精神狀態にあるのであるが、經驗の進み敎育の加はると共に漸く動物らしい分子が減じてゆく。是は動物的本能を制御する所の高等な精神作用が現はれてくるからである。然るに精神發達程度の低い未開人などでは、斯る高等精神作用が發達して來ないゆゑ、動物に於けるが如く自然のまゝの本能が主として働いてゐる。

文明人の兒童の精神發達は、斯る動物の精神階級を經、原人や未開人の精神階級に達し、青年期の終に遂に文明成人の精神發達程度に達するのである。されば第二期の階級に於ては原人の精神狀態と類似してゐる。原人とは人類最古の者をいふのであるが、それに最も近い所の現存者は卽ち野蠻人である。今、兒童と原人竝に野蠻人との精神を比較してみよう。

先づ兒童の智力を見るに、具體的で、實際に經驗した其の儘を把住してをり、それを抽象して高度の概念を作ることは困難である。故に其の記憶の如きも、知覺や觀念の範圍に止まつてゐる。茲に兒童とは、七歲前後を指したのであるが、原人は恰も此の程度にあつて、具體的のことでなければ理解が出來ない。他人と物を交

換するにも、全體を纏めて計算することは困難で、一つ一つ交換する。智力の方面では兒童と原人との類似は、さまで顯著には現はれないが、情意の方面では著しく類似が目につく。茲に情意とは、感情と意志との併稱で、ドイツ語の Gemüt《ゲミユート》 に當る。感情と意志とは二つに分けるけれども、實際には一緒になつて働くものである。此の Gemüt の狀態は、兒童と原人とは頗る類似してゐる。例へば、子供の感情の特質は、激しく生起して忽ち變化消滅する。非常に怒つてゐるかと思ふと、忽ち笑ふことなどがある。未開人も同樣であつて、急に怒つて慘酷なことをするかと思ふと非常に喜んで親切にする。又、自分の子供を殺して食したり、瀕死の親を殺して食したりして、別に慘酷とも思はないのがある。是は主として迷信に因つて行はれるので、親の臨終の際に殺して食へば、親の靈魂が自分に宿るから親は永久に存在するといふやうな譯で行ふのもある。斯る慘酷性は、子供では動物虐待として現はれる。例へば、蜻蛉の翅をむしつたり、蛙の眼に灸をすゑたりする。是は原人時代の反復であつて、約說原理によつて說明することが出來る。兒童の間には鬼遊が行はれる時期がある。是は未開時代には、食物を獲たり、敵を逃避したり、配偶

を得たりするには脚の早いことが必要であつた。脚の早いのが配偶を得る上に有利であるのは、掠奪結婚の場合に證明される。鬼遊は、つまり、斯る時代の反復である。未開人に掠奪結婚の行はれたことは、今日尚ほ野蠻人の間に之の行はれてゐるのでもわかる。又、此の遺風が變形して行はれてゐる。マライ半島マントラスMantras民族の間に於ては、結婚の日に、婚約の女を疾走させ、婿がそれを捕へるといふ儀式的の風がある。婿を嫌つてゐる女は、林の間などに逃げ入つて婚禮の成立せぬことがあるといふ。*（Tylor : Early History of Mankind, p. 287）子供の遊戯の間には、原人の種々の本能が反復されてゐるのである。かの石投げの如きは、原人にとつては非常に大切であつたので、爭鬪の武器ともなり、捕食の手段ともなつたのであるが、之が子供に非常に喜ばれる時期がある。今日では危險であるといふので一般に禁せられてあるが、明治の初年までは我國の兒童の間にも盛に行はれた。德川家康が阿倍川原で印地打を行ふた話は有名である。*（印地打を行へる話は、紅葉文鑑以來の誤謬にて、菖蒲斬なりといふ人もあり。村尾氏談）今日のフットボールやベースボール等は、石投げに於ける石に代ふるにボールを以てしたのである。

又、原人にとつて土や石は其の道具の材料として大切のものであつた。人類學に於て人類發達の時期を石器時代、銅器時代、鐵器時代等に區劃するのは、即ち斯る材料の、時代による變化を基礎にしたものである。然るに之が兒童の生活に於て現はれる。原人は最初石を材料としたが、幼稚な子供は喜んで石を弄ぶ時代がある。余は長野縣の師範學校に奉職中、運動場に於て子供の遊んだ跡を調査した所が、平たい石に餅草を置き、細長い石で搗いて團子を拵へる眞似をして遊んだ跡を見た。是は我が先住民族の石器時代の生活を偲ばせる。未開人の穴居時代の習俗が、子供に現はれる時代がある。子供は我を忘れて横穴を掘り其の中に蛙や蟹を入れて遊ぶ時代がある。*（長*崎縣下に之を思はしむる二自然遊戯あり、一は砂中に大穴を掘り、一兒童を、衣を被りて其の中に入らしめ、全く砂にて蔽ひ、或る謎を解かしめ出來れば謎を發した兒童と交代するもの、一は潮滿ち來る海岸に砂にて盃狀の島を築き、其の中に數人遊ぶもの）此の如く兒童の本能には、原人の生活を反復してゐるものが澤山あるのである。斯る發達順序を比較研究して敎育上に應用すれば、思はぬ方面に有益な開拓が出來るやも知れない。

兒童研究の必要　父母及び敎師が兒童に關する知識を有するの必要なことは、玆に贅言するまでもない。何となれば、兒童を取扱ふ者は、必要上から兒童に就いて知る所が無ければならぬからである。凡て學問の發達してきたもとは、今日でこそ唯理論を考へるといふ學問が成立してゐるけれども、其の初めは、實際上の必要から起つたことである。卽ち人間の生活に於て取扱ふ物事に就いて、それを如何に處理したらよいかといふことが科學の起源になつてゐる。故に古代には、天文學でも地理學でも、特に理論のみを研究する學問はなかつたのである。兒童學も其の通りで、兒童がそこへ生れると、如何に之を取扱つたらよいかといふ實際問題に起源してゐる。其の取扱ふ事物を知らねば、そこに壓迫を感ずるので、それを解決しようとして學問が起つたのである。此の如く科學の起源は、實際の必要に迫られて起つた所の意志的研究にあるのであるが、社會が進み生活に餘裕が生じて來ると、實際上の必要はなくとも、研究其者に趣味を有する所から研究する人が出てくる。兒童の研究の如き、最初は兒童を育てる實際的方面の必要から起つたのであるが、次には子供を愛する所から自然にそれを研究するやうになつてゐる。

而して趣味に發した研究は、先づ詩歌的研究として現はれた。是は總ての學問に共通してゐるので初めは實際的研究、次には詩歌的研究が現はれる。兒童文學は即ち兒童の詩歌的研究である。我國の歌人で兒童を歌つた最初の人としては、山上憶良が有名である。彼の「白金も黃金も玉も何せむに、まされる寶子に如かめやも」の歌は、親の愛をいひ現はした絕唱である。併し子供の愛らしい有樣を詠んだ者は少い。近世の歌人で大隈言道などは其の著しい者であらう。「さし柳さして幾日も經ぬものを根さしひき見るともわらはかな」は、柳を挿して置いてもう根が出たかと抜いて見る子供の狀態を麗しく詠んである。又「今日見れば乙女になりぬ去年までも、一足しても飛びしならずや」の詠がある。是は片脚で飛びあるいてゐた子供が、今年はもはや乙女となつて嬌羞を帶びてゐる樣を歌つたものである。「幼きもまた幼きをなつかしみ、鳥の子いたく里のたわらは」「いくばくの劣り勝りも見えぬ子の、負へる負はるる哀れなるかな」「中絕えてえも渡られぬ川橋を、行かるるまではゆく童かな」「答する聲面白み山彥を、限りもなしに呼ぶわらはかな」等は皆言道の詠である。俳人で子供を詠んだ者では、小林一茶が最も有名である。「鳴く猫

に赤ん目をして子供かな」「初瓜を引つとらまへて寢た子かな」「露の玉つまんで見たる童かな」「名月を取つてくれろと泣く子かな」「餅つきに隣へ來たといふ子かな」等は彼の數例である。父母や敎師は、此の如く感情の滿足の上からも兒童を硏究する必要がある。

父母や敎師は、兒童を詩歌的並に實際的に硏究する必要がある。實際的に役立てるには單に個人の經驗に終ることなく、科學的に硏究しなければならぬ。現在吾々の行つてゐるやうな科學的硏究に就いては、アメリカのジエームス W. James 氏やミユンスターベルヒ Münsterberg 氏などは、子供を科學的に硏究することは親たる者の愛情を破るといふので非難した。けれども之は、一を知つて二を知らざるものである。元來人間の愛情は動物の愛の如く單に本能の域に止らずして、兒童の生活の本性を科學的に了解するに至れば、本能的愛に合理的要素が加はるので、愛は一層深遠に且つ高尙となる。卽ち感情は知的要素が加はるに從つて高尙な情操となるのである。故に子供を科學的に知悉するときは、新しい意味に於て一層愛情が深くなつてくるであらう。されば單に知的硏究の必要からばかりで

はなく、感情の上からも父母や教師は子供を科學的に知る必要がある。たとひ直接に兒童學を研究しなくとも、子供に就いて注意して學ぶ必要がある。然るときは其の愛は益々高尙となる。元來純粹に知識的に事物を研究するといふことは容易に起るものではない。是が研究の最後の態度である。卽ち最初實際的研究が起り、詩歌的研究が始まり、最後に科學的研究が起つてくるのである。兒童の實際的研究は古代人類の始から始つたのであるが、子供を感情の對象として詩歌的に研究するに至つたのは後世のことで、而も其の科學的研究は最近百三十年以來*のことである。(Tiedemann* の視察錄の出でしは 1787 年)然らば父母や敎師が子供を科學的に研究すれば如何なる結果を得るかといふに、種々の利益がある。第一、知識慾を滿足させることが出來る。眞に兒童を研究するには、心理學、生物學、生理學解剖學、病理學、精神病學、美學、倫理學、哲學等、人間に關係ある有らゆる科學を一通りは知つて置かねばならぬ。其等に概通した上に更に兒童の心理、生理及び病理に精通しなければならぬ。隨つて子供を研究する爲に得る所の知識は頗る廣汎に渉つてゐる。父母或は敎師が眞に兒童に興味を有して注意するときは、種々の疑

問が起つて來、それを解決する方法を講ずれば、確かに非常に多くの知識を增すことが出來る。第二、子供の敎養を合理的に行ふことが出來、隨つて有效な敎養を施すことが出來る。其の物の眞相を眞に知らずして取扱ふときは、有益と思つてやつたことが却つて有害となり、有害とならぬまでも勞して功なき結果に終るに至る。故に最初に述べた實際的必要は、科學的研究によつて始めて完成せられ、第二の詩歌的研究は科學的研究によつて其の目的とする所の感情の滿足を更に大ならしめることが出來る。

要するに、父母や敎師は、其の知識慾を滿足させるため、其の感情を滿足させるため、及び其の意志の發動に隨つて實際的に利益を受けるために、子供を科學的にも、詩歌的にも、或は實際的にも研究する必要がある。

兒童研究法 然らば兒童を研究するには如何なる方法を採るべきか。以下兒童の精神の研究法に就いて述べよう。

凡そ兒童の研究は、他の一般科學の研究法と同樣、實驗と觀察との外に研究法はない。其の精細な具體的方法は研究者自身が作つて行かねばならぬ。是は如何

なる科學も同一であるが、殊に兒童學の如く未だ發達の不十分な科學では、研究法は、研究者自身の考案に俟つ所大である。併し今までに行はれた研究法を概括すれば、次表の何れかに纏めることが出來る。

- 兒童研究法
  - 直接法
    - 觀察法
      - 傳記法
      - 統計法
    - 實驗法
      - 自由實驗
        - 問題法
        - 直接問答法
      - 用器實驗
        - 人體測定法
        - 實驗心理學的方法
  - 間接法
    - 印象法
    - 文献法

上表に示す如く、兒童研究法は是を大別して直接法と間接法との二種とすることが出來る。直接法とは、直接に兒童其者に就いて行ふ所の方法をいひ、間接法と

は兒童に直接せずして豫めそれに關する知識を蒐集し研究する方法である。

直接法は更に觀察法と實驗法とに分れる。前者は兒童の自然の狀態を客觀的に觀察する方法で、後者は一定の條件の下に實驗者の要求する現象を生ぜしめて、或は分離し或は綜合して、正確な觀察をなす所の方法である。

觀察法は傳記法と統計法との二種に分類することが出來る。

傳記法とは、兒童の出生の初から、其の身體及び精神の發達狀態を觀察して、恰も育兒日誌の如く、表情、運動、言語、興味、感覺等に就き精細に記載する方法である。故に發達記載法ともいふ。ドイツのティーデマン Tiedemann 氏の「兒童の精神能力の發達に關する觀察」ダーキン Darwin 氏の「一幼兒の傳記」、プライエル Preyer 氏の「兒童の精神」、ミスシン Miss Shinn の「一兒童の傳記」等は此の傳記法による優れたる成果である。此の傳記法は、嬰兒や幼兒の發育を研究する上に有利ではあるが、また色色な短所がある。第一に、其の記載する所は一兒童に限られてゐるので、其の發育狀態を以て直ちに他の多くの兒童にまで適用することが出來ぬ。第二に、子供が家庭に於て兩親の傍に生活してゐる時代には觀察が綿密に出來るけれども、家庭外

に生活するやうになれば此の研究法は適用し難くなる。故に他の方法を藉りて其の缺點を補はなければならぬ。それには或る一個人の觀察に止らず、多くの兒童を觀察し比較する所の研究法が必要になつてくる。

統計法は卽ち、傳記法の缺點を補ふもので、是は成るべく多くの兒童に就いて觀察し、之を統計し、之を平均して、其の傾向を察する方法である。それには次に述べる問題法や直接問答法を用ゐて、其の結果を統計的に整理するのが最普通である。統計法は、研究法といふよりも、嚴密にいへば寧ろ他の研究法によつて獲た結果を整理する方法である。此の統計法は、其の性質上、學校、團體等に於て大規模を以て兒童を研究するに適してをり、其の結果は、正確であり完全であり整頓してゐるならば、多くの兒童の比較研究に役立つものである。卽ち傳記法をば兒童の縱の研究法と看做すときは、是は其の横の研究法と見ることが出來る。併し此の研究法は、餘程綿密な注意を以て行はなければ、數原因が錯綜して一結果を生じてゐる場合、其の一結果から原因を究めるに、他の原因を逸して其の中の一二の原因のみを眞因と看做すやうな弊に陷る虞れがある。又、偶有的現象を重視して却つて本質

的原因を逸するやうなことがある。故に極めて綿密な注意と熟練とを要する。

實驗法は自由實驗と用器實驗とに大別する。前者は器械を用ゐない實驗、後者はそれを用ゐて行ふ所の實驗である。自由實驗は、嚴密にいふと實驗とは稱せられぬ。ヴント Wundt 氏は心理學的實驗の具備すべき條件として次の四項を擧げた。*

(*Wundt: Vber Ausfrageexperimente und über die Methoden zur Psychologie des Denkens. Psychol. Stüdien. III. Bd. 1907. P. 308)

(一)觀察者は出來るだけ其の觀察すべき過程の生起を自ら自由に規制し得る地位にゐなければならぬ。

(二)觀察者は常に其の注意を緊張して、現象を把持し、其の經過を觀察せねばならぬ。

(三)各觀察は、結果の正確を期するために、同一狀態の下に幾回も觀察しなければならぬ。

(四)觀察すべき現象の生起條件は、其强度、性質を計畫的に色々と變化させてみなければならぬ。

而して氏は、此の四項を充足し得る程度の如何によつて實驗を三種とし、完全實驗不完全實驗、僞實驗と稱した。僞實驗 Scheinexperimente と稱するものは、以上四項の何れの一つをも充足しないものをいふので、自由實驗に於ける問題法の如きは之に屬するとした。*（*wuhdt: op. cit pp. 327―340）併し實驗といふことを、自然狀態に於ける觀察に對して何等かの手段を用ゐるものといふ廣義に解するときは、自由實驗も亦實驗の中へはひるのである。さて自由實驗は是を問題法と直接問答法とに分ち、用器實驗は是を人體測定法と實驗心理學的方法とに別つことが出來る。ヴント氏の所謂實驗は、此の最後の者を指すのである。

問題法は質問紙法とも稱へ、研究せんとする或る事項に就いて、一項又は數項の問を發し、被驗者から答案を求める方法である。此の方法は、ダーキンやガルトン Galton 氏等の用ゐたのが始まりである。ガルトン氏の雙生兒の調査の如きは興味あるものである。併し是を兒童の研究に應用したのはスタンレーホール Stanley Hall 氏で、氏の學徒たる多くの米國の兒童研究家は、盛に是を用ゐた。バーンス Earl Bornes 氏の「敎育研究」と稱する上下二冊の大卷は、其の最大なる例である。此

(十二)鹽の專賣を止めて砂糖を官營にせよ。鹽は中流以上よりも中流以下の方が餘計に消費する。何となれば、中流以上の者は生魚を食すれども、細民は鹽魚を食する。筋肉勞働者は其體溫を保持する必要上、如何にしても漬物其他鹽分の多い物を割合に多く消費する。此生活必要品を專賣にして、それから益金を取るのは社會政策と矛盾する。それで鹽に比すれば、幾分か奢侈的性質を帶ぶる砂糖の方を官營にすべきものである。

(十三)官營の質屋を起せ。大正三年末の我國の質屋數は二萬九千三百四十五軒にして、流質の數が年々增加する傾向がある。質の期限は普通四ヶ月であるが、是は質屋が勝手に極めたものである。希くば法律で半ヶ年位に延べて貰ひたい。佛獨等にては公設の質屋多く、其利率の如きも一ヶ年五分乃至六分を最高限度と定められてをる。我國でも官營の質屋を民間の質屋と同數位開設し、薄利にて、大々的競爭を試むるがよいと思ふ。而して官營質屋の資金には郵便貯金を使用すれば猶更妙である。

(十四)奢侈稅を起せ。土地、勞力、資本の三者は國民經濟の依て以て立つところの

要素であるから之を亂用してはならぬ。我國の最後れたる經濟狀態を進めて一等國と足並を揃へしむるには、是非共生産要素を充分に利用せなければならぬ。此意味からして此等の三者を不經濟に使用したる者には、高い奢侈稅を課すべきである。庭園や別莊敷地には重稅を課し、別莊の建物や裝飾品等にも亦重稅を課するがよい。殊に數多の召使を家庭に於て使用する者には最重き稅を拂はしむべきである。

（十五）郵便貯金の利用。郵便貯金制度は零碎なる資金を集め細民の勤儉貯蓄を奬勵する目的を持つてをるが、偖てかうして集めた金は中央に持て來て使用してをる。是では地方の資金は涸渇して益中央が腦充血になるばかりである。中産以下の細民は資金缺乏の爲高い金利を拂はねばならぬ。常に利拂に追はれて浮ぶ瀨がない。余は先年琉球を踏査したことがあるが、何處も利息が非常に高い。次の契約書は其一斑を語るものである。

契約書

今般普久里オミト及普久里宗業ヲ甲トシ慶留間《ケラマ》大城次郎外三十九名ヲ乙トシ

双方間ニ於テ左ノ通リ契約ヲ締結ス

一、乙ガ鰹漁獵ノ爲ニ要スル資本金卽船舶製造費其他ノ入費トシテ乙ハ甲ヨリ
　金四千圓ヲ一ケ月一割二分ノ利子ニテ借用セル事

二、乙ガ鰹節全部總テ甲ノ手ヲ經テ他ニ賣却スルコトニ依テ甲ノ手數料ハ同ジ
　一斤ニ付金壹錢五厘ト定メ乙ヨリ甲ヘ支拂フベキコト

三、製造鰹節ハ乙ハ一斤タリトモ甲ノ手ヲ經ズシテ他ニ賣却セザルコト又鰹船
　ニ費消スル物品ハ總テ相當代價ヲ以テ乙ハ甲ヨリ買入ルヽコト

四、乙ノ所有ニ係ル船舶及連帶者借主ノ總財産ハ右甲ヨリ借用セル金四千圓ノ
　擔保ニ供スルコト

五、右乙ガ甲ヨリ借用セル金四千圓及ビ利息ハ明治四十五年十二月限リ甲ヘ乙
　ヨリ返濟スルコト

六、鰹節賣買契約ハ右乙ヨリ借用金ヲ甲ヘ返濟セル後ト雖モ永久ニ繼續シ相互
　決シテ違約スベカラザルコト

七、甲乙何レトモ第二項乃至第六項ニ違背スルトキハ違約金トシテ金壹萬圓ヲ

違約者ヨリ提供セシムルコト

八、本契約ハ甲乙何レトモ一方ノ意思ヲ以テハ如何ナル理由アルトモ解約スルコトヲ得ズ若シ止ムヲ得ザル事由ニ依リ解約スル場合ニハ解約者ヨリ金壹萬圓ヲ提供セシムベキコト

以上契約ヲ確證スル爲メ二通ヲ作成シ甲乙各壹通宛所持スルモノナリ

明治四十三年十二月

那覇區字久米二五七二

甲契約者　普久里オミト

甲同　普久里宗業

島尻郡座間味村字慶留間三八

乙契約者　大城次郎

以下三十九名連署

是では到底村民が立行く筈がない。現行利息制限法によれば百圓未滿は年二割、百圓以上千圓未滿は年一割五分、千圓以上は年一割二分を超ゆべからずと定め

てあるから裁判所に持出せば右の契約利率は此制限率迄切下げられるのであるが、細民の常として、こんな規則も知らず、又資産家に反抗すれば種々の手段にて壓迫せられ、結局損であるから泣寐入となるのである。

朝鮮は内地よりも特に金利が高い。細民の金融は大部分、質屋、高利貸等の司る所となつてをる。不動産を抵當に入れる場合に於てすら、年六割が普通の利率である。是にては迚ても債務者の立行く道理はない。僅か二三千圓位の資本を携帶して渡航したる内地人が、質屋營業を營みたるが爲、四五年間に三四萬圓の財産を拵へた者も珍らしくない。その如何に暴利を貪つてをるかを窺ふことができる。

このやうな地方金融の逼迫を防ぐ爲には是非共信用組合を起すとか、官營の質屋を設くる必要がある。而して其資金は大戰前の白耳義に於けるが如く、郵便貯金を産業組合殊に信用組合に貸付ける途を開くが最好都合であると思ふ。伊太利にては郵便貯金の通帳を質屋に持つて行くことさへ許されてをる。我國の如く細民の金を集めて專ら中流以上の爲に用ゐては宜しくない。

（十六）食料品貯藏所を設くる事。　我國には完全な食料品の貯藏所がない。敵の飛行機から襲はるれば、深川の倉庫は一夜にして燒拂はれる。又獨逸が佛蘭西を擊つた長距離射擊砲を用ゐれば、伊豆の大島から東京が擊てるではないか。こんな風では枕を高くして眠ることは出來ぬ。家屋は無くても一時は凌げるが食料は一日無くても困まる。それで是非深川の米倉位は爆彈に耐ふる樣に作つてもらいたい。又副食物たる魚介蔬菜の貯藏所も完全な物を拵へなければ不安心である。天候の具合によつて常に其價格に亂高下を生ずるのは少なからざる生活上の脅威である。歐米には我國程食料品貯藏所の設備の無い處はない。加之市場の設備と連絡の不完全なのには實に驚入る。余は先年近江の八幡に行つた時、此魚類は何處から來るかと問ふたれば京都から來ると答へた。敦賀から八幡を通り京都に持込んで相場を建て、日本海の魚類を再び八幡に持歸るとは呆れた次第である。又何程安くても冷藏庫等の設備がないから濠洲肉等も食へぬ。冷藏設備で積んで來る肉だから外に出せば早く腐敗する。之を此方でも冷藏庫に入れて必要な分量丈け出して販賣するやうにすれば、安い肉が食へる樣になる譯で

あるから早く其設備をして貰ひたい。

(十七)實業の參謀本部を設くる事。凡そ經濟と云はず、政治と云はず、團體にて業務に從事する場合には、皆な整然と組織が立つて居なければ好成績を揚ぐることは出來ぬ。丁度軍隊に總司令部が必要であるが如く、政治にも中央政府が必要であり、實業にも亦斯くの如き機關がなくては發展せぬ。然るに我國の產業界には未だ完全な統一機關がない。苟くも世界の一等國として活躍するには、是非共產業上の統一が必要である。まして今後商業の中心點が太西洋から太平洋に移り、激烈なる爭覇戰が其沿岸各地に於て行はるゝに至れば、日本は當然其渦中に投せらるゝことゝなるから、一層產業の合理的組織と統一とが必要になつて來る。生產は之を原始的生產と加工的生產(工業)との二つに分ち、原始的生產は又之を農林業、牧畜業、水產業、鑛山業等に類別し、加工的生產は之を機械工業、織維工業、化學工業等に分ち、交換も亦之を鐵道業、海運業、金融業、貿易業等に區別し、何れの團體も皆な村會、縣會、國會等の如く、代表議員を選擧して相會合し、各自の利益を保護し、且つ增進することを議すると同時に國民經濟全體の發展を期するが爲、之を半官半民の

組織とし、實業の參謀本部とも云ふべきものを設け、是に總裁を置き、且つ海外には夫々專門家を特派して視察せしめ、報告せしめ、且つ販賣上の便宜を謀らしむることゝし、大藏省、農商務省、外務省等も亦此實業團體と協力して或は表面より或は裏面より援助するやうな仕組となし、其經費の大部分は實業家より租稅同樣に徵收し、一部分は國庫の一般會計より支出することゝしたら宜しからうと思ふ。又世界の表面を十數箇の區劃に分割し、夫々活動の範圍を定めて業務に從事せしむる事が肝要である。其形式組織は如何樣にしても、兎に角統一的大機關を設立することが焦眉の急務である。

(十八)財政の整理。時勢の進歩に伴ひ、國家の組織も亦是に順應する樣に變更せねばならぬ。運輸交通機關の不完全な時代に仕組まれたる郡縣の制度も、今日の如く汽車汽船郵便電信電話の發達せる時代となりては其配置を改むる必要が起つて來た。自治體としての郡制は廢止せられたに拘はらず、行政區劃としての郡は猶依然として存續することゝなつた。今日のところ千足らずの郡役所でなして居る仕事は餘り多くないから、行政區劃としての郡も一切之を廢止するがよか

らう。其經費と人物の節約のみにても大した利益である。加之郡を置けば、徒らに行政上の手數を增し時間を浪費する場合が多い。町村や府縣も合併して今日の三分の一位の數に減じ、町村と府縣と直接に連絡する樣にすれば單に經費を節約することを得るに止まらず、大に勞力の儉約となる譯である。多年因襲の結果として其改革は實に容易な事ではないが、併し世界改造の此時機に於て、此位の整理に躊躇してはならぬ。地方制度の改革も必要であるが、中央政府の改革は一層急務である。先づ參謀本部を廢して陸軍省に、軍令部を止めて海軍省に併合し、今回の海軍制限の精神を陸軍にも應用して師團の數を半減し、產業に從事する壯丁の數を增加したいものである。去り乍ら軍事に關する技術的方面の硏究は益其範圍を擴張し、經費を惜まず充分にやるがよい。

大戰に飽きたる人類は、世界の平和を要望する熱情が一段高まつた結果、國際聯盟、四箇國協約、軍備制限條約等となつて現はれた次第である。日本の立場から見れば、露西亞が瓦解した結果、最早や大陸軍を常備して置く必要はない。よろしく半減すべきである。大正十一年度の豫算案を見れば、總歲出十四億六千餘萬圓の內、

海軍省三億九千餘萬圓、陸軍省二億五千餘萬圓、合計六億五千餘萬圓で軍事費のみが猶總歳出の四割三分に當つてをる。前年度は四割九分許に當つてをつたから幾分か減じては居るが、他省の經費に比較すれば、まだ〳〵多過ぎる。文部省は僅に五千七百萬圓であるが、全歳出の約百分の四に過ぎない。餘りに尠少ではないか。文明諸國では大抵壹割内外を教育費に投じてをる。我國の樣に經費を惜んでは教育の實の揚らう筈はない。もつと教育費を增して學校なり、理化學の研究なりに投ずるがよい。有體に云へば軍費の節約されたる大部分は教育費に振向けるがよいと思ふ。今後の世界は智力の競爭である。思切つて人材を造ることに努力せねばならぬ。又外務省の費用も僅に二千四百萬圓であるが、之も四五千萬圓に增加し、充分に外交方面に活躍して貰ひたい。近年米國で日本人排斥をやるが、之も黃金を投ずれば、夫程迄に排斥を受けずに濟むと思ふ。ずうつと以前には支那人が排斥せられて居つた。ところが袁世凱は米國の新聞雜誌記者を金力を以て藥籠中の物とし、自由に操縱したる爲、支那人に對する惡感情は次第に煙の如く消散し去つた。其代り排斥の鋒先が日本人の方に廻つて來た。米國は普通選

學の國であるから、多數を占むる勞働者の氣嫌を取らなければ議員に出られぬ。勞働者の氣嫌を取るには、其競爭者たる日本勞働者の排斥を高唱するのが一番近路である。是が排日の一大原因に相違ない。故に我國も亦袁世凱式に新聞雜誌に充分の費用を投じたり、私人の資格にて社交家を派遣し、百方誤解を解かしむれば多大の效果があることゝ思ふ。我國の國際關係は今後益複雜と成行くのであるから、外交費は思切つて出す覺悟がなければならぬ。又近時訴訟事件が輻輳し、一寸した訴訟にも暇が潰れて叶はぬ。判決の下る時は早や既に用をなさぬ場合が多い。それは一刻を爭ふ商事に於て殊に著しい。もつと裁判所の數を增し、法官を殖すがよい。司法省の經費三千萬圓では迚てもいかぬ。人口は增加し經濟は發達し、取引は殖えても裁判所や法官の數は餘り殖えぬ。數十年前の裁判所其儘で五倍も七倍も增加したる事件を取扱ふのであるから捗らぬのも無理はない。それで司法省の費用も倍加して六千萬圓位にして貰ひたい。

兎角我が現政府の組織は戰亂時代若くば武裝的平和時代の組織であつて文化的平和時代の組織ではない。だから時勢に順應する樣に各省の內容を變更して

欲しい。

(十九)地價修正は焦眉の急務。明治の初年米壹石四圓の時、其割合で課稅の標準たる地價を公定したまゝ今日も猶課稅の標準となつてをる。然るに米價は十倍に騰貴してをるから、租稅は實際に於て非常に輕減せられた勘定である。加之以後全國人口の分配に變化を生じ、各地產業の發達狀態を異にし、運輸交通機關の發達するに連れて、從來安價なりし土地も次第に高くなり、同一價格の土地も一は五倍に騰貴し、一は三十倍に騰貴する等、同じく騰貴したるにしても、各地の間に多大なる差異を生ずるに至つた。故に現下の地租は其負擔輕きが上に、不公平の甚しきものである。故に其負擔を公平ならしめ、且つ米價の騰貴に伴はしむる爲、全國に亘りて地價の大修正を行ふ必要がある。一體地價は不公平を防ぐ爲、十年每位に一回位は修正しなければならぬのに、五十年間も手を着けずに放つて置くのは、財政上の一大失策である。尤も地價を修正するには巨額の經費を要すれども、之は土地の自然的騰貴より生ずる地租收入の增加の一部にて充分に塡補することが出來るから、政府としては收入は增加しても決して損失を蒙むる樣な事はない筈

である。

(二十)土地の賣買頻繁なる處に於ては地主は地租を拂はざることゝなる。收益を目的として土地に投資する者は、豫め其土地より上納する地租を地代中より差引きたる純收入に等しき利息を生ずる丈の資本を卸すのみであるから、結局土地を買ひたる新なる地主は表面は地租を納め居る貌なれども、其實は納めざるに等しき勘定となる。而して實際地租を拂ふ者は、初の持主卽ち初めて地租を課せられた當時の地主であつて、次の地價修正までは、土地を他人に讓渡しても、猶支拂ひ居る譯である。故に地價修正期間の長き處に於ては、地租を課せられたる地主は遠き以前既に死亡し、土地は數多の新地主に轉々賣買せられ、新地主は何れも地租を上納せずして、土地を所有するの奇觀を呈する樣になるから、屢地價を修正して課稅額を變更するのが至當である。

(二十一)銀行業は支店制度に改めよ。銀行制度には本店制度と支店制度とがある。本店制度とは獨立せる無數の小銀行が諸方に散在して競爭する仕組であるが、支店制度は是に反して少數の大銀行を設け、幾多の支店を諸處に配置して事業

を營む組織である。蘇格蘭には本店が九つしきやないが、何れも皆な數百千の支店を各地に開設し、互に連絡を取つて營業してをるから、之を支店制度と稱し、金融上の能率が非常に揚つてをるが、我國には本店數が二千を超え、支店出張所の數が四千に垂んとしてをる。即ち一つの銀行が僅かに二つ平均の支店を有するのみであるから、之を本店制度と名つけ金融が一向圓滿に行はれぬ。次に聊か支店制度の得失を擧げてみやう。

(い)支店制度の利益。

(一)資本額が大であるから、信用が厚い。大資本を有するが爲に、預金、借入金の利息は安く、其手形は廣く流通する。

(二)如何なる片田舍にも支店を設くることができる。本店だと人口少き邊鄙の場所には設立しても引合はぬ。事務員は餘計に使はねばならぬし、經費は嵩む。是では迚ても成立たぬ。併し支店か出張所なれば、他人の家を二間位借り、金庫と帳簿とを備へて置けば、一人でも間に合ふ場合が多い。

(三)送金に都合がよいから、一地方に餘れるものは直ちに之を不足せる所に致し、

全國資金の分配を調和して利率の昂低を減ずる効能がある。獨立の銀行が諸處に散在して居た分では、たとひ一地方に金が餘つて居ても、之を足らぬ處の見ず知らずの銀行に其運用を賴んでやる譯にはゆかぬから、結局地方により金利に昂低が生ずる。併し全國を支店出張所で網羅して居れば、季節によりて生ずる各地方資金の過不足を自在に調節するから金利を平均することができる。

㈣獨立銀行の如く、互に競爭して不當に利子制引歩合を引下げ、法外に預金の利子を引上ぐる心配がない。銀行は一方で預り地方で貸付け、其貸借利率の差を收めて營業としてをる。預金者は利息の高い所に預入れるから、銀行は互に預金利子を引上げ得意先の爭奪をなし、又借手を奪合ふ結果利子を法外に引下げることがある、時によれば八分で預つた資金を七分五厘で貸すと云ふ樣な不自然な現象を惹起し破綻することがある。併し同一銀行の支店同志なれば、こんな無法な競爭をする氣遣はない。

㈤事務員を減じて冗費を省くことを得。支店制度は其資本金の大なる割合には事務員を要せぬ。獨立銀行だと資本金は少くても矢張り重役も揃へねばなら

ぬが、支店には其必要がない。

(ろ)支店制度の缺點。

(一)各部分の連絡が緻密であるから、一部に起つた變動が忽ち全部に波及する恐がある。例へば長崎の支店が取付に遭へば函館の支店も取付らるゝと云ふ樣に、騷が直ちに全般に弘がる。

(二)營業區域が廣いから監督することが六つかしい。

(三)各地方に株主が少いから顧客と利害を異にし、銀行に都合の惡い時妄りに預金を引出さるゝ恐がある。例へば或る地方に於ける本店銀行なれば、其大株主は同時に銀行の得意先であるから、銀行に都合の惡い時に預金を引出す樣なことはない。

右に述ぶるが如き一得一失はあるけれども、大體から云へば、支店制度は遙に本店制度に優つてをる。加之小の合同して大となり、大となるに從つて其能率が愈加はり、益商工業の發達を援助するのは産業進化の大勢である。本店制度の我國の如きは、深く鑒みるところがなくてはならぬ。三百諸侯に分割せられたる封建

といへばeは眞にしてiは妄、此對當を乖戻又は矛盾といひ、双方とも眞理なることも、双方とも非眞理なることも出來ないので、一方が眞なれば他方は妄、他方が妄なれば一方は眞と推論することの出來るものであります、其の他、質を同じくして量を異にするaとi、eとoとの對當を差等と申しまして全稱が眞なれば特稱は眞、特稱の妄は全稱の妄と斷定することが出來ますが、全稱たる

e　日本國中一人の國を思ふものなし

といへるは妄論なりとて特稱たる

o　日本國中の或る者は國を思はず

といへるを妄なりとは斷ずることが出來ず、特稱たる

i　或る日本人は憂國の士なり

といへるを眞なりとして、全稱たる

a　凡ての日本人は憂國の士なり

とは斷ずることが出來ない、卽ち全稱の妄を以て特稱の眞妄を斷じ、特稱の眞を以て全稱の眞妄を斷ずることが出來ないのであります。

これらは一つの命題によつて他の命題の眞妄を推論するのでありますが、それよりも一層適切に直接推論と云はれるのは、命題を變形して一命題より他の命題を推論することで、「甲は乙なり」といふ全稱肯定を「甲は非乙にあらず」との全稱否定に、又は其の反對に「甲は乙にあらず」といふeを「甲は非乙なり」とのaに換質する如きを申すので、此場合に注意すべきは對比したる言語と矛盾したる言語との區別であります。普通には「諸葛孔明は賢人なり」といふaを換質して「諸葛孔明は愚者にあらず」といふeとして同じ眞理を持つて居るやうに思ひますが、賢愚は對比したる語でありまして、其の實は賢者でもなく愚者でもない凡庸の人があるのでありますから「愚者にあらず」といふことは、直に賢人なりといふと同義とは思はれません。それは「非賢者にあらず」と換質するの適當なるには及ばないのであります。對比したる語は兩極端を示したので中間幾多のものを逸して居るから、こゝに一つの石を見て白ならざるが故に黑なりとはいふことは出來ないが、矛盾語を以て非白なりとは云ふことが出來る、卽ち矛盾語とは同一物の同時に双方に居ることは出來ないと共に、其の孰れかには居らねばならぬ語と申すので、對比語は双方に

居ることは出來ないと、共に其の孰れにも居らなくともよい語を申すので、賢と非賢、白と非白、とは矛盾語でありますが、賢と愚、黑と白の如きは對比語となるのでありますから「湯が冷やかか」といふに對し「熱い」といふのは對比語で、其の實冷やかでもなく、熱くもない、溫いといふ場合もあるのでありますから「冷かならず」卽ち「非冷なり」といふ方が正確であるのであります。此のことを充分に心得て居らないと命題を變形したがために折角出來た正當なる判斷をも間違へることがあるのであります。

尙ほ此命題の變形に就ては換質換位といふことがあります。換質とは一命題の質を換へることによつて命題の形を變せしむるので、卽ち「人は皆な死ぬものであります」といふ肯定を「人は死なないものではありません」との否定にすることが出來ます。これは同一の立言を表裏から見るのでありますから、其の主辭を動かさずして客辭を其れと乖戾(卽ち矛盾)の地位に立つ語にすればよいのであります。此矛盾語と申しますは、前にもいひました通り、全く相反對いたしまして彼れにあつては此れにあらず、此れにあつては彼れにあるを許さないのを

申すので、例へば「黑し」といふに對して「白し」と申すやうな語は反對語ではありますが、黑でないから白いとは申されません。赤いのもあれば青いのもある。それで黑に對して矛盾の地位に立つ語は「非黑」であつて「白」ではないのであります。此區別を心得て居りませんと、トンダ間違ひを生ずることがあります。例へば「亞細亞人種の顏色は白からず」と申すのを換質して「亞細亞人種の顏色は黑し」といたしますれば反對語であつて矛盾語でありませんから間違つて居りますが、これを「白からぬのである」と申しますれば同じ立言となるやうなものであります。

換位と申しますのは、其の命題の質を換へずして只だ主辭と客辭との位置を換へますので、例へば「人は木石にあらず」と申すのを「木石は人にあらず」と申しても差支ないやうなものでありますが、これは木石といひ人といふ共に全體を指したのでありますから、何れを主とし客としても差支ありませんが、「雀は鳥なり」と申すを「鳥は雀なり」とは換へることは出來ません、それは先きに雀と申しました場合に此語は擴充を申して全體を指されて居りますが、鳥といふ語は全體を

指したのでありませんから、それを換へて全體を指す位地に置くことは出來ないので、此換位の規則としては原命題に於て擴充せざる語を擴充して變形することは出來ないといふことを守らねばならぬのであります。

三段論法

以上は一の判斷(卽ち命題)から直に他の判斷(卽ち命題)を推理する直接推論に就て申し述べたのでありますが、一つの斷定より直に他の斷定に移らずして其の間に更に一の斷定を立てるのを間接推論と申し、それが模型的なるものは三段論法と呼び思想の上に最も必要であり、論辯の上にも亦缺ぐべからざるもので、吾等の思索は主として此三段的であり、其の表現も亦此三段的でありまして、普通の辯論といたしましては、いろ〳〵な材料や例話が入つたり、引證や何かで飾られて居りますが、赤裸々として、凡ての裝飾を除き去りますれば、此三段に歸するものでありますから、これは一切思想の過程であり、表現の順序となるべきものであると申しても差支はありません。

凡そ吾等が一つの斷定を下さんといたしますには、それ相當の理由があつて、それが論據となるのでありまして、其の論據は何人も承認する一般的のものであらねばなりません。此一般的のものを論據として自己の云はんとする特殊の歸結に導くのが小前提で、此小前提を論據として、初めて斷定を下すに至るのでありまず。三段論法では此論據となり理由となりまするものを前提といひ、これを大前提、小前提の二命題とし、終に歸結たる斷定(命題)を出しますので、勢ひ三個の命題によつて成立するので、

衆議院議員は歳費を受く　　(大前提)
甲は衆議院議員なり　　(小前提)
故に甲は歳費を受く　　(斷案)

といひ得るのは、甲の歳費を受け得るのは小前提に於て衆議院議員たるを證明したのと大前提に於て衆議院議員は歳費を受くべきものとの一般的なる理由を示したからであります。此場合に於て衆議院議員なる語は甲が歳費を受くといふ斷案を生ずるの媒介を爲したものでありますから思想の上では之れを媒概念と

いひ表現の上では媒辭又は媒語と申して居ります。 即ち三段論法に斷案の主となる語と客となる語と、此媒語との三つによつて成立するので、之れより多くとも亦少くとも正確なる斷案を下せるものではありません。

道義を守らざるものは人ではありません　(大前提)

甲は道義を守らざるものであります　(小前提)

故に甲は人ではありません　(斷案)

と申すことは出來ますが、此「人」といふ語が曖昧であります。 若し此斷案を大前提として、

甲は人ではありません　(大前提)

人でないものを殺しても殺人罪にはなりません　(小前提)

故に甲を殺しても殺人罪になりません　(斷案)

との三段論法を組立るといたしませんか、これは前の三段論法の道義を守らざるものは人でないといふた道義上の評價による「人」といふ語を生物學上の人の意義に混用した結果に外ならぬのでありますから「人」といふ語は一つでも、其の意義を

二樣に用ひました場合には、矢張り他の語と同じでありますから、三語より成り立つたとは申されませんので、論理上又思辯上に用ひられる語の意義はいつも同じでなければならぬのであります。

夫婦喧嘩は犬も食はぬ
犬の食はぬものは腐敗したものである
故に夫婦喧嘩は腐敗したものである

と申すのも表面上は三語に相違ありませんが、意識の上では大前提にいうた「犬も食はぬ」といふのと小前提に「犬の食はぬもの」といふのとは異つて居るのでありますから、これは四語と見て差支ないのであります。此三語と三命題といふことが三段論法の規則であります。其の他論理學にはいろ〳〵の規則がありますが、今は論理學を講述するのでないから、實際思想表現の上に必得べき主要なものを擧げますと、

媒概念(媒語)は前提に於て少くとも一度は擴充せられざる可からず。

といふのが最も必要であります。擴充(Distribute)と申すのは其の適用範圍全部の

意味を以て使はれねばならぬと申す義であります。例へば

監獄の囚人中には寃罪のものがあります。（大前提）

甲は監獄の囚人であります。（小前提）

故に甲は寃罪であります。（斷案）

と申すやうなもので、此場合に於て媒概念たる監獄の囚人といふ語は大前提に於ては監獄の囚人の中の一部分を指し、小前提は全體を指したのでありますから、甲の果して其の一部分たるべきものに當るか、其の以外かは不明でありますから、早計にも甲は寃罪なりとの斷案を下すことは出來ないのであります、これを媒語不擴充と申すので、更に解し易き例を用ひますれば男は人なり、女は人なり故に男は女なりと申しますやうなもので、大前提の人といふも一部分を指し、小前提の人といふのも一部分を指して全體に適用せられて居るのでありませんが、男は人なり、甲は男なり、故に甲は人なりと申しますれば、其の媒概念たる男といふ語は小前提に於てこそ男の中の一部分たる甲を認めたので不擴充でありますが、大前提に於ては男全體を指したのでありますから擴充せられて居るのであります。これは

媒概念だけではありません。斷案に出づべき概念も矢張り其の通りでありますから、

前提に於て擴充せられざる語を斷案に於て擴充せしむべからず

といふ規則が出ます。斷案に出づる語の全體を媒語と結びつけなければ、これを他語と結びつけることは出來ない道理であります。例へば

衆議院議員は政治家である。（大前提）
貴族院議員は衆議院議員でない（小前提）
故に貴族院議員は政治家でない（斷案）

といふやうなもので、大前提に於ける政治家なる語は全體の意味ではなく、政治家といふ全體の中に衆議員議員たる一部分を入れたのであるから、他の部分に如何なるものを包容してゐるかは不明であるから此不明の論據によつて斷案を出してこれを擴充して全體の意味に用ひることは出來ないのであります。次ぎに

兩ながら否定なる前提よりしては斷案を下すことを得ず

といふのがあります。これは云ふまでもないのでありまして媒概念が他の概念

と結合してこそ斷案は出るので、これが二つながら否定せられて關係のないといふことになれば、斷案は出る筈がないのであります。例へば

凡て支那人は白晳人にあらず

凡て白晳人は東洋人にあらず

と申しますれば斷案の主辭となる支那人といふ語も、賓辭となる東洋人といふ語も共に媒概念たる白晳人と關係のないことを明にしたのでありますから、それによつて支那人は東洋人であるともないとも斷定することは出來ないのであります。併し實際支那人は東洋人でありますから、此二前提によつて

支那人は東洋人なり

との斷案が出るやうでありますが、これは何にも支那人が白晳人でないとか、白晳人が東洋人でないとかいふことを論據として推論せられたのではないのでありまして、論式の上から申しますと、

前提の一否定ならば斷案は否定なるを要す

といふ規則がありまして、先きに擧げたやうな前提の否定なる場合には否定の斷

案を出さねばならぬのであります。これから申しましても「支那人は東洋人なり」といふ斷案は先きの前提からは出ることは出來ない筈であります、前提が二つながら肯定で、甲が乙に含まれ、乙が丙に含まるれば甲は當然丙に含まるべきでありますから斷案は肯定となり、乙が丙に含まれずして、甲が乙に含まるれば、勢ひ甲は丙に含まれない否定となるべきであります。

假言的と選言的

以上は正式なる三段論法即ち定言的三段論法(Categorical sylogism)と云はるゝ推理でありまして、思想の骨組となるものでありますが、實際應用の上に於きましては假言的(Hypothetical)と申すのと選言的(Disjunctive)と申すのがあります。假言的とは前件が定立すれば後件も定立するといふ形式になつて居る斷定を論據といたしまして、斷案を出すのでありまして、

今日雨降らば(前件)明日道路は惡かるべし。(後件)

といふやうに前件定立すれば、後件は定立するのでありますが、前件が不定立であ

るから後件も不定立とはいへない場合があります。卽ち今日雨降らずとも、雪が降つたとか、或は道普請であるとかといふ他の條件で道が惡くなることがあるのでありますから、前件の定立を以て後件の定立はいへるが、後件の定立を以て前件の定立は定められないが、後件の不定立の場合には前件も不定立とはいへるのであります。此規則によつて、

君の議論にして正當ならば(前件)僕は反對せざるべし(後件)……大前提
君の議論は正當ならず(前件不定立)……小前提
故に僕は反對せざるを得ず(後件不定立)……斷案

又

春來れば(前件)雁は北へ歸る(後件)
今や春は來れり(前件定立)
雁は北へ歸るべし(後件定立)

の如く、常に條件付に立論して行くから婉曲に其の論議を定むる上に於て大に功があるのでありまして一般に前件定立後件定立、後件不定立前件不定立を以て規

則といたすのであります。

選言と申しますのは、幾多選擇すべき語を加へたる命題を大前提とし、小前提に於て之れを取捨して斷案を出すので、

人を殺すは故殺か謀殺か過失殺かなり。

彼れの殺人は過失なり、

故に彼れの殺人は謀殺故殺にあらず、

とも亦

彼れの殺人は謀殺故殺にあらず

故に過失殺なり

ともなるので、此選言は何れも殺人の可能性を有するのであるが、相互に相容れないので故殺であるときは、謀殺でも故殺でもなく、謀殺であるときは故殺でも過失でもなく、過失である場合は謀故殺でないといふやうなものでなければならぬ。

卽ち選ばれたる各概念は其の結果を生ずるの可能性を有し、しかも一なるときは他ならず、他なるときは一ならずといふやうに相容れないものたるを要するので

あります。

これはいろ〳〵な場合を選擇せしめ、中には反對論者の云はんとすることをも入れて之れを拒否して自說に導くことが出來るのでありますから事情を明かにし、他より一矢をも加ふる能はざるやうに論議を進めることが出來るのであります。

此選言と先きの假言とを混じて成立いたしますのが、兩刀を以て敵に對するヂイレンマ(Dilemma)論法となりますので、これは大前提に於て二個の假言命題を選言的に置き、小前提に其の双方の假言命題の前件を選言的に肯定するか、後件を選言的かに否定するものでありまして、

彼れは現內閣を擁立するに於ても苦まざるべからず、反對するに於ても苦まざるべからず(大前提)

今や彼れの執るべき策は擁立か反對かの外なし。

故にいづれにしても彼れは苦まざるべからず(斷案)

といふやうな論法で、反對黨攻擊等に最も力ある論法であります。しかし是等も

皆な前に擧げた規則を守らねばならぬので、之れに背いたのを論議（Fallacy）と申します。

論理上の誤謬

推論をするに當つて以上の規則を守らない場合には、茲に謬論を生ずるのでありますが、一見しては誤謬のないやうに見えましても、其の實非常な誤謬に陷ることが少なくないのでありますから、思想の上に於ても表現の上に於ても大に注意すべき謬論を擧げますと、これを論理の形式の上と事件の取扱ひの上とに分つことが出來ます。論理の形式の上と申しますのは、先きに申した規則を守らないので、

國法上罰せらるゝものは悉く惡人なり。
佐倉宗五郎は惡人なり
故に佐倉宗五郎は國法上罰せられたり

と斷定する如きは、其の媒概念たる惡人といふ語が大前提に於ても、小前提に於て

なければならぬ。理性の開發が宗教的信仰の合理化といふ事に深い影響を及ぼしたは文藝復興期以來殊に英國に顯著な現象であつたが、此の同じ現象は十八世紀に至つて更に更に顯著に發達した。自由思想といふことは、本來の意味に於ては、宗教上の合理的思想——傳來の迷信から自由に獨立した思想の意義に外ならなかつた。シャフッベリーを初めとして、バークレーやヒウムは勿論、前段掲載の多數倫理學者も大かたは此の意味に於ける自由思想家であつた。自由思想と言つても、十八世紀のことであつたから、發達した今日の思想と比較すべきものでないは言ふまでもない。又特に當時の自由思想家として注目された人々にトーランド (John Toland 一六七〇——一七二二)チンダル (Nathews Tindal 一六五六——一七三三)等の諸學者が有つた。いづれも傳來の宗教的迷信を排斥し、すべての奇蹟や不思議な傳説やを退けて、ひとへに確實な理論的根據の上に宗教を建設しようと力めた。斯やうな種々な意味に於ける合理化は、其の極端な形に於ては、宗教を全く理智化して無情熱なものにしたとも言はれる。吾人はこゝにも啓蒙思想の異常な發達を認めることが出來る。

さて廣い意味に於ける啓蒙思想の發達は、ほゞ以上概説したやうなものであつたが、翻つて一層狹い意味に於ける純粹文藝方面を觀察すると、さすがに十七世紀後半期のやうな淋しさも衰へて、文壇は次第に元氣づき且其の範圍も擴大されたのであるが、既に前に概説したとほり、經驗的乃至實際的思想の發達に比較すれば、それは甚しく見劣りがする形式一遍の傾向が著しかつた。

以上啓蒙思潮の大勢を略敍したゆゑ、吾人は轉じて狹義に於ける文藝思想の要點を觀察しなければならぬ。十八世紀――精確には十八世紀前半期の英國文壇は、既に本節の最初に略説したとほり、餘りに古典主義――否むしろ餘りに形式主義に墮したもので、英國の文藝史に於ても、確に最も淋しく最もすさんだ時代の一つであつた。吾人は此の時代の文藝を通じて、當時のイギリスが如何に精神的に情緒的に乃至道德的宗敎的にすさんだものであつたかを想像せざるを得ない。人生又は人間に關する深く且誠實な情緒や情熱やは甚だしく缺けて、徒に理智や禮法や形式やが人心を支配したことを想像せざるを得ない。畢竟、精神的に思想的に當時のイギリスは甚しく皮相的に貧弱に空虛に墮したのであつた。ドライデ

ンを先驅とした古典主義文藝は、到底フランスのそれに比較さるべき優秀にして豐富なものでなく、僅にアヂソン(Josph Addison 一六七二――一七一九)スチール（Richard Steele 一六七二――一七二九)スヰフト(Jonathan Swift 一六六七――一七四五)ポープ(Alexander Pope 一六八八――一七四四)等によつて代表された形式的又は理智的なものに過ぎなかつた。勿論當代の文壇を率ゐたポープにはポープの特徵が有り、スヰフトにはスヰフトの特徵が有つたが、槪して言へば、ポープを初めとしてアヂソン又はスチールに至るまで、決して第一流の文藝家ではなく、僅に當代の風潮を代表した二三流の人々に過ぎなかつた。情緖的に又は思想的に深い內容を缺いたといふが全體に共通な現象であつたから、主として理智に訴へるとか、又は理智的に興味をそゝるとかいふが此等の文藝家の特徵であつた。殊に當時に於ては政黨の關係や政治問題やが人心の中心興味を成してゐたから、すべてを政治的に語り政治的に諷刺するといふが、此等の文藝家にも普通の現象であつた。ひとり政治上の諷刺のみならず、或は道德上或は風俗習慣上、其の他各方面の社會問題を捕へて、敎訓的な諷刺や說法やを行ふが文藝家の常職と考へられた。此の方

面に於て最も冷やかな皮肉と諷刺との力を備へ、眞に敵黨又は敵者の心膽を寒からしめたは彼のスヰフトその人であつて、彼れは實に英文壇に於ける最も大なる皮肉家であつたと言はれる。アヂソンの古典的又は學究的上品さや、スチールの天眞爛熳な態度や、それ〴〵特殊な傾向を備へてゐたが、イギリス流の穩健な常識的立脚地に立つて、當時の社會的現象又は社交上の現象を輕妙な筆致を以て或は記述し或は諷刺したは、此等の文藝家の特徵であつた。就中普通道德の立脚地からの輕妙な諷刺や敎訓やがアヂソンやスチール等の特徵であつた。同時にまた一種の寫實的傾向は初めて此の當時に發達したもので、スヰフトさへも明らかに此の傾向を備へてゐた。蓋し理智一點張の時代に於ては、自然寫實的な叙事や物語が喜ばれたのであらう。英國近代小說の創設者と言はれたデフオー(Daniel Defoe 一六五九?——一七三一)は明らかに此の寫實的傾向を代表した文藝家であつた。彼れが名著『ロビンソン、クルーソー』は、一流の空想を巧に寫實式に書いたものと言はれる。デフオーについで、當時リチヤードソン(Samuel Richardson 一六八九——一七六一)フイールヂング(Henry Fielding 一七〇七——一七五四)等の散文小

說家が輩出したは決して偶然でなかつた。多少後れて現はれた散文小說家サミユエル・ジョンソン(Lomm:l Johnson 一七〇九――一七八四)の如きも此等の人々の系統に屬した者と見られる。

さもあれ當代古典主義の文藝を代表し、然かも當代の英國文壇の中心と成つて之れを統率したは、言ふまでもなく詩人としてのポープであつた。吾人はポープその人に於て明らかに當代英國文壇の特徴と短所とを認めざるを得ない。勿論彼れは古典主義文藝の代表者であつた。フランスのボアローと同じく古典主義に關する敎訓的詩論をも彼れは公けにした。又彼れはホーマーのイリヤッドやオディッセーさへも韻文的に飜譯した。然しながら、其の詩論に於ては、吾人はボアロー以上の何ものをも見出だすことが出來ず、又彼れの有名な『人間』に關する敎訓詩に於ても、常識的な警句や格言の外、何等高上な又は深到な思想感情を見出だすことが出來ない。深さとか、內容とか、此等はポープに就いて求めらるべきものでなく、彼れに於て見出だされるもの、又彼れの本領として認められるものは、主として其の豐富な詩藻であり詩句であつた。文章又は詩句といふ形式上の豐

富と整頓とに於ては、彼れは確に比類ない詩人であつた。美しい文字、微妙な文章、艶麗な語句、此等が直にポープの詩であつて、斯うした意味の金玉の詩句は彼れの詩の到る處に充滿してゐる。例へば有名な『レープ、オブ、ゼ、ロック』(The Rape of the Lock)は、當時著名な一美婦人の毛髪の一ト房が盗まれた事實を基礎として、當時の貴婦人、社會の日常生活を畫いたもので、其の畫かれた事實の些事であるに拘らず、其の間に美妙な精靈の活躍などをはさんで、全體を美妙な艶麗な絢爛たるものに寫出した長詩である。吾人はこゝに於ても艶麗な語句や燦爛たる詩句は有り餘るほどに見出だすが、例へば人間に關する深い同情の如きものは、更に之れを見出だすことが出來ない。斯くして十八世紀前半期の英國文壇は、同じ古典主義とは言ひながら、フランスのそれとは甚しく劣つた意味の古典文藝を產出したものであつた。斯やうに落漠たる文壇は、明らかに將に來たらんとする新時代の文藝――英國ロマンチシズムの文藝が將に勃興せんとする前兆であつたとも觀られる。

第六節　十八世紀のフランス文壇

十八世紀のイギリス文壇が餘りに啓蒙

的又は理智的一方に偏して甚しく純粋文藝方面を缺いたと同じく、十八世紀のフランス文壇も、極端に啓蒙的又は理智的方面に走つて、殆ど全く純粋文藝を缺いた觀を呈した。勿論十八世紀のフランスは形式に於て又は量に於て全く純粋文藝を所有しなかつたわけではない。當代のフランス文壇を代表したヴルテールを初めとしてディデロー其の他の人々に至るまで、勿論普通に謂ふ文藝家であつて、決して純粋の學者又は思想家ではなかつた。ヴルテールが公けにした悲劇及び喜劇の數だけでも實は夥しいもので、其の外に彼れが手に成つた物語物や諷刺文や歴史物など到底數へきれない程であつた。ヴルテールの外にも勿論多數の劇詩人や小説家等も有つた。けれども多數文藝史家の一致してゐるとほり、最も嚴格な意味に於ける眞の詩の精神はヴルテールに於ても缺けてゐて、彼れはたゞ或はラシイヌや或はラブレーを眞似た作家に外ならなかつた。純粋文藝の方面からは、彼れは何等の新味も何等の創意をも與へなかつた。況やヴルテール以下の群小文藝家に於てをや。十八世紀の半ばは、いづれの方面から觀ても、純粋文藝が甚しく衰退した時代、眞の詩の精神が殆ど全く消滅したかのやうな時代であつた。

純粹文藝の歩調が斯やうに遲々たるさまであつたをり、他方一層重い意味の精神界又は思想界を觀察すると、そこには文化史的に觀て確に記憶さるべき一種の傾向又は趨勢が有つた。フランス文壇に於ける啓蒙思潮これであつた。此の啓蒙思潮こそは、明らかに次代のロマンチシズムを喚び起すに至つた動機にあつて、吾人は先づ此の特殊の思潮を明らかにしなければ、新代の文藝思潮をも正しくは理解することが出來ない。

ヨーロッパ諸國の思想上の相互影響は勿論古來著しかつた現象であるが、十七八世紀に於ける英佛二國の相互影響ほど密接であつたは他に類例が求められない。先づ古典主義の文藝はフランスからイギリスに輸入され、當時の唯理主義の思想さへも直にフランスからイギリスの學界へ輸入された。然るに十八世紀の中頃に於ては、イギリスに發達した啓蒙思想――經驗的事實を重んじ實際=理智を尊重した啓蒙思想は、逆にイギリスからフランスに輸入され、而もイギリスに於ては穩健着實であつた思想が、フランスに移殖されては、極めて極端なラディカルな影を取つたのである。十八世紀に於て何故啓蒙思潮が極端な形を取つたかを

明かにするために、吾人は先づ其の當時のフランスの狀態を明らかに記憶するを要する。

當時のフランスは、恰も最も專制的であつたルイ十四世の後を受けた時代で政治の中心となつた少數貴族及び僧侶階級と、中流階級《ブルジョア》を初め一般民衆とは、全く無關係沒交涉の狀態に存した。一般民衆は甚しく無智文盲であり、中流階級は絕對に政治の權力に近づくことが出來ず、貴族階級と其の他の特權階級とは一般民衆と全然沒交涉な生活をつゞけた。而して此等特權階級は特にたづさはるべき一定の業務を持たなかつたから、所謂社交生活とかクラブ生活とか乃至サロンの生活とかゝ彼等の生活の全體であつて、社交とか娛樂とかの外には何等の生活も持たなかつた。そして一面に於ては、政治上の專制は最早堪へがたいまで極端に發達し、官僚政治の弊はます／＼甚しからんとした。殊に官僚政治と結んだ宗教——フランス特殊の舊教は、一般民衆の思想信仰をさへも極度に束縛して、傳統的な迷信や頑瞑の程度はます／＼甚しい形勢であつた。無智と迷信と頑瞑と、それ等が一般の社會情調であつた。

斯やうな時勢であつたから、イギリス直輸入の啓蒙思想がフランスに於て直に極端な形を取つて發達したは、全く自然の順序であつた。蓋し英國啓蒙思潮は、其の基調に於て、純粹に實際的又政治的であり、而も固く民主思想に立脚して、強く個人の自由を主張したものであつた。政治的に於ても宗教的に於ても、所謂自由思想は英國啓蒙思想の生命であつた。此の自由思想に立脚して、イギリスに於ては、漸次専制主義は阻害され、彼の憲法政治の基礎は次第に堅固な形を取つた。デモクラチックな自由思想は、どこまでも啓蒙思潮の基調であつた。されば十八世紀の佛國文壇を代表したヴルテール(Voltaire本名François-Narie Arouet 一六九四――一七七八)が先づ英國の啓蒙思想を佛國に移殖したは、まさしく時運の要求に應じたものであつた。純粹文藝の方面に於ては、眞の天才でなかつたとはいへ、詞藻文章の方面に於ては、彼れは最も卓越した才幹を備へてゐた。自然にして輕妙な筆致、豊富にして整つた文章、就中論理的に力が有つて、他を諷刺し罵倒する文章に至つては、眞に當代獨歩であつた。彼れが諷刺又は嘲笑の的と成つた者で、曾て社會的に失脚しなかつた者は殆ど稀であつたとさへ言はれた。故に單に此の稀有な文

才だけでもヴルテールは優に其の當時の佛國文壇を支配する力を備へてゐたのであるが、此の文才に加へて、時の專制政治に對して彼れがイギリスの自由思想を投じたことは、恰も腐敗政治に對して爆烈彈を投じたと同じであつた。文壇や社會の視聽が一にヴルテールに集まつたは決して偶然でなかつた。政治的にも思想的にも、最も熱烈に强烈に自由と解放とを主張したが彼れの最も大なる事業であつた。自由の權化——これがヴルテールに與へられた賛辭であつた。たゞし彼れが尙時代の感化を受けて、動もすれば名聞榮誉に走らんとした性癖を備へたは、既に廣く知られた事實である。

單に政治上の自由思想のみならず、經驗的にして實際的な英國の啓蒙思想は、熱烈にヴルテール及び其の他の人々によつて佛國思想界に輸入された。ロックの經驗哲學とニウトンの科學思想——これが殆ど其のまゝヴルテールの思想內容であつた。殊にイギリスの宗敎上の自由思想——科學的知識を基礎として總て傳來の迷信を斥けやうとしたディズム(理智的宗敎)を取來たつて、之れを佛國傳統の頑瞑な宗敎に對立させ、盛に佛國宗敎の頑瞑無智を嘲笑したこと、これがまたヴ

ルテールの一面の活動であつた。政治上の自由と並んで、彼れは宗教上の自由のため――思想上の自由のためにも熱烈に戰つたのであつた。たゞし此の方面に於ても彼れが好んで反動的氣勢を取つたことは到底疑はれない。

ヷルテールの自由思想と並んで、十八世紀の佛國文壇に於て特に注意さるべき現象は、既に前段に概説したとほり、英國啓蒙思想がフランスに於て極端な形に發達したことである。そして此の啓蒙運動は、其の當時著名であつた『百科字典』の刊行と密接な關係を持つてゐた。此の字典の主任者は矢張當時の文藝家であつたディデロー(Denis Diderot 一七一三――一七八四)であつて、執筆者としてはヷルテールやダラムベル(D'Alembert)等を初として、當時著名な新進文藝家や思想家は、大抵此の事業に關係した。廣く社會的に知識殊に科學的又は哲學的知識を普及するといふが此の事業の主意であつたが、所謂科學的知識は主として英國啓蒙思想を極端に理想化したもので、經驗的知識の普及が其の根本要旨であつた。吾々は此の點に於て先づ注意しなければならぬ。十八世紀の佛國啓蒙思想は、英國のそれにも增して、人生や人間に關する深い情熱とか感情とかいふ方面を缺いで、古典主

義以來漸次發達し來たつた理性又は理智の極端な發達に外ならなかつた事を。感情や詩の源泉は枯渇して、人生又は人間を理智の畜積と觀る傾向が强まつたのである。イギリスのロックに於ては、人間の靈魂は經驗上の感。覺。から成立つものと敎へられたが、尙別に靈魂固有のはたらきが、認められたに反して、ディデローやダランベル等に於ては、人間は全然經驗上の諸感覺からのみ成立つ者と主張された。所謂感覺主義が此等の人々の主張であつた。卽ち人間の精神活動は內から內面から發生し生長するものでなく、全然外から外部から個々の經驗的感覺によつて積みあげられるものと主張された。斯くして人間は古來考へられたやうに不可思議深祕なものでなく、一般の自然現象と同じく、機械的な自然的な科學的法則によつて支配される者に外ならないと考へられた。

斯やうに自然主義的思想は、單にディデロー等の感覺主義にとゞまらず、一層極端に發達して遂に唯物論的思潮に極まるに至つた。ブッフォン(Comte de Buffon 一七〇七——一七八八)ラ・メトリー(La Mettrie 一七〇九——一七五一)オルバック(Holbach 一七二三——一七八九)等は當時の唯物論の主なる主張者であつた。唯物論は

人間の精神活動を否定し、靈魂を否定し、人生はすべて物質的自然法に支配されるものと主張したのであるから、神祕な靈性とか、高貴な情熱とか、すべて理想的なものは一切排斥されて、赤裸々な物質法のみが强く主張されたのである。唯物論者が當時熱心に靈魂の存在を否定したことは、主として頑瞑な傳統的宗教に對しての反抗であつたとも觀られる。

啓蒙思潮は斯くの如く極端な形にまで發達したのであるから、同じく此の思潮の中に含まれてゐた利己的功利思想も、矢張これに準じて極端な形を取らざるを得なかつた。此の方面に於ても、高貴な感情とか、熱烈な情緒とかは全く無視されて、たゞ利己的な功利的な思想欲望のみが重んぜられた。例へば同じ『百科字典』の一執筆者であつた學者エルヱシウス (Hervétius 一七一五――一七七一)の如きは、恰も當時の此の傾向を代表して、利己心のみが人間の本性であり、同情とか博愛とかは、利己的の手段として發達したものに過ぎないと主張した。又前段に擧げた唯物論者の中には、人生や道德の意義を疑つた者さへ有つた。此等の傾向に於ても、吾々は明らかに傳來思想に對する反抗が含まれてゐたことを認めなければな

らぬ。

第七節　ジャン・ジャック・ルソー

ルソー（Jean Jacques Rousseau 一七一二——一七七八）はフランス啓蒙思潮の最後であり而も同時に全ヨーロッパの新文藝及び新思想の先驅者、卽ち次に來たらんとするロマンチシズムの開拓者であつて、近代歐洲文化史上極めて重要な位置を占めた者であるから、吾人は特に此の天才を取出して其の主要傾向を觀察しなければならぬ。一層適切に言へば、これまで叙說し來たつた理智主義の啓蒙思想は、第十八世紀の半ばの佛國思想界に極まり、此の發達の頂點を境として、全ヨーロッパの思想界及び精神界は、まさに一大轉廻を遂げようとした。文明の基礎は全然一新せんとする如き新氣運に向つた。而して斯くの如き新氣運を起こし、斯くの如く一大轉廻を行はせて、言葉どほり全ヨーロッパの精神界に最も深刻な激動と影響とを與へた者は實にルソー其の人であつたのである。近代文明の歷史に於て、彼れが如何に重要な位置を占めたかは明白である。

近代文明史上に於けるルソーの位置は今日までさまざまに批判された。或は

彼れは啓蒙思潮に對しての反抗者であつたと言はれ、或は「自然に返へれ」と主張した一種の自然主義者であつたとも言はれ、又或は自由平等の主張者乃至社會契約說の解說者であつた等、さま〴〵に批判され解釋された。此等の批判は必しも間違つた解釋でなく、殊に啓蒙思潮に對しての反抗者といふ批判には最も深い意味が有る。けれどもルッソーのルッソーたり、ルッソー精神のルッソー精神たる精髓から言へば、文藝史上乃至思想史上の彼れが位置は一層深く且高い意義を備へたものと言はなければならぬ。卽ち簡單に言へば、個人の尊嚴に關する新らしい人間觀乃至人性觀が此の奇矯な天才によつて樹立され宣傳されたのである。換言すれば、人類は個人としてすべて尊い天賦の人權を備へ、各人皆平等にして、自由に自然の天賦を發揮すべき權利を持つてゐると。これがルッソー思想の根本であつた。此の根本思想の理解のため、若しくは此の根本思想の見地から、吾人は彼れが啓蒙思潮に對して取つた反抗の態度を觀察しなければならぬ。最初の間は、彼れみづからも啓蒙思想家の間に伍して、現に『百家字典』の編輯にさへも從事した。然しながら彼れは、彼れ自身の思想感情と啓蒙思想家のそれとの間には、到底調和すべ

八　修養團體の經營及指導

社會教育に於ては各種の修養を目的とする團體の組織經營及其指導に就て、重要な任務を有するのであつて、現に我國に於ては地方に於ける社會教育上の施設中、最も重きをこの方面に置いてゐるのを見ても分る。この修養團體には種々あつて或は年齡の別、男女の別、或は修養の目的によつて、各團體の組織經營並に指導上夫々その趣を異にしてゐるのである。併しながら之等團體の目的とする、團員各自の修養上に共通せる事柄も自ら存するのである。この點に就ては機會ある每に申述る考であるが、一言にして云はゞ完全なる人としての素養を與へんとする點に存するので、その目的が老幼男女其他境遇上の差別等によつて、修養の方法或は團體の組織等にいろいろの特色を持つて來る譯であつて、根本に於ては國民としても將た公民としても、乃至廣く人として完全なるものとなるが爲めに必要な修養を目當てとするのであるから、從つて學校教育並に家庭教育上生徒兒童の教養を目的とする所と毫も相違がある譯ではない。寧ろ少くとも學校教育に比べて、一層自由に且つ實際的に教育の目的を達し得る手段である。

されば近來歐米先進國に於ても學校敎育の進行と共に、此種團體の指導といふことに力を注ぎ、社會上生きたる一員として最も適切なる指導を加へ、以て敎育敎化の實績を擧げることに力めてゐる次第である。最近十ケ年間に於ては、我國に於ても此種の團體指導の甚だ重要なる意義を有することを悟つて、政府に於ても盛に之を奬勵し、民間有識の間に於ても此事に力を用ふるに至つた次第で、今後一般敎育の進歩につれて此種團體指導に對して益々力を注ぐやうになるであらう。又さうならなければならぬのである。

團體指導に依つて敎育の目的を達せんとする、所謂修養團體には種々あるけれども、その中最も重要視すべきものは

一、青年並に少年の修養を目的とする青年團及少年團

二、子女婦人の修養を目的とする處女會及婦人會

三、一家の戶主又は主婦の敎養を目的とする戶主會又は母姉會

四、思想道德乃至宗敎を中心として專ら民衆を指導敎化せんことを目的とする所謂敎化團體等がその主なるものである。

今之等の團體に就て逐次卑見を述べることにしやう。

一、少年團

現今世界各國に國際的共通の運動にまで發達したる、少年團に就ては、その委しい事は我文部省に於て大正五年十月、『列强の少年義勇團』と題して詳細なる報告を公刊し、超えて大正七年に余が在外中の報告として發表されたる、『參戰後の米國に關する報告』中にも、米國に於ける少年團の一般狀況を述べてあるが、其の他田中義一大將の歐米巡遊の報告として出版された『社會的國民敎育』に於ても、大體その大要を記載されて居て、之等の參考書に依れば詳細を知ることが出來ると思ふから、こゝではその大體に就て述べて置く事にしやう。

一、各國少年團の發達　少年團の起原並に發達に就ては、各國共にその趣を異にして居るが、今日ではさきに述べた樣に最早世界的共通運動の如くになつて、その目的精神は勿論、實行上の施設事項に於ても略々同一となつて來たので、要するに少年をして健康に適する廣大な戶外に於て、いろ〳〵の活動をせしめ、以てその體力、耐久力、自信力及創意創作の力を養はんとする、最近發達の新敎育法を利用する

にあるのであつて、結局その目的とする所は各々その國民としての最も高き典型と才幹並に素質を附與せんとするにあるのである。之を他の言葉を以て云へば次の世代に於ける、國民の道德的、智識的並に肉體的の生命活力を、今日に於て之を保全し涵養せんとするにある。その結果は積極的に一般國民の發達を招來し得るばかりでなく、現在に於ける都市生活に於て往々にして見る、不良なる少年の發生を減少するの效果があるのであつて、その價値の甚だ大なることは、歐米先進の諸國に於ても既に認められつゝある所である。殊にこの團體は多數の公衆が集合する場合に、各種の助力を必要とする事項並に公衆の秩序維持等に就て、その補助團體としての動作技術に對する訓練が、非常に價値あるものとして、一般に認めらるゝに至つてゐる狀況である。特に我々社會敎育者の立場からして、最も價値ある團體指導の一方法である。この種の團體がその精神敎育の出發點として、團體の綱領規約の上に、神の存在を信じ、之を尊崇して人間としての最高の美德を發揮することを根本主義としてゐるのである。

今試みに二三先進國の少年團の綱領を擧ぐれば左の通りである。

a、英國少年團

第一、神及國王を尊崇する事
第二、他人を助ける事
第三、國の規則に服從する事

d。米國少年團

第一、神及祖國に對し義務を盡し、且つ團の法則に從ふ事
第二、常に他人を助くべき事
第三、自己を肉體的に强く、精神的に廓清し、道德的に眞純ならしむる爲めに、誓てその最善をつくす事

c、佛國少年團

第一、如何なる場合に於ても良心のある男子として、その義務に對し忠實勇敢に行動する事
第二、祖國を愛し、その戰時と平時とを問はず、常に之が爲めに忠誠を盡す事
第三、團の綱領を遵守する事

等の如く規定して居るが、總じてこの團體の根本精神は、人としての最高の道德を守り、國民として最良の素質を具へる爲めに必要なる訓練を行ふことにあるので、殊に英、米二國の如きは、廣く人間として最も尊き信仰ある紳士、敬虔の態度を得る事に著眼して居るのは、誠に團體指導の上に有益なることである。之等の團員は通常十歳前後より十八歳に至る敎育時期に於て、學校並に家庭以外に、精神的且つ身體的に、又社會生活上に必要なる一般人類としても、亦國民としても、其他の家庭社會の一員としても、最も著實にして剛健なる素質を與へる事に、努めて居るのである。殊に近來に於て、この團體の起りが多くは軍事敎練、若しくは敎育に關係して居た事が、漸次轉化して、主義として、政治的方面の關係を全然顧みず、又軍事敎育に偏せず、勇敢にして規律あり、節制ある國民としての志操と素質とを養ひ、殊に冒險的進取の少年心理と、且つ群集心理とを應用して不知不識の間に、困苦艱難に堪え、進んで善事を爲すといふ習慣を養成する樣になつたばかりでなく、更に近來に於ては種々の工夫が加へられて、その團員の境遇と土地の狀況に應じて、職業上の指導をも之に加へて、學校敎育の足らざる所を補ふ機關とまで變つて來たので

ある。従つてこの團體指導に就ては、その指導の對象となる少年の多くが、現に學校教育を受けてゐるものが多いので、學校教育との連絡關係に於ても、種々の研究を要すべき事項が生じて來るから、社會教育以外に、學校教育の方面よりも研究を要すべき事が甚だ少くない。

二、我國に於ける少年團の運動　夫が爲めに、今後我國に於けるこの團體奬勵に就ては、十分なる研究を進める樣にしたい考から、今回本省に於て、少年團に就て智識經驗ある人と、學校教育者とを委員として、眞面目なる研究を開始することになつたのである。只我國では今頃斯くの如き調査に著手せねばならぬ程、外國に比してこの種の運動の甚だ遲れてゐる事は、返すがへすも殘念であるが、之は致し方ない事で、我々は全力を注いでこの世界運動を、我國に於ても、我國に適したる組織制度の下に、施行する日が一日も早く來る事を希望するのである。尤も外國の少年團は、日本の青年團と見ても差支ないのであるけれども、後に之を述べる樣に、現在我國の青年團は、年齢の點より見ても大なる相違があるので、現在我青年團はその内容から見ても、餘程外國の少年團とはその趣が違つてゐるのである。勿論

その趣が違ふことが國情の相違にあるとも云へるが、團員たるものゝ年齢の相違からして、實質までも大いに相違して居る樣に考へられる。茲に於て問題は、我國でも少年團は現在の青年團と區別して考へ、若しくは青年團の或部分をこの少年團式となす事が、適切ではなからうかとも考へられる。要するに今茲に述べんとする所は、外國の少年團並に之に準ずべき我國にて行はれつゝある少年團、及將來行はんとする少年團に就て述べやうとして居るのである。

三、歐米に於ける少年團の實際　さきにも數回述べた樣に、この少年團の運動は世界的であつて、如何なる邊鄙の國でも、その施設のない所はなく。且つ又各國に於て之が國際的運動として、各國の支配者又は政府と關係のない所はないのである。

英國では特にこの點が濃厚である。即ち現皇帝ジョージ陛下は英國少年團の名譽總裁であり、又その總裁はコンノート殿下であつて、最近御來朝の英國皇太子殿下は、特に一少年團の團長として、自らその指導の任に當つて居らるゝ位である。其他の國に於ても皇帝皇族の方が、その國の少年團を率ゐて居らるゝ所は少く

ないのである。殊に各國政府とこの團體との關係を見るに、英國では一九一二年に、同國政府はこの團體を、健實なる社會敎育なる團體と認めて、いろ〳〵の點に援助を與へて居るのである。

米國に於ても、大統領は少年團の爲めに調書を發して、全國民に少年團を援助して之を發展せしめよと、明言するのみならず、法律に依つて、團體の名稱徽章を公認してゐる。

其他佛國に於ても、白耳義等の國々でも、同樣に政府がこの團體に對して、或は精神的或は物質的に、後援せぬ所はない位である。

斯くの如き狀況にあるから、この團體がよく全國に普及されて、少國民の精神的並に身體的訓練の上に、大なる效果を擧げて居ることは無論の事である。將來我國に於ても、我國情に最も適應したる手段によつて、此種團體の發達を促し、社會敎育上に最も意義ある施設として、之等諸外國に劣らぬ樣な成績を擧げねばならぬと信ずる。

四、少年團指導の精神　近來我國に於ても各地に於て、この種の團體の設置を

見るに至つたことは、甚だ喜ぶべき事であるが、何分にも之が指導に就ては、教育家は勿論、宗教家、地方有力者の徹底したる理解を得る事が、甚だ肝要であると思ふ。申す迄もなく何と云つても、少年時代程教育教化の效力の偉大なる時期はないので、この時期に於て之等純潔なる少年の精神に、徹底したる感化を加へ、又その身體の發達に、良き影響を與へ置く程、教育的意義と價値の大なる事はないのである。動もすれば我國の人々は少年期の教育を不完全なる形式的に流れ易い學校教育に一任して、家庭に於ても何等考慮することなく彼等の社會的生活と沒交渉に放置して置くといふ事は、啻に學校教育の效果を過信するのみならず、眞に活力ある國民を得る所以ではないのであつて、今や世界に於ては此點をよく理解して、少年の間より生きたる社會の一員として、その素質を附與する事に努め、以て教育の全系統として家庭學校並に社會の三つの機關場所を通じて、生きたる教育を授けて居る。我國に於て近來多くの人が、所謂教育卽ち學校教育をいくら多く受けても、私利私慾に惑ひ、公共の觀念に乏しく、協同の精神に疎い所謂現實的で餘裕ある人が出來ないといふ事で歎息してゐるのは、教育の方針の上に大なる缺陷あること

に氣附かぬからで、我等は人の敎育は、學校だけでは到底完全なものが出來ないことを知らねばならぬ。されぱと云つて學校敎育を等閑に附する譯ではないが、完全なる學校敎育の上に更に家庭の敎養と此種の團體的社會的訓練敎化の大なる任務が、閑却されて居ることを忘れてはならぬ。されば世の志ある人は常に此點に著眼して少年に對する團體的訓練指導が、現代歐米各國に於ける樣な狀況に迄到達することに、努力せられなければならぬと思ふ。

二、青年團

一、青年團の成立　我邦に於て靑年團に對し奬勵を加へ初めたのは、日露戰爭の終り頃からの事である。勿論それ以前に於ても其基礎となる團體が地方に無いではなかつたけれども今日の樣に全國的の問題となり運動となつて現れるに至つた最初は、日露戰爭が終らんとする際に同戰役中の全國民後援事業に就て青年の奮起自覺を促す事が、國民敎育上甚だ重要視すべき事であるといふ實驗上からで、當時の爲政者が此點に留意して、文部及內務兩省より各別に地方長官に對して注意を喚起したるに初つたのである。爾來徐々としてこの團體の組織及指導

の事業が各地に於て行はれるに至つたのであるが越へて大正三年以後歐洲戰亂の勃發に際し、國を擧げて各國民が戰爭に從事し努力してゐる有樣をまのあたり目擊し愈々我國に於ても將來一朝事ある際に於て又同樣の運命に陷る事を豫想し。夙に斯くの如き覺悟と用意とを要することに想到すると同時に、よし戰爭といふことを全く無關係に考へても、青年子弟の教養といふことは未來の國民を造る上に忽せに出來ないといふ事が爲政者並に一般教育者の頭に最も的確に實感されたが爲に、遂に大正四年九月に至つて政府はこの施設を全國に及し、組織的に之を開發指導することに決定し、遂に內務文部兩大臣の第一回の訓令となつて現れたのである。爾來歐洲戰亂の進行につれて益々この施設の甚だ急務なる事を感じ、大正七年四月政府は更に第二回の訓令を發して之等の團體の內容改善に關する訓令を發し、更に大正九年一月平和克復と共に時代に順應したる指導の方法を示さんが爲めに、第三回の訓令を發して益々此の團體の發達に力を致すこととなり以て今日に至つた次第である。

第一回の訓令に於ては青年の修養に就て、その眼目となるべき大方針を定めた

のである。即ち之等の青年は、將來國家の維持者として最も有力なる國民たらしむる上に必要なる品性の向上、智識の研磨、體力の增進の三點に於て、專ら修養を目的とした團體でなければならぬといふことを宣言したのである。さきに述べた如く日露戰役以前に於ても亦それ以後に於ても、此種團體の組織に對し奬勵を加へた事もあつたが、その團體の根本精神に於て動もすれば考へ違ひの向も無いでもなかつた。即ち事業を本意として修養を怠り、單に施設に重きを置き、仕事に依つて得たる收入の多少を以て團體の成績を考へるやうな傾きが見えたから、この間違ひを明確に指摘して、すべからく青年團體は收益を目的としたり、或は單に娛樂を目的としたりすべきものではなく、團體夫自身の修養を以て目的とせねばならぬ事を宣言し、純粹なる修養團體たることを明示したのである。

この第一回の訓令發布によつて我國青年團は一新時機を劃して、初めて諸外國に於ける此種團體の組織及指導の形式並に內容と、その步調を一にするに至つた次第である。然るに斯くして出來上つた全國多數の青年團體も一通りの新組織を得、新たなる形式の下にその第一步を步み出したのであるが、大正七年頃に於て

は此新組織の團體に對して更に一歩を進めて、之が內容を充實せしむることに就て、詳細なる施設方針を示す必要を生じて來たのである。乃ち第二回の訓令に於て將來健全なる國民善良なる公民たらんとするが爲めには、固より品性の向上智識並に體育の增進を必要とし、その具體的手段としては、青年各自が自學自修の精神によつて、或は讀書の趣味及讀書力を增進し、或は自治的訓練を施して實際的の智識德操を涵養し、或は團體的訓練を重んじ公共協同の美風を作興する等團體修養の具體的方法に就て指示する所があつたのである。

斯くして世界大戰が終結し、平和克復の時が來て、各國が盛に旣往の戰爭によつて受けたる瘡痍を癒し、更に將來大なる發展を遂げんとするが爲めに、或は政治に或は經濟に又敎育に、新たなる意氣を以て努力し、國運の挽回と進展に寄與する所あらんとする時代に遭遇した。その各國努力の跡を見るにつれて、我青年の指導上にも一新時期を劃して、愈々青年の自覺を促し、彼等の自主自立の精神を作興して、時代の要求に應ずべき健全なる青年を造り出さんことに著眼して、その組織及經營上に多少の變更を加へ、而して國力の發展上一新生命を與へんとして、所謂自

主的精神の作興に關する訓令を發したのである。これ即ち第三回の訓令である。

二、青年團の指導者　併し乍ら茲に注意すべきは、世間ではこの訓令を以て、政府の青年指導に對する方針が變つたかの樣に解するものがゐるが、決して左樣な譯ではなく、青年指導の方針は依然として一貫してゐるので、青年團體は須らく修養團體でなくてはならぬといふ事は、昔も今も變る所はない。今少しく之を具體的に云へば、青年として健全なる國民、善良なる公民たらしむべき素地を養はしむる手段として、最も重要なる機關であることは今日青年團體に於ても何等變る所はない。只團體の組織經營の上に多少の變改を加へ、時代に順應したる修養の手段を講せしむる爲めに、團體員の責任を重からしめ、以てその自覺を奮起せしむることに工夫をしたのであるから、指導上の根本方針に於ては毫も變化はないのである。即ち智識及經驗に乏しく專ら修養を以てその目的とすべき青年の指導に就ては、中央地方並に朝野の識者先輩が、等しく常に之を誘掖督勵してその過を少からしめ、常に修養の目的を達せしむる上に大なる援助と督勵とを加へ、且つ之を監視して、その實蹟を擧げしむるやうに努めることの必要なるは、昔も今も變りは

ない。第三回の訓令によつて、團體に對し地方先輩が無關係となつたと考へるのは非常な誤解で、苟しくも團體が青年の修養を目的とする以上は、先輩有識の士が常にその援助と督勵とを加へることが絶對に必要である。青年の修養を目的とする點に於ては毫も變りはない。若し夫れこの方針によつて團體員が先輩有識の指導を受けず、先輩有識の士亦團體と沒交渉となつたと考へるものがあるならば、最早これは修養を目的とする青年團體ではないのであつて、別個の意味の團體となつて來るのである。斯くの如き團體が生じたとすれば、こは正しく團體員か或は地方先輩の何れかの考へ違へであつて、その罪は兩者の何れかにある譯である。余は寧ろ斯くの如きものがあるとすれば、團員よりも指導者の方にその罪を負はせたい樣に思ふ。青年は血氣にはやり無謀な行動に出やうとするのが常で、彼等をして常軌を逸せしめず、健全なる發達を遂げしむることは、何としても先輩有識の士の責任でなくてはならぬ。

されば第一回より第三回に至る訓令を通じて、青年團體は依然として青年修養を目的とする團體であり、この目的を果す爲めに必要なる指導奬勵は又依然として

十一月遂に起つて土軍を攻擊した。一方露軍は破竹の勢に乘じてアドリアノープルに肉迫し、遂に土耳其をしてサンステファノーの和約を結ばしめた。此の條約に依り露國は土耳其をして勃牙利に殆んどマケドニヤの全部と東ルメリヤ地方を割與せしめた。然るに塞國は多大の犧牲を拂いたるにも拘はらず、その獲得したるものは甚だ勃牙利に比して僅少であつたので露國の處置に對して不平の念を懷くに至つた。すると此の時列强特に英國は露國の勢力が巴爾幹を左右するに至らんとするのを見て大に之を恐れ、極力大勃牙利の建設に反對し、ビスマルクの斡旋に依り伯林會議を開き、サンステファノ和約を破棄して了まつた。而して此の際塞國は墺國の援助を得て列强にその獨立を承認せられ、ニッシュ、ピロットト及スコヴアッツ地方を新に獲得した。仍て同年卽ち一八七八年八月一日ミランは正式に塞國の獨立を宣言した。けれども墺國の援助は決して無報酬ではなかつた。蓋しその代償として塞國は墺國に有利なる通商條約を結び、君府に至る鐵道を敷設し、又サロニカに出づる墺國の道路を保留し置くことを約した。尙之よりも塞國に取りての一大苦痛であつたのは墺國が伯林條約に依りて得たるボ

スニヤ、ヘルツエゴヴイナ兩州の占領權をも承認せねばならなかつた事である。之が爲め塞國內の急進黨をして排墺熱を高からしめ、その首領であつた時の首相リスチッチは極力排墺政策を取り、墺國との通商條約並に盟約履行を拒絕せんとした。然るに一八八〇年十月墺國は强硬なる通牒をベルグラード政府に送りてリスチッチ內閣を顚覆せしめた。

斯くてミランはリスチッチの反對派なる新進步黨をして內閣を組織せしめ、一八八一年に墺國と通商條約を結び、又鐵道敷設の爲め佛國銀行との協商を遂げた墺國は之に對する代償として一八八二年三月六日にミランが王號を取りミラン一世と稱し塞國を王國として宣言したるに際して直ちに之に同意を表した。

その翌年の十月急進黨の暴動が起つたが政府は暴力を以て之を鎭壓した。此の時難を國外に避けたるその領袖こそ誰あらう。今日塞國政界の大立物としてその名の世に知られて居る名相パシッチその人であつた。

斯くの如くミランの親墺的政策に對して國內不平を懷くものが尠くなかつたが、兎に角彼れの治世間に於て塞國は獨立の王國に昇進しその前途に大なる光明

を放つに至つたので、多數の國民は彼れに謳歌した。然るに偶ま彼れは一大失態を演じた爲めに遂に王位を退くの已むなきに至つた。开は何事であるかと云ふと、伯林條約の結果として二つの勃牙利國が出來た。卽ちその一は土帝の主權の下に立つ所の勃牙利公國でその二は土耳其の自治權としての勃牙利卽ち東ルメリヤである。所が斯かる不自然なる關係は永久に繼續する道理がない、早晚勃牙利公國が東ルメリヤを併合するに相違なかろうとは世人の一般に豫想して居た所であつたが、果然勃國は一八八五年九月にその併合を宣言した。仍て歐洲列强は此の問題に關して互に意見の交換を行ひつゝあつたが、すると塞王ミランは之をば伯林條約の違反であると稱して同年の十一月勃國に向ひ、强硬なる抗議を提出し、更に勃國匪徒の暴行並に犯罪人庇護等の罪狀を數ぞへ立てゝ勃國に對する宣戰の口實とした。何故にミランが斯かる擧に出でたかと言ふに、勿論勃國の强大となるは塞國の存在を危くするの恐れあるが爲めでもあつたらうが、その實國內の親露派なる急進黨が勢力を一身に集むることが出來ぬ所から、當時露國が孤立の地位に立て居るの虛に乘じ墺獨兩國の排露政策に支持せられて外交上の一

大成功を收め以て反對黨の撲滅を圖らうとしたのである。

茲に於て遂に塞勃兩國間の開戰を見るに至つたが、最初戰運は塞軍に寵したけれども、後に東ルメリヤより優勢なる勃牙利の援軍が到來したので、塞軍は連戰連敗の悲境に陷り、遂にスリヴニッツアを拋棄しピロットも亦敵の手に委するの巳むなきに至つた。此の危機に際しその後援たる墺國が之に干涉したる結果、塞國は辛うじて城下の盟を講ずるに至らずして戰局を結ぶことが出來た。

然るにミランは此の戰敗の結果大に國民の信用を失ふたので、一八八八年十二月輿論に基づける新憲法を制定し只管人心の收攬に努めたが、その結果純然たる政黨內閣と變じ政府は一に議會に依り左右せらるゝ事となつた。而かして又ミランは此の年曩に露國より迎かへたる王妃ナタリヱが兎角政治上露國の利益を圖るので之れと不和を生じ遂に離緣して了まつた。之が爲め痛く親露派の意を損じ益々困難の地位に陷つたのでミランは一八八九年三月突然王位をばその子アレキサンドル一世に讓り自分は再び此の國に歸らぬと云ふ盟を立てゝ外國に向かつて立ち去つた。

此の時アレキサンドル一世はまだ十三歳の少年であつたので、リスチッチが攝政と爲つたが、彼れは殆んど君主と異ならざるの威權を振ふに至つた。新王はその專横に堪へずして竊に腹心の者と謀りて父のミランをば外國より招還した。そこでミランは一八九四年に元帥として歸國し、巧みに反對黨なる急進黨を懷柔し、又一旦離婚したるナタリヱをも復縁して親露派の意を迎ふるに苦心した。然るに、偶ま一八九九年クネゼヴイッチなるものカラ・ジョルジヴイッチ家の一味と共謀してミランをば暗殺せんとしたので、ミランは之をば最上の口實として急進黨並に親露派の撲滅を畫策した、その結果佛國のドレーフユース同樣な一大疑獄が起り、一般人民は大にミランを怨むに至つたが、何分にも王が軍隊を己の味方に引入れて居たので如何ともすることが出來なかつた。

するとその後アレキサンドルは自分よりも十二歲も年上である名をドラガと呼ぶ曾て維也納に於て賤業を營なみたる事のある素性賤しきもの丶容色に迷ひ、父王の承諾をも經ずしてその旅行中に公然之れと結婚して了まつた。之を聞きたる父王ミランは大に憤怒しアレキサンドルと縁を切り、二度と歸國せぬと誓か

つたが、その翌年維也納に於て病死した。茲に於てアレキサンドルは全く自由の身となり親から政治を執るに及び、大に自由主義を標榜して一九〇一年四月に新憲法を制定し、専ぱら民意を迎かふるに努めたので結婚上の不評判も何日しか人民から忘られて了まつた。

然るにその後王妃ドラガに子がなかつたので、カラ・グオルゲヴイツチ家の一味が又もや之に乘じて陰謀を企てやうとした、すると又黒山國のニコラス公も亦近親の間柄である所からその第二子ミルコをしてその後を繼がしめ、以て黒塞兩國をば一王家の間に結合しやうと圖かつた。アレキサンドルは極力之に反對しつゝあつたがその際ドラガが自分の弟のルニエヴイツチなるものをば後嗣に定めやうとして頻りに運動をした。之を知りたる國民は深かく王室に對して不滿の念を抱くに至つた。

左る程に王妃懷姙の風說が宮中側より出づると同時にアレキサンドルは直に憲法を改正して男女に拘はらず後嗣とすることが出來るやうにした。然るに此の時露國から派遣せられた醫師が決して懷姙ではないと聲明したので宮中の狠

狽は一方でなかつた。斯かる忌まはしき事件が續發したので人民の王室に對する信用は地を拂ふに至つた。

すると間もなく一九〇二年に或る一大政治的暴動がベルグラードに勃發した。依つてミランはマルコヴィッチ將軍に命じて軍閥より成る内閣を組織せしめ兵力に依つて暴動を鎭壓すると同時に急進黨に對して最後の打撃を與へやうとした。此の結果遂に革命的悲劇を演出し、アレキサンドル一世並に王妃ドラガは暴徒の爲めに非命の最後を遂げ、王妃の兄弟二人の外首相マルコヴィッチ及び陸相等數名も亦同一運命に遭遇した。時は一九〇三年六月十一日の拂曉の事であつた。

革命後間もなく明白に陰謀の嫌疑を有する急進黨及び自由黨員に依りて新内閣が組織せられアウクモヴィッチがその首相と爲り、ゼネヴに追放中のアレキサンドル、カラゲオルゲヴィッチの子ペーテルをば塞國王として迎立した。

以上餘りに塞國の内政に關して多くの頁を費やしたやうであり、而かして又右の政變の如き一見一小國の內部に起れる些々たる事件に過ぎないやうではあるが、その實這は今次の歐洲戰亂に對して重大なる關係を有するのである。それ

は何故かと云ふに親墺主義のオブレノヴイッチ朝が之が爲めに顚覆して親露主義なるカラ・ゲオルゲヴイッチ朝が之に代はりたる結果として、塞墺間の交情は頓に冷却し、之に反して塞露の關係が益々親密を加はへ、遂に今次歐洲戰亂の直接源因たるサラエヴオ事件を誘致するに至つたからである。

开は兎に角爾來塞國が露國の保護國同樣の觀を呈し、而かも露國の巴爾幹に於ける汎スラヴ運動の急先鋒と爲つたのは否定すべからざるの事實である。されば墺匈國が一九〇八年にボスニヤ。ヘルツエゴヴイナ兩州の併合を決行したのも一面に於て露國の汎スラヴ運動に對する自衞策であつたとも言へる。けれども此の兩州は往古ツシヤン帝國の一部であり且又今日尙同スラヴ民族の住地である所から塞國は常にその恢復に志ざして居たので、墺國の此の擧を憤慨すること太甚しく、干戈に訴たへても極力之を爭はんとし露國にその後援を求めた。依つて墺匈國も亦戰備を整のへ、敢へて戰を辭せざるの態度を示した。之が爲め危機旦夕に迫らんとした。然るに此の時露國は日露戰爭の創痍から全く癒へなかつた爲め一度獨逸の恫嚇に遭ぶや無念ながらも手を引き、斷じて塞國を援助せざる

ことを聲明した。此の結果塞國は遂に墺國の意に屈從するの已むなきに至つた。されど塞國たるもの何等斯かる屈辱を忘るゝことが出來やう。爾來臥薪嘗膽何日かはその恨を報ひんものと心に決したのは是非もなき次第である。すると會々青年土耳其黨の革命以來オスマン帝國瓦解の兆を呈したので、塞國は土耳其を歐洲より驅逐してマケドニヤを分割しやうと云ふ多年來の宿望を達するは此の時なりと爲し、黑山國勃牙利及び希臘と巴爾幹同盟なるものを結び、一九一二年の秋十月マケドニヤ自治問題を提さげて土耳其と開戰し、連戰連捷の結果、豫期以上の成功を遂げた。茲に於て塞國民の意氣益々軒昂を極はめ大塞爾比運動を起し、墺匈國內の同民族を糾合して茲にヅシャン帝國の復活を圖からんとした。是は又墺匈國に取りてはその帝國の消長に關する由々敷大事であつたので、既に巴爾幹戰爭中再度も武力的威嚇を加へて塞國のアドリヤ海進出を阻止し、又之れと同時に同國に於ける大塞爾比運動を撲滅せんとした。すると一方塞國の保護者たる露國は旣に日露戰爭の創痍よりも癒へたので、往年の屈辱を雪そぐは此の時なりと爲し、干戈に訴たへても塞國の素志を貫かしめんとした。之が爲めに巴

爾幹戰爭に於て露墺間の危機を見んとしたること一再でなかつた。然るに幸ひにして他の列强が無干渉の態度を執つたので遂に大事に至らなかつたものゝ、爾來露墺間の確執は大塞爾比問題を中心として容易に融和するの望なく、その衝突は遂に避くべからざるの形勢を示した。斯かる不安の時機に際し一九一四年六月二十八日突如サラヱヴォ事變なるものが勃發したのである。

サラヱヴォ事變

今次歐洲戰亂の導火線と爲つたサラヱヴォ兇變は普ねく世に知られて居る事件ではあるがざつと其顛末を述べやう。一九一四年の夏六月下旬墺國皇儲フランツ・フェルヂナンド太公は公妃を伴なひてボスニャ州に於て擧行せる大演習に臨み、その歸途急に思ひ立ちて其首府サラヱヴォを訪問した。市の官憲は何分にも突然の事であつたので十分に奉迎の準備をする暇がなかつたが、丁度當日は同市に於ける塞爾比人の祭日であつたので、市街も非常に雜踏して居た。斯くて太公の一行がアッペル埠頭に沿ふて進行しチュミリア橋を渡らうとした一刹那何

處からか一個の黑き包物が飛んで來て太公の乘つて居た車の中に落ちた。依つて太公は何氣なく直ちに之を拾ひて街上に拋り出すと次に進んで來た自動車の前で破裂し、車上の隨行員二名と傍觀者數名が負傷した。太公は尙車を進めて市廳の歡迎式に臨み、それより負傷したる隨行員を見舞はんが爲めに再び自働車に打乘り病院指して急ぐと、午前十時五十分頃の事であつたが、アッペル埠頭とフランツ・ヨセフ街との交叉點の處迄來た時に又もや爆彈を投じたるものがあつたけれども別にそれは破裂しなかつたが、其時急に一人の靑年が群集の中から飛び出し、短銃を以て太公目指ざし三回の狙擊を行ふた。すると太公は頸部を擊たれて倒れ、又その際身を以て太公を保護せんとした公妃も亦彈丸に中たりて共に人事不省に陷つた。依つて官憲は直ちに市廳に運び手當を施こしたるも致命傷であつたので、間もなく兩人共に息を引き取つた。而かして墺匈國側の傳ふる所ではその下手人はプリンチップと呼ぶ塞爾比生れの十九歲の中學生であつて大塞爾比運動者に敎唆せられて斯かる兇行に及んだのであると云ふ。所が此の兇行の眞相に關しては大分議論のある事で、英國側の論者中には太公の暗殺を企てた

のは大塞爾比運動者でなくて墺匈國內に於ける太公の政敵らしいと說くものがある。而かして其說に據ると、太公は平素より墺匈國內に種々の民族が住んで居て之が爲め政治上の狀態が常に不良であるのを憂いて居たのであるが、近來著るしく民族的一致運動が盛かんになつて來たので、之に對する政策として墺匈國の二元組織を改ためて三元若くは聯邦組織とし、南スラヴ族を始め他の諸民族に自治制を布き、以て國內の結合を一層鞏固にしやうと云ふ意見を有して居た。所が參謀總長ヘルツエンドルフに依つて代表せらるゝ墺國の軍閥やチツサア伯の卒ゆる匈牙利の政治家等は極力太公の理想に反對し、飽迄も現在の二元組織を維持しやうとした。されば太公は墺匈國內に於ける所謂野中の一本杉であつて彼れの政敵は國外よりも寧ろ國內にあつた。されば彼れの暗殺者はその政敵の廻し物に相違ないと見るのが至當である。左なくば大塞爾比運動の危險地帶たるサラエヴオにさう輕るがるしく單身公妃を伴ひて出懸ける道理がないと云ふのである。然るに又佛國の老外交家アノトー氏の如きはその著歐洲戰亂史論中に於て次の如き意見を述べて居る。卽ちその說に據ると、太公は政治家と云ふ程の人

物ではないが、一己の見識と又大なる野望とを有し、現に一九一一年に伊太利に對して開戰を企圖した程であつたが、その後コノピストに於ける獨帝ウィルヘルム二世との會見後更に塞爾比に對してその野心を逞ふせんとした。察するに此の時獨帝は巧みに太公の心を籠絡し、彼れの野望を利用して大獨逸政策を成就せんとしたに相違ない。并は獨帝が太公の暗殺せられたのを耳にしたる時覺へず『朕は是より朕の事業を朕一人にて再始せねばならぬ』と叫けんだと云ふ事實に徵しても推知するに難くはない。所で此のコノピスト會見の際太公と獨帝とが如何なる意見を交換したかと言ふに、之に就ては羅馬尼の名政治家タケ・ヨネスク氏が的確なる說明を爲して居るが、氏の證言と又他の秘密にて而かも信憑すべき出處より得たる報道とを綜合すると、兩會見者の目的は略ぼ次の如くである。即ち兩日耳曼帝國の確定的協約に依り東方進出の大企圖を遂行せんと欲し、巴爾幹半島に對する墺匈國の籌策と君府並にアドリア海に於ける獨逸勢力の發展策とを協定せんとするのであつた、現にその當時テーグリッヒ、ルンドシャウ紙がコノピスト會見に依りてトリエスト問題が解決を告げたと論じたる通り、墺匈國はト

リエスト港を獨逸に讓ることを承認し、その代償として獨逸の援助に依り巴爾幹の運命を左右し得る大聯邦の盟主と爲ることが出來ると考へたのである。然るに此の目的を達するが爲めに遭遇すべき主なる障碍は塞爾比であるから先づ之を屠る必要を認めたのである。所が斯かる決心は必らずしもコノピスト會見に於て始めて爲されたのではない。是より先き一九一一年にボスニア方面に旅行した一西歐人がサラエヴォに於て墺國の某高官と會談した時に、墺匈國外相エーレンタール男が曩きに「ボ」「ヘ」兩州の併合を宣言した際に何故にノヴィバザール州の占領を斷念したのであるか、歐洲諸國はその意を解するに苦しんで居る。果して墺匈國はサロニカに出づる野心をば永久に放棄したのであるかと問ふた。すると高官は決して放棄したのでない、ノヴィバザールを經由する道路は甚だ險惡であるので吾人は他の道路を取る積であると答へた。然からば何づれの道路を取るのかと又重ねて問ひたるに『ベルグラード並に塞爾比の領土を經由する考へである』と答へた。さらば之を實行する爲めに一大戰爭を行ふの覺悟であるかと再び問ひたるに『勿論である』と對へたと云ふ事である。太公は右の如き意見に贊

成して居たのであるがその實、彼れの夢想したのは尙之よりも一層大なるものであつた。卽ち彼れは墺匈國に一種の聯邦帝國的制度を布き以て國內の紛擾をば一掃すると同時に、更に塞爾比は勿論羅馬尼及び葡牙利をもその帝國內に編入し、恰かも獨逸帝國に於けるバヴリャやその他の如き例に倣はしめんとするの企圖を懷いて居たのである。而かして又太公は獨帝の助言否煽動に乘りて已爾幹一統の野心を遂行せんと欲して專ばらその計畫に腐心しつゝあつたが、偶まベルヒトールドのアルバニャ政策が失敗に歸したので、是非共墺國（爾後單に墺國と書するも墺匈國の意なりと知るべし）は一六勝負に訴へねばならぬ破目に陷つた。そこで太公は此の一六勝負を試みる爲めに自ら進んでサラエヴォに向かつて出發したのである。されば何故に彼れが斯かる決心を取るに至つたかと言ふに、それは同年の六月初旬塞國と黑山國とが互に一層その結合を鞏固にしやうとし、先づ兩國の稅關を統一し、且又共同の外務省と大藏省とを建設するに決し、而かもそれが露國の保護奬勵の下に行はれんとするの風說が頻りに傳へられたからである。そは兎に角とし太公の意思や計畫は極めて秘密にせられて居たもののものゝ、その

幾分かゞ外部に漏れたものと見へて、ボスニャの陰謀者は早やくも太公の汎塞爾比運動撲滅の計畫をば豫知し、飽迄も之に敵抗しやうとし、遂にサラエヴォ事件を惹起するに至つたのであると云ふのである。

要するにアノトー氏の說に從へば今次歐洲大戰の直接原因は主としてフェルヂナンド太公の一大野心に胚胎して居たのであつてその背後には獨帝ウイルヘルム二世が控かへて居たと云ふのである。然るに氏の說は前に述べたる如く英國側の說とは全然正反對であつて、英國側の論者は更に又太公を以て墺國政治家中最も穩健なる思想を懷いて居た人であると爲し、克く亂麻の如き國內の狀態を革正し得だる人物は彼れを除いては他に一人もなかつた故に若し彼をして天壽を完ふせしめたならば今次の如き大亂は恐らく起らなかつたであらうに、甚だ殘念の事をした。彼れの死を聞いて衷心から喜んだのは大塞爾比黨でなくて寧ろ國內に於ける彼れの政敵であつたに相違ないが、獨帝の如きも確かにその一人であるとして信ずべき十分の理由があると論じて居る。

斯くの如くに此の兇變の眞相に就ての意見が英佛間に於ても全然相違して居

られた。此の事業は、神祇の協力がなければ、我が國に於ては佛敎の眞價を發揮することが出來なかつた事情を示して居る。かくの如き事情の下に、神に對して佛敎的禮拜供養をなすことが行はれるやうになつた。神宮寺は卽ち此の思想が形をとつて現はれたものである。天平神護二年七月使を伊勢大神宮寺に遣はして丈六佛像を造らしむといふ事が、續日本紀に記載されて居る。されば神宮寺建立のことも奈良朝にはじまつたものと思ふ。神宮寺は、神社に附屬して居る寺で、神に佛敎的供養をなさしめたのであるから神佛の融合を示すものである。

天平二十一年四月、聖武天皇が大佛殿に於て宣せしめられた詔のうちにも佛敎は國家を護るために勝れた敎であるから、盧舍那佛の像を作り奉らんとして天神地祇に祈り、皇祖の靈を拜み、又衆人《モロビト》を勸誘したのである。其の心は禍を息め、危險を除き、國家を泰平ならしめん爲めであると詔はせられて居る。(續日本紀卷十七)

大嘗祭の神事には、古來僧侶のこれに從事することを禁せられて居つたのであるが、天平神護元年十一月稱德天皇は、大嘗會に關する詔をお出しになり、其のうちに神等《カミタチ》ヲバ三寶《ホトケ》ヨリ離《サケ》テ不觸物《フレヌモノ》ゾトナモ人ノ念ヒデアル。然レドモ經ヲ見マツ

レバ佛《ホトケ》ノ御法ヲ護《マモリ》マツリ、尊《タフト》ミマツルハ諸《モロ〳〵》ノ神タチニ伊末シケリ。故是《コヽ》ヲ以《モ》テ出《イヘ》家人《テイデシヒト》モ白衣《シロキヌ》モ相雜《アヒマジハリ》テ供奉《ツカヘマツル》ニ豈障事ハ不在《アラジ》ト念《オモホシ》テナモ、本《モト》忌シガ如グハ忌マスシテ此ノ大嘗《オホニヘ》ハ聞行《キコシメス》ト宣《ノタマ》フ御命《オホミコト》ヲ諸《モロ〳〵》聞食《キコシメサヘ》ト宣ル。』とありて僧侶も大嘗會神事に預らしめられた。（續日本紀卷二十六）

さて當時の國家的佛敎を解剖するならば、祖先に對する崇敬、卽ち回向の思想は前代よりも更に發達して居つた。此の事實は奈良時代の願文を研究すれば、よく判るのである。而して奈良朝の願文は寫經の末尾に奥書されて居るものが多い。その重なる願文の目的は、國家の隆盛、萬民の福祉、死者の冥福、延命、消災獲福及び一切衆生の成佛等に大別することが出來るが、其のうち特に注意すべきは、祖先の冥福を祈る願文が非常に多いことである。卽ち其の重なる願文二十九種の中に二親七世の父母及び六親の冥福を祈つたものが十九種もあつて、全體の三分の二以上に達して居る。

これ、要するに祖先に對する回向にして前代以來ます〳〵此の思想が發達し其の上に國家的佛敎が發達したのである。されば奈良時代に國家的佛敎が盛んに

なつたのは祖先に對する囘向の思想を基礎として發達したからである。換言すれば、奈良朝の文化は、神道の理想即ち祖先崇拜と佛敎文化とを融合したる文化であつた。

第三節　平安朝時代に於ける神佛融合思想

こゝに平安朝時代といふのは桓武天皇が都を京都へ移されてから、平家の滅亡に至るまで約四百年の間を云ふのである。さて此の時代に於ける神佛融合思想の發達について先づ第一に注意しなければならぬ事は、弘法、傳敎兩大師が神社に對して如何なる態度をとつて居つたかといふ事である。

兩大師とも神道に關して種々著作をなされたやうに傳へられて居る。弘法大師の神道著作と稱せられるものに、麗氣記、丹生大神宮之儀軌、或は太神宮啓白文などがある。然し此等は皆はるか後世の僞作であることは、一讀して容易に觀取されるのである。又傳敎大師の神道著作と稱せられるものには、山家要略、三寶住持集、及び神道深秘などあるが、此等の書も亦後世の僞作たることは疑ひないのである。

弘法大師は高野山に傳敎大師は比叡山に各其の道場を開いたのであるが、其の地には何れも先住の神明があつた。卽ち高野山には丹生明神、比叡山には大比叡小比叡の地主の神が兩大師開山以前から旣に鎭座ましまして居つたのである。さて兩大師が兩所に於て新佛敎の弘通を企つるに當つて其の地、先住の神々と圓滿なる關係を求めた事は少しく其の事蹟を研究するならば明かに知られ得る所で、これは兩大師が新宗開基の經營に當つて單に其の神々の冥護を必要としただけではなく、經濟問題からも其の援助を必要としたからである。さきに列擧した兩大師の述作と傳へられて居る僞書に現はれて居る神道垂迹說の如きは未だ兩大師の關知しなかつた所である。

世に本地垂迹說を以て兩大師が完成せられたもののやうに解して居るのは全く此の如き僞書に誤まられた結果である。故に先づ冒頭に於て其の誤を正して置くのである。然らば平安朝時代に於て神佛の融合は如何やうに變遷發達したであらうか。

神明は佛法を悦び且つ其の弘通を擁護し給ふといふ思想は平安朝以前に於て

十分發達して居つたことは既に述べたのであるが、此の思想は平安朝になつてから一層發達して來た。卽ち以前は國家的であつたが、此の時代に入つてからは餘程個人化され、社會化されて來たのである。然し其の根底に流れて居つた思想は神明は佛の化現であるといふ思想ではなく、矢張り神明のために行ふ佛敎的供養を神が悅び給ふといふ思想であつた。換言すれば、神は回向を悅び給ふといふことである。此の思想が次第に發達して延喜前後から神佛もと同根であるといふ思想が生れ、所謂本地垂迹說が始まつたのである。而して平安朝の末から鎌倉時代へかけて其の敎理的組織が次第に發達しはじめたのである。

神に菩薩號をつける事が延曆大同の頃からはじまつた。その確かな例は新抄格勅符抄に見ゆる延曆十七年十二月二十一日の太政官符に八幡大菩薩とあり、又類聚三代格所載大同三年の太政官符にも八幡大菩薩宮とある。かくの如く八幡宮に大菩薩をつけるやうになつた思想は、八幡宮が佛敎を悅び、且つ佛敎を擁護されたからして菩薩にまで達せられたものであるといふ思想から起つて來た尊稱である。菩薩號は八幡宮に限つたわけでなく延曆以後神に菩薩號をつけた例は

澤山あるのである。

神前に於て讀經することは、平安朝の中期頃から非常に盛んになつて來た。今一二の例を示して置く。文德天皇の齊衡元年四月三日に傳灯大法師位智戒以下七名の僧侶を七道諸國の名神社へ遣はして大般若經を轉讀せしめて民福を祈らしめられた（文德實錄）。明治三十九年十一月京都市下京區小松町藪地內、地下三尺の所から紺紙金泥書の供養目錄一卷其の他のものを發掘した。此の目錄は其の奥書によると保延六年に僧侶西念なる者の書いた供養目錄であるが、其の中に左の如くある。

一、奉讀誦大般若經目錄

四部長門國轉讀　三部越前國□宮轉讀

奉日吉七社宮讀誦八部內

一部一宮、一部聖眞子、一部客人宮《マロウドノミヤ》

二部十禪師、　一部二宮、　一部八王子

一部三宮、　保延六年三月九日甲寅發願

同　十九日甲午日結願

都合幷十五部

次に寫經を神前に奉納することも、平安朝の中期以後盛んに行はれたのである。就中法華經を書寫することが最も盛んに行はれた。これは如法經書寫供養といつて佛敎徒の非常に重んじて居つた風俗であつた。而して此の風俗は神社と關係する所が頗る深かつた。さて書寫された法華經は正式にすると莊嚴な儀式をして土中に埋納するのである。埋納する時には銅製土製などの筒に納める。これを經筒といふのであるが、近年各所から發掘されるのである。その中神社の境内から發見されるものが頗る多い。

今日までに發掘された經筒のうちで最も古い年號を持つて居るものは、大和國吉野郡金峯神社奥の宮境内井筒ヶ嶽の麓から發掘された金銅製の經筒である。此の經筒は藤原時代極盛時代の代表的人物である御堂關白藤原道長公の埋納したものである。發掘後金峯神社の寶物となつて居るが、明治三十五年國寶に指定され、現今東京帝室博物館歷史部に陳列されて居るが、今尚金色燦爛たるものであ

る。其の側面には、梵字で、ナモサッダルマプンダリカ、スタラン即ち無南妙法蓮華經の梵名が陰刻してある。又其の身の側面を一周して長文の銘が刻されて居る。原文は漢文であるが、其の大意は、道長自身道俗若干人と共に金峯山に上り妙法蓮。華經八巻、無量義經、阿彌陀經等を納めたる次第を叙し、末段には「嗚呼菩提心を發して無量の罪を懺す。東闇の匪石を運び、南山の不騫を加へ、法身の舎利(經巻)を埋む釋尊の哀を仰ぎ、信心の手跡を藏めて龍神の守護に憑る。願根已に固し、我が累已に足る。抑も一樹の蔭に憩ひ、一水の流を飲む、猶是小緣にあらず。況や此の道俗若干人、香花手足を以て此の善を共にし、或は翰墨工藝を以て此の事に從ふ、南無敎主釋迦、藏王權現、知見證明す。願はくは神力圓滿を弟子に與へ願はくは法界の衆生この津梁に依りて皆見佛聞法の緣を結ばんことを弟子道長敬白。寛弘四年丁未八月十一日」とある。

要するに道長の願文は、或胸中の祈願のためにやつた行爲である事は、他の文献によつて想像されるが、それと共に自他法界衆生の結緣《ケチエン》を祈つたものである。而してこれを神前に奉納した事實は即ち同一の祈願を神佛に對して擎《ササ》げるといふ

思想の存在を示して居る。換言すれば佛教的祈願に神明の同情ある冥護を仰いで居るのである。

大正四年十二月十一日伯耆國東伯郡舍人村大字宮内字寺敷で發掘された經筒は、彌勒菩薩像一軀、十一面觀音像一軀、觀世音菩薩像一軀及び短刀等と共に發見された。此の經筒は青銅製で、高一尺三寸九分、身徑四寸、側面に左の銘文がある。

釋迦大師壬申歲入寂、日本年代記康和五年癸未歲、粗依文籍勘計序、二千五十二載也、今年十月三日巳酉、山陰道伯耆國河村東鄉御坐一宮大明神御前、僧京尊奉供養、如法經一部八卷卽祉辰巳岳上所奉埋納也。願以此書寫供養之功、結緣親踈見聞群類、縱使雖異受生之所昇沈、必定値遇慈尊之出世、奉堀顯此經卷、自他共開佛之知見仍記此而已。

願以此功德、普及於一切我等與衆生、皆共成佛道。釋迦舍那成道場成正覺一切法界中轉於無上輪。

正遍知者大覺□　邊際智滿方知斷

補處今居都率天　下生當坐龍花樹

願我生生見諸佛　世世恒聞法華經
恒修不退菩薩行　自他法界證菩提

此の願文中に一宮大明神とあるは、現今の縣社倭文神社のことである。而して其の發掘地寺屋敷は、明治維新までは同社の境內であつた。即ち此の願文によると、この經筒は京尊といふ僧侶が、一宮大明神の神前に於て如法經一部八卷を供養し、それを神社の境內に埋納したものである。而して其の願意は、此の功德によつて自他の成佛正覺を祈り、尙ほ末代彌勒菩薩の出現に際會し、此經卷を堀出して自他共に佛の知見を開かんことを祈請したものである。同時に發見された觀音の立像は推古式に屬し、金銅製にして綠靑と相映じ金色なほ燦爛として居る。

如法經書寫の供養は、神社の境內へ埋納せずして其のまゝ神社へ奉納することも廣く行はれたのである。其の最も著しい一例は、平淸盛が平常から深く崇信して居つた安藝の嚴島大明神へ祈願成就の報賽として法華經及び其の附屬の經典を一門の人々に手寫せしめ、淸盛自身の願文を添へて奉納したことである。今日尙其のまゝ同社の寶物となり、國寶に指定され、大切に保管されて居る。

さて此の埋經風俗は藤原時代から足利の末頃まで廣く行はれて居つたが、德川時代になつてからは殆んど跡を絶つたやうになつた。

かくの如く神は佛に對する供養を悦び、其の囘向によつて苦惱を脱し、解脱を得給ふといふ思想と、苦惱を脱し開悟を得し事を悦んで佛敎を守護し給ふといふ思想とが結び付いて所謂本地垂迹說が發達した。神に佛敎的供養をなす所の寺卽ち神宮寺は奈良朝時代から出來始めたものであるが、此の時代になつて其れが愈々發達すると共に他の一面に於ては寺内に鎭守神を祭るやうにもなつた。

記錄文書の類に於て垂迹といへる言葉の見え始めたのは貞觀の頃と思はれる。卽ち貞觀元年八月延曆寺の僧惠亮の表文中に「皇覺導物且實且權、大士垂迹王或神」といふことがある(三代實錄)或は又續本朝往生傳に記載されて居る眞緣上人の傳のうちに「生身之佛卽是八幡大菩薩也、謂其本覺則西方無量壽如來也」とある。卽ち垂迹說が大分精密に趣き具體的成立を見るやうになつて八幡大菩薩の本地は阿彌陀如來と定められるやうになつた。又熊野の本地も大江匡房の江談抄によると次の如く記載されて居る。

熊野三所本縁如何、被答云、熊野三所は伊勢太神宮御身云々、本宮並新宮は太神宮也。那智は荒祭、又太神宮は救世觀音御變身云々」とある。

要するに本地垂迹説は平安朝以後に於て漸く發達を見るに至つたのであるが、それも初めは唯漠然なる考で、ただ神祇は佛の化身であるといふ位のことであつた。それが次第に平安朝末期に及んで、何々の神の本地は何々佛と定められ、垂迹説は著しく發達して漸次完成の域に達したのである。

第四節　鎌倉時代に於ける神佛融合思想

本地垂迹説が平安朝の末から鎌倉時代の初期にかけて次第に發達して來たことは既に略述したのであるが、其の説の大成されたのは足利時代である。さて足利時代に大成された神道説の起原は大底鎌倉時代に發して居る。

鎌倉時代に於ては、彌陀や藥師と神祇の間に離るべからざる關係、卽ち彌陀や藥師や其の他廣く信仰されて居つた佛の慈悲を神祇の屬性として考へるやうになつて來たのである。それであるから當時本地佛として如何なる佛が撰定されて居るかといふと、其の大部分は十三佛中のものである。卽ち大日如來、不動明王、釋

迦如來、文珠菩薩、普賢菩薩、地藏菩薩、彌勒菩薩、藥師如來、觀音菩薩、勢至菩薩、阿彌陀如來、虚空藏菩薩等が重なるものである。只十三佛中の阿閦如來は本地佛として殆んど見られない。要するに此等の諸佛は當時廣く信仰されて居つたからして撰定されたものと思ふ。而して當時公家や一般の者が神社へ參詣して其の本地佛を感得したといふ傳説が傳へられて居る。其二三の例を示せば、貞應元年寂蓮は夢中に八幡神親ら寶殿より出御せられて、我をば娑婆にては釋迦といひ、淨土にては阿彌陀といふも別のものにあらずと仰せられたのを拜したといふ。又藤原範兼は賀茂明神の本地を知らうとして參詣の度毎に自筆の心經を奉つて居たが、或夜一心に祈請を籠めて、片岡社に通夜して居た時、夢中に等身の正觀音となりて出現せられたのを拜したといふ。又天滿宮の祭神即ち菅公の本地が觀音であるといふ信仰も鎌倉時代になつてから廣く行はれたやうである。僧慈圓著愚管抄に次の如く記載されて居る。

天神ハウタガイナキ觀音ノ化現ニテ。末代ザマノ王法ヲマヂカクマモラムトヲボシメシテ。云々（中略）日本國小國內覽ノ臣二人ナラビテハ一定アシカルべ

キ。ソノ中ニ太神宮カシマノ御一諾ハスヘマデタガウベキコトニアラズ。大織冠ノ御アトヲフカクマモラムトテ時平ノ讒口ニワザト入テ御身ヲウシナヒテ。シカモ攝籙ノ家ヲマモラセ玉フナリ云々(中略)

サレバマヂカクコノ大内ノ北ノ野ニ一夜松ヲヒデテワタラセ玉ヒテ。行幸ナル神トナラセ玉ヒテ。人ノ無實ヲタヾサセヲハシマス。コトニ、攝籙ノ臣ノフカクウヤマイフカクタノミマイラセルベキ神トコソアラハニコヽロヘ侍レ。カヤウノ方便教門ノ化道ナラデ。ヒトヘニ劫初劫末ノマヽニテハ南州衆生ノ果報ノ勝劣モ壽命ノ長短モ。カクテコソ敬神歸佛フカクシテ。出離成佛ノ果位ニハイタルベケレドモカヤウノサカイニイリテ心ウル日ハ一々ニソノフシブシハタガフコトナシ。

さて愚管抄は我が國史中最も特色を有するもので、哲學的考察が加へられて居るが、此に引用した菅公の流罪に對する著者の見解を見るに、菅公は觀音の化身であると、王法守護の神となられしこと、又時平の讒によりて流罪に處せられたことは、天照大神及び藤原氏の氏神である鹿島明神の神意を重んじ、自から其身を貶し

て攝錄の家柄を盛んならしめられたのであるといふ觀察を加へて居るのである。而して此の菅公の態度は方便敎門の化道であると力說して居るのは、卽ち佛說を基礎とせる習合思想で、菅公の神靈に對して全く宗敎的神格を見んとするものである。

當時の僧侶はかくの如く佛說を基礎として神佛の融合に巧風を凝らして居つたのであるが、又他の一面に於て彼等は神道の神典である古事記や日本書紀を尊重し且つ硏究しつゝあつたのである。此の事實は特に注意しなければならぬ。而して僧侶の神典に對するかやうな態度は隨分古くからあつた事と信ずるが、それが著しくなつたのは、鎌倉時代以後のことであらうと思ふ。又神典のうちで古事記よりも日本書紀がより多く重んぜられたことは注意しなければならぬ。蓋し古事記は歷史としては迚ても、比較にならぬ程史實に乏しい。それに引き替へ日本書紀は歷史上の事實が頗る忠實に記錄されて居るから、我が國體の起原と歷史を理解せんとするには最も大切なる記錄である。されば當時の僧侶が日本書紀の方を一層深く硏究しつゝあつたといふ事は、卽ち彼等の國體觀を知ると同時

に今日及び將來の我が宗教家たるものは、宜しく彼等以上に我が國體の歴史に通じて居なければならぬといふ尊い傳統的教訓を示すものと思ふ。

大正九年五月東京に於て日本書紀撰進千二百年祭が催された。其の時、各地から日本書紀の古本を澤山蒐めて展覽會が開かれた。其うち、徳川時代より前のものには、佛寺に傳來したもの或は僧侶の手寫したものが頗る多くあつたのである。而して又往々僧侶の奥書のあるものが發見されたのである。その奥書のうちに鎌倉時代の末のもので、僧劍阿手寫の日本書紀の末尾に記載されて居る彼の奥書は、當時僧侶の間に考へられて居つた神佛融合思想の一端を見るべき洵に貴重なる資料である。

此の日本書紀は、水戸の彰考館文庫の所藏で嘉暦三年彼僧劍阿が齢六十八の時に書寫したものである。左に掲ぐる彼の奥書を一讀するならば其の敬神愛國の精神の熱烈なる洵に今日の宗教家をして慙死せしめずんば止まざる慨がある。

原文は漢文であるが譯出して示す。

竊かにおもんみるに、體あらば、まさに心識あり。心あらば必ず佛性を具ふ。佛

課外講義

日本教育史上に及ぼせる佛教の勢力（三）

文學士 横山健堂

尙ほ日本の敎育上に大師の與へられた影響の非常に大きい一つとしては現世の敎を說くといふ事が一つの大きな事で、これがやはり日本の敎育に及ぼした影響が尠からぬことであらうと思ひます。大師の若い時の著述でありますが（あれ位の人になると氣焰を吐くもので、隨分大師の氣焰も大きいと思ふのですが）斯ういふ事を書いて居られる、周公孔子の敎卽ち儒者の道といふものは、現任を說くけれども過去未來といふことは言はない、卽ち靈魂といふことは言はない（是はその通りで、孔子の「未だ生を知らず焉ぞ死を知らん」といふのが儒敎の立場であります から、生れない前と死んでから後の事は儒敎の領分ではない）然るにお釋迦樣は生

れない前と死んでから後の事即ち過去と未來を說くけれども現在を說かない、即ち孔子は現在を說いて過去未來を說かず、釋迦は過去未來を說いて現在を說かず我が道は過去現在未來を併せ說くと言つて居る。その言葉の奥には、自分は餘程大きな抱負があつて、恐らく佛敎徒としてもお釋迦樣以來多くない人だといふ位の考があつたかも知れぬと思ひます。大師の定に入られるときの態度を見ても、やはり釋迦以來の人といふ位の抱負があつたらうと思ふ。その考を以て過去現在未來を併せ說くといつて、佛敎を以て現在敎に入込んで來たと云ふことが、日本の學校といふ機關の上に直接には多く關係しませぬけれども、日本の社會全體の敎育といふ上に大きな影響を及ぼして行くといふことは、疑ない事だらうと思ひます。王朝時代に於て佛敎徒が特に日本の敎育に貢獻しましたことは、是が餘程特筆すべき事だらうと思ふのであります。

次は鎌倉時代であります。鎌倉から江戶の終までは所謂武家時代、武士といふものゝ時代であつて、敎育の目的は武士を造ることに在つたものであります。この間に於て佛敎が敎育上に大きい影響を與へたその一番顯著なるものは禪とい

ふことであらうと思ふ、その事を少し申上げたいと思ひます。

王朝の終には日本の政治が非常に頽廢して、遂に王朝政府といふものはあゝいふ事になつて、武家の鎌倉政府が起つて來た、今度日本の國命を執る者は何かといふと、王朝の人々が東夷といつて卑しんで居つた東國の武士、卽ち關東武士がその鎌倉幕府を組織した。この人々達が無學であつたといふことは、言ふまでもないことであります。然らば京都の方はどうかといふと、京都の方も非常に頽廢して、政治が頽廢するやうに學問も何もかも皆頽廢して、敎育機關はあれども無きが如くで、既に王朝の時から大學の庭には草が一バイ生えたといふことであります、それが王朝の終になつては草だらけになつて、學校へ行く人も無い位、文章を書いたり講釋をしたりする人は極く稀で、殆ど王朝の終は公家と雖も早く云へば無學文盲であつたのであります。武士の方の無學は無論それに劣らないのであつた。さうして大學には度々泥棒が入つて色々の物を盜つて行く、孔子の像も何回も燒けたといふやうな譯で、有名なお公家さんでも漢字を書くことが出來ないで、假名ばかりしか書けなかつた人が餘程多かつた。その頃關東の方へ行つた連中はど

うかと云ふと、學問あり理想のあつた連中が京都で用ひられないから關東へ行つて、鎌倉幕府の創立に從事したのであります、大江廣元といふやうな人もその主なるものである。『愚管抄』といふ書物には、

僧も在家も今の世をみるに智解のむげに失せて學問といふことをせぬなり。

とあります、是は大體を言うたのだらうと思ひます。鎌倉武士が如何に無學であつたかといふことは承久の亂に院宣を賜はつたときに、北條泰時が鎌倉武士を伴れて行つたけれども、院宣が讀めない、即ち鎌倉を討つといふ院宣でありますけれども、それが讀めないで、五千人の武士の中で藤田三郎といふ人がたつた一人院宣を讀んで、是は即ち鎌倉を征伐するといふ院宣だといふことが分つた。藤田三郎といふ人は別にその他に偉らい事はなかつたけれども、この人が院宣を讀んだといふことに依つて日本の歷史の上に何時までも名が貽つて居る人であります、「立寄らば大木の蔭」といふことがありますが、藤田三郎に於ても私はその感を深くするのであります。是は後の事でありますが、西鄕隆盛が日本のセントヘレナと言はれた隱岐の永良都島に流されたことがあります、此島は世間で幾らか名を知つ

て居るような人は開闢以來二三人しか行つた事がないさうであります、私共もその一人だといふことでありましたが、西郷隆盛がその島に居つたので人が行くのであります、其處へ行くと今石垣の塀の運らしてある大きい家があります、私を案内して呉れた學校の先生が、「是が松尾の家です」といつて敎へて呉れました。日本のセントヘレナに松尾某が居つたといふ事は、恐らく諸君も覺えてお居でにならぬだらうと思ふ、日本の文運といふものには何等貢獻した人ではない、けれどもこの人はどういふ事でサウ誰も皆知つて居るかといふと、島では勿論非常に有名な人でありますが、西郷隆盛の傳には何時でも出て來る人であります。是は西郷隆盛が島で牢に入つて居た時に、保釋されて居つた時代が一月あります、その間に西郷隆盛は相撲が好きで、相撲を取つた、併し非常に大きな男で相手になる者がなかつたから、島の大關たる松尾某が出て來て、西郷隆盛と十一番撲つて十一番投げられたけれども投げられた爲に、西郷と相撲をとつたといふことで、松尾といふ名は萬世不朽になつて居る。であるから誰でも何か非常な大時局に際會するか、或は非常に偉らい人間と思つたらそれにぶつかつて置けば、必ず萬世不朽になれるの

であります。

それ位に鎌倉武士といふものは無學であつて、藤田三郎をして名を成さしめた譯であります。是は南北朝時代になつて『太平記』を御覧になつても「天皇御謀叛」といふ事が書いてある、あれは有名な文句であります、天子様が謀叛といふことは餘程面白いけれども、やはりその頃の人は天皇御謀叛と言つて居つた。桐野利秋が「天皇階下」と書いたのを見て、天皇階下とは何だといつたら天皇陛下だといふ、それは違う、それは二階の階の字だといつたら、それでも草書が似て居ると言つた、階の字の草書と陛の字の楷書と似て居る、楷書と草書と比べて見て居つたといふ譯で、桐野利秋は隨分無學の方では有名な人であります。非常に議論風發して大層雄辯で、議論して見るとその議論の中に非常に澤山漢語を使ふ、その漢語は今のやうに陛下と階下と間違つたやうなことが澤山あるけれども、大變漢語を使つて、雄辯で、議論の組立は立派で、頭腦の良い人と見えます、併し學問はしなかつたと見える。明治の有名な人では桐野利秋位でありますけれども、鎌倉武士は滔々として皆桐野利秋以上であつた。

さういふやうに院宣を讀む人が單に一人しか無いといふ位であるから、茲に俄に學問を興さうといつても學問の興る譯がない。この頃の今殘つて居る『東鑑』といふ文章(是は鎌倉の記錄である)を讀みますと、非常に名文だと私共は思ひます、漢文とすると餘程をかしい漢文であつて、まあ文法は餘程違うでありませうが、日本人の漢文とすると餘程面白い、寧ろ日本人の漢文といふより日本文と云つた方が早いかも知れぬ、たゞ漢字を續けてあるだけである。是は餘程名文であると私共は思ひますが、是がさういふ風に無茶苦茶に日本化して來たといふのも、一方から言へば日本化さしたといふとは大變えらい事のやうに思はれるけれども、是は私は漢文を正式に書くことが出來ないから、據どころなく日本化したのではないかと思ふ。さういふのが鎌倉の文明の大體であるから、そこに敎育を興して俄に學校をやらうといつてもやれる譯のものでない、又四書五經などを讀ましても讀める譯のものでない、そこで佛敎でも早く分るやうなものでないと困るといつたやうな譯であります。日蓮上人の文章は大變國語の研究の上に於ては有益なものであるといふことを承つて居ります、山田孝雄君は非常にその方に於て能く研

究して居られるやうでありますが、日蓮上人の文章は時代の言葉が澤山入つて居つて、殊に關東の方言が澤山入つて居るといふ(上人は房州の方でありますから)是は餘程面白い事だと思ひます。一體に偉らい人は方言を一生使ふ人が多いやうであります。吾々は西郷隆盛を見ませぬけれどもあれに近い維新の功臣の有名な方々に接すると、直きやはりそのお國言葉が丸出しに出て來る、大山さんのやうな方でも直き薩摩の言葉で話されるといふやうな工合でありますが、餘り言葉が流暢に直ぐに世界化してしまうといふことはその發達する頂點が即ち通辯的の方に進むので、民族としても文明の高い高腦の人種は語學は下手で、低腦の人種が語學が上手だといふやうな說もあります。私共には非常に都合の好い材料でありますが、日蓮上人の文章に方言の非常に多いといふことも、日蓮上人は隨分方々上方の方に行つて十分佛敎を研究して來られた、高野山へ行つたり、比叡山に登つたりして研究して來られた人でありますけれども、その方言といふことから見ると、やはり大人物が方言を去らなかつたといふことも一の條件で、ありますが、一つは又さういふ方言位を使はなければ、一般の人に分らなかつたらうかとも思はれ

る。日蓮上人の文章は文學としては鎌倉時代の國語といふものゝ研究の上に殆ど唯一の好い材料であるさうでありますが、その事は偶々私は鎌倉の教育といふものゝ振はなかつたことの一つの證據になりはしないかと思ふ。さういふ時代に重ね〴〵申すやうに難かしい教育機關を造つて、教育令を立てた所で、實際行はれる筈のものではない、又其人達に分る譯のものではありませぬ。併しその時の鎌倉武士といふ者は、文字こそ知らぬけれども、鎌倉の初めには隨分智慧者もありますし、千軍萬馬の間を通つて中々精神上の修練は積んで居るから、頭腦は無論分つて居る人が多い、理解力は有つて居る。（理解力といふ事と文字を知つて居る事とは別と思ひます、その證據は今日數へ盡されぬ程澤山ある、例へば實業をして一億圓も儲ける有名な實業家でも、本を讀ませたら一册も讀めない人が澤山あるといふのを以つても分る、學問をして居る人の頭腦が一番偉らいといふことは言へない、斯ういふ事を言ふのはお互の甚だ不利な條件であるけれども、部屋の中では差支ないと思ふ、世間に向つては一世を指導するなどと言ひますけれども、部屋の内ではさういふ實際の事實があるのであります、理解力と文字と兩方伴ひたいと

いふのが吾々の期する所でありますが）實際鎌倉の武士も、理解力は割合あつたけれども、學問などは面倒である、三十にも四十にもなつて、若い人でも二十以上になつて居る、さふいふ人が鎌倉の初の局に當つて居る、さういふ時代を辿つて來た者の爲には、讀んで見れば非常に難かしくて聞いて見れば何でもないといふやうな本を讀むより、手取り早く分る直感的に行けるものが一番宜しいのでありますから、それで鎌倉の初めに禪といふものが非常な勢を以て入つて來た。禪といふものは不立文字――併しこの不立文字といふことは一向當てにならぬ、禪家坊さん程文字を弄する宗旨は佛敎の中に無い、禪僧が一番文字にやかましいので、引導を渡す時でも難かしい事を言つて居るし、書いた物でもいろ〳〵難かしい字を書いて居る、甚だをかしい、さういふ文字に長じ文字を弄して居る者が禪僧でありますけれども、本來は不立文字、話す所は直感的でありますから、是が直截簡明に鎌倉武士の頭腦に入つた、一體の人心に投じたのであります。それで分つたといふのでズン〳〵進んで參りましたから、禪といふものが行はれると同時に、この禪といふものが日本の武士道――卽はち鎌倉の初めから江戸時代の終までを支配した日

本の民族精神を、武士道といふものゝ上に吹込んで行つたと思ひます。武士といふ者は王朝の終に發達したのでありますけれども、併しその形が出來ましたのは、賴朝から實朝までの三代の間であつて、源家三代と武士道では申して居ります、賴朝といふ人が最も武士道といふものを組織立てゝ形成することに骨折つた人であつて賴朝の時代には憲法が出來ませぬでしたけれども、源家三代の後に至つて北條泰時のときに、所謂『貞永式目』といふものが出來たのであります。いつか物故された大隈侯爵と私は教育史の議論を致した事がありました、是は少し脫線するやうでありますが、大隈さんといふ人は世間の新聞や雜誌に依ると法螺を吹く人で、耳から入つて直ぐ口に出る、時には逆輸入で言うて聞かした人に又言うて聞かせられる事もあるといふ話でありましたけれども、私はさうではないと思ふ、私は眞にあの人は本を讀む人で、本當の知識を有つて居た人だと思つて居ります。その知識の一つは今の貞永式目であります。私はこの教育史といふ事に就いては大した研究も出來上つて居りませぬけれども、心懸けて居るといふ所から、一遍大隈侯の教育史のお話を伺ひたい、あなたはあれだけの學校を經營なさつて居る

から、日本の教育といふことに就てお考があるに相違ない。日本の國民教育といふ事に就て大體の達觀した所があられる筈であるから、それを承りたい、それでは話さうといふことで、三時間ばかり話をした、それは討論みたやうなもので、あつちが半分言へばこつちが半分言ふといふやうに研究したのでありますが、その時大隈さんが「既に鎌倉時代にはさだながか式目といふものが出來て居つたんである」と言はれた、大隈さんは是は貞永といふ人が使つた式目だと思つて居られたらしい、是は日本の武士道に於ては武士道の憲法として、卽ち聖德太子の十七條の憲法とこの貞永式目といふものは、日本の數百年來に亘つての大憲法でありますが、それを貞永といふ人が作つたと考へて居られた。是は大隈さんが耳から聞いて人に言ふのでないといふ事が分る、一人で讀物を讀んだから之を「さだなが」と讀んだのである、若しあれが他の學者先生が教へたのならば、「さだなが」と教へる人は無い筈である。その後は氣が附いて「ぢやうえい」と言はれたかも知れませぬけれども、私と話した時はさうであつた。

その貞永式目といふものゝ中にやはり第一條に「神佛を崇敬すべき事」といふこ

とがある、又頼朝自身が神祇佛敎といふものを第一に崇敬せんならぬといふ事から非常に尊敬したのであります。この王朝の非常に柔弱な人間に取つて代つた所の鎌倉の剛健な人間でありますから、日本では鎌倉武士といふものが、いろ〳〵何々ぶしといつてあります、ふしの中で鎌倉ぶしが一番上等ではないかと思ひます。その鎌倉武士といふものはどれ位日本の武士の理想であつたかといふと、御一新も鎌倉武士を理想して居つた、實際鎌倉の人は勿論鎌倉武士は武士の典型だと思つて居つたし、御一新の時に日本の維新を成就して武士の理想は、やはり鎌倉武士といふものに在つたのであります。その事を詳しく申上げるのは本題に餘り遠くなりますから、ちよつとした一例を申上げますと、當時の志士は皆鎌倉武士を氣取つたのであります、維新の志士の錚々たる者で現存して居られる人では三浦梧樓といふ方がありますが、あれはやはり「三浦の梧樓」と讀むのが本當であると思ひます、あの方は舊名は何とかいふので、維新の際にあの立派な名を附けた、當時は鎌倉流に三浦の梧樓といつたものだと思ひます、又あの人達の仲間の騎兵隊を作つた人物で、片野十郎といふ人がある、あれも「片野の十郎」といつたさうでありま

す、鳥尾小彌太といふ有名な人がありますが、あれも「鳥尾の小彌太」といふと如何にも鎌倉武士のやうに聞える。「三浦の梧樓」といふと「相模の住人」といふやうに聞えます。それは唯々一例に過ぎませぬが、さういふ風に維新の際に武士が理想として居つた者は鎌倉武士であつた。その鎌倉武士といふのは非常に剛健な者であつて、日本の民族精神を健全に發達させたものでありますけれども、實際あたまは學問に馴れて居らないから最も直感的な禪といふものに投合して禪が非常に鎌倉に迎へられた。それが武士時代を通じての長い年數の間、日本の教育に――形の上に於ては、餘り多くないけれども、實質の上に於て、禪といふものを通じて一體に佛教の勢力といふものが非常に教育的に日本に働いて居つたと思ふのでありますます。

教化資料

○犯罪の原因

犯罪の原因の總數に對する主なるものの分節比例を擧ぐれば次の如し。

男にありては

利　慾	四〇、一一%	習　癖	一三、二九%
射　倖	一三、一七%	出來心	一二、二二%
憤　怒	五、五一%	遊　蕩	四、六一%
貧　困	二、九二%		

而して利慾は窃盜、賭博及富籤、詐欺及恐喝、横領、贓物等の原因として働く。習癖は賭博及富籤、窃盜、詐欺及恐喝等を犯す。

射倖は殆んど總て賭博及富籤に働く。出來心は窃盜、騷擾、賭博及富籤、詐欺及恐喝等の原因をなす。憤怒は殆んどすべて傷害の原因となる。遊蕩は窃盜、詐欺及恐喝等を働く樣になる。貧困は窃盜、騷擾、詐欺及恐喝等を多く働く。

女にありては

利　慾	三六、七〇%	出來心	一八、五二%
射　倖	一六、七八%	習　癖	一一、二一%
貧　困	五、九六%		

にして男と異るは、憤怒遊蕩の原因によるもの少きにあり。而して利慾は窃盜最も多く、其他賭博及富籤、贓物、詐欺及恐喝等にも働き強く。出來心は墮胎最も多く、次で窃盜、賭博及富籤等多く。射倖は殆んどすべて賭博及富籤である。習癖、賭欺及富籤を犯す。貧困は窃盜、墮胎、嬰兒殺の原因をなすもの多し。

要之、これ等の原因結果は男女共に、常在的のものと見るを得べし。尙之等を身上に基くものにより分ち百分比例を算出すれば、

△男にありては

偶發	七三、〇五%	習慣	二六、六八%
不詳	〇、二五%	遺傳	〇、〇二%

△女にありては

偶發　八〇、〇一%　　習慣　一九、九一%

不詳　〇、〇八%

なり。何れも偶發によるもの最も多し。

○民力涵養の歌

大阪府囑託永井貫一氏作（永井幸次郎氏作曲）民力涵養の歌左の如し。（曲譜略）

第一章

未曾有の大戰をさまりて　世界列强とりどりに

戰後の經營いとまなき　中にも著《しる》き　日本國

第二章（一）　立國ノ大義ヲ闡明シ國體ノ精華ヲ發揚シテ健全ナル國家觀念ヲ養成スルコト

義は君臣と隔つれど　情は親子大君を

親としたひて七千萬　一つ心に國守る

第三章（二）　立憲ノ思想ヲ明鬯ニシ自治ノ觀念ヲ陶冶シ公共心ヲ涵養シテ犧牲ノ精神ヲ旺盛ナラシムルコト

立憲自治の　うるはしき　制度《おきて》の旨を　身に占めて

御國の爲に　世の爲に　いざや盡さん　諸共に

第四章（三）　世界ノ大勢ニ順應シテ鋭意日新ノ修養ヲ積マシムルコト

進み行く世に　おくれじと　心の駒の　たゆみなく

つとめて學び　博く識り　優れし人と　なり出でん

第五章（四）　相互諧和シ彼此共濟ノ實ヲ擧ケシメ以テ輕進妄作ノ憾ミナカラシムル事

力合せて　引くときは　千引の岩も　動くべし

共に勵みて　助けあひ　幸ある國の　幸增さん

第六章（五）　勤儉力行ノ美風を作興シ生產ノ資金ヲ增殖シテ生活ノ安定ヲ期セシムルコト

己が生業《なりはひ》　精勵《いそし》みて　積むや身の富　國の富

窮乏《とぼ》しき人も　家もなく　笑顔かゝやぐ　世とぞせん

第七章

民の榮を　かしこくも　大御榮と　みそなはす

大御心に　打連れて　かなひ奉《まつ》らん　いざやいざ

○列國の富力と軍事費との比較

△國費總額と國富との比較

	國富	國費總額
日本	五四七億圓	一、五六二、五四二千圓
英國	一四〇億磅	一、一八四、一〇二千磅
米國	三、二五四億弗	三、九七三、七九七千弗
佛國	二、一四一億法	二五、八五三、三〇一千法
伊國	九二二億利	六、二五二、四八二千利

△陸軍と海軍との豫算

	陸軍費額	海軍費額
日本	二六三、一四四千圓	四九八、六三七千圓
英國	一四六、〇五七千磅	八四、三七二千磅
米國	九二九、一一五千弗	五七五、〇〇〇千弗
佛國	四、二四七、六八八千法	八五〇、八六〇千法
伊國	四一八、七三二千利	二三六、八四八千利

△陸海軍豫算合計と總豫算との百分率及國富率

	陸海軍豫算	總豫算率	國富率
日本	七六一、七八一千圓	四八、六	〇、〇一三九
英國	二三〇、四二九千磅	一九、四	〇、〇一一三
米國	一、五〇四、一一五千弗	三七、八	〇、〇〇四八
佛國	五、〇九八、五四八千法	一九、七	〇、〇二八三
伊國	六五五、五八一千利	一〇、四	〇、〇〇七〇

△國民所得分類額と國民一人當陸海軍費

	國民所得分頭額	一人當陸海軍費
日本	八四、四円	一三、五円
英國	三七七、一	三六、七
米國	一、一七八、九	二八、四
佛國	三九二、四	一九、三
伊國	一一三、六	四、三

○日本神道各派一斑

○神道

元神道各派合同純制畫一であつた時の名稱を存置して今日に至つたものである。惟神の大道を擴張し日本固有の神道を宇內に宣揚するを明にし、敬神愛國の旨を體し天理人道を明にし、皇上を奉體し朝旨を遵守せしむるを以て教憲としてゐる。

祭神は宮中所齋の神靈を奉戴し殊に天之御中主神、高皇産靈神、神皇産靈神、伊邪那岐神、伊邪那美神、天照大御神、須佐之男神、皇孫命、大國主神、天津神八百萬國八百萬の神を奉齋してゐる。宮中所齋の神靈は皇上の親祭し給ふ所、臣民たるもの何人も奉齋せねばならぬ。造化の三神は鎔造化育の宗源。伊邪那岐伊邪那美二神は國土經營生物蕃育の元首。天照大神、須佐之男神は皇室の祖宗。而して萬世一系の天統を紹繼し億兆臣民を無窮に撫御し給ふは皇孫命である。幽事は大國主神之を知り、天地山川間穀草木、凡そ宇宙の庶物は天津神八百萬、國津神八百萬神之を分掌し給ふ。是れ本敎の主神として奉齋する所以である。本敎に於ては古事記日本紀を正典としてゐる。

○黑住敎

敎祖黑住宗忠（安永九年十一月生、三十五歳の時靈感を得宣敎に從事すること三十六年、嘉永三年二月二十五日歿）の創唱した所であつて、敎祖立敎の大旨を遵奉し天照大御神の大道を宣傳するを以て敎義としてゐる。祭神として天照大御神の外に八百萬神、敎祖宗忠を奉齋してゐる。而して本敎の敎義に五敎とて（一）誠を取外すな。（二）天に任せよ、（三）我を離れよ。（四）陽氣になれ（五）活物を捉へよ。と敎へてある。更に日々家内心得の事として七誠の敎へもある。卽ち（一）神國の人に生れ常に信心なき事。（二）腹を立て物を苦にする事。（三）己がまんしんして人を見下す事。（四）人の惡を見て惡心を增す事。（五）無病の時家業怠りの事。（六）誠の道に入りながら心に誠なき事。（七）日々難有事を取外す事等を常に忘れてはならぬ。「立向ふ人の心は鏡なりおのが姿を映してや見ん」と誡めてある。本敎に於ては歌文集及敎祖親炙門人及歿後門人歌文集を敎書としてゐる。

○修成派

新田邦光（文政十二年生、明治三十五年十一月二十五日歿）の創唱せる所で、造化の三神を主神

としてゐる。而して道の大原は之より出づと云つてゐる。人身血氣を父母に受くるも心魂は此三種の天神より受くるものであつて天神と同髓なる至善の心魂こそ一身の根本なりとする。神典に謂ふ「天神諸命以昭、伊佐諾。伊佐冊二種神。修理固成。是多陁用幣流之國」の語を念誦し行住坐臥怠ることなければ爰に一生の安神を定め得べしと教へてゐる。祭神は天之御中主神、高皇産靈神、神皇産靈神、伊邪那岐大神、天照大御神、天神地祇八百萬神外別祭神もある。教書は皇典を根本とし儒書を羽翼としてゐる。

○大社教

天日隅宮に鎮座する大國主神の經國治幽の神意を奉體遵守し惟神の大道を講明し斯民の天性を全くせしめ、上國家に報い下其分を盡さしむるを主要としてゐる。大國主神を主神とし天御中主神、高皇産靈神、神皇産靈神、天照大御神、産土神を併齋してゐる。

○扶桑教

永祿三年四月長崎の人藤原角行富士山に登り苦行を積み屢々神靈の顯示を受けて天下の變亂諸病を治すにより與り、宍野半之がこれを擴張したのである。本教に於ては造化三神の無量無邊の神德を尊崇し惟神の大道を修むるを主旨とし、幽顯生死の理を明にしてゐる。主神は天之御中主神、高皇産靈神、神皇産靈神で天照大御神、月夜見神、彥火邇々杵命、木花耶姫命を合祀してゐる。

○實行教

柴田花守（明治二十三年七月十一日歿年八十二）の創始せるものである。教規として次の如きものがある。曰く、（一）惟神の大道を宣揚す（天神三神を主祭し賢所を遙拜す亦日本鎮護たる富士山を崇祀し無窮の國體を祈請す）。（二）皇國の禮典を修明す（神事は歷朝の儀範に則り執行す、冠婚葬祭等の禮式を執行す）。（三）固有の本教を擴充す（幽顯に貫通して死生を申明す、實行を專踐して虛文

の弊を矯正す、業務を奬勵して獨立の思念を鼓舞す、親睦を主張して邦家の安寧を希圖す）等を敎規としてゐる。

○大成敎

平山省齋（明治二十三年五月二十三日歿、年七十六）の創唱せるもので惟神の大道を宣揚し衆庶を善導するを以て本旨としてゐる。敎綱に曰く、（一）天神地祇を崇奉し賢所及御歴代の皇靈を遙拜す。（二）天壤無窮の神勅を奉體し國體を恢復す。（三）天叙の彝倫を彰明す。（四）修道貫法を修し安心立命の基を定む。（五）幽顯を一貫し死生を洞明す。（六）學術を研精し事業を奬勵す。（七）神事式禮は歷朝の儀範に則り之を行ふと。本敎に於ける主祭神は天之御中主神、高皇産靈神、神皇産靈神、天照皇大神、伊邪那岐神、健速素盞男神、大國主神の七神である。又本敎には天學、蓮門、多賀、淘宮、大道の諸派を管轄してゐる。此内蓮門敎は島村ミキ女の主唱する所で事の妙法なるものを本尊とし神前に於て妙法又は南無妙法蓮華經を唱ふ。

○神習敎

明治八年頃美作の人芳村正秉神道の改革を主唱し本敎を創始した。惟神の道を宣揚し國體の發揮を目的としてゐる。天神地祇の神律及記、紀二典、歷朝の儀範及大中臣家の道訓相傳に則り神事を行ふことになつてゐる。乃ち物忌祓除法を執行し凡ての嗜慾を屛け、洗心養氣以て天地の御柱と對峙し、天地の神氣を來往し神人融合するの神機を默契するにありと敎へてゐる。主祭神は天御中主神、高皇産靈神、神皇産靈神、伊弉諾尊、伊弉冊尊、天照大御神、歷代皇靈神、天津神國津神等である。

○御嶽敎

富士講の小角之を興し、尾張の人覺明行者之を中興し幕府の末淺草の人下山應助なる者御嶽山を崇信し講中を組織して年々登山してから今日尚其

例を繼續してゐる。主神として國常立尊、大己貴命、少彦名命の三神を奉齋し惟神の至道に據り御嶽大神の神德を發揚し尊皇愛國の大義を宣明するを主旨としてゐる。御嶽教神誡五十言、神樂歌、誠人の歌、信仰祈念の歌、二靈八魂神誡人の歌、三太氣教人忘れざる要旨等の教書がある。特に本教に於ては諸山に詣で家運の祝福息災延命を期し又修法の一として探湯、火渡の呪術を行ふ。

○禊教

井上正鐵（寛正二年八月生嘉永二年二月十八日歿）の創唱したるもので伊邪那岐神、須佐之男神二神の神導に起因する禊祓の神教を擴張するを以て本旨とし敬神愛國の旨を體し天理人道を明にし皇上を奉體し朝旨を遵守するを以て教憲としてゐる。「トホカミエミタメ」を唱ふること幾十百遍に及べば精魂意息全く疲勞して自らに無念無想の境に入らん此時我を知り神を知るを得と稱してゐる。主神は造化の三神、天照大御神、伊邪那岐神、須佐之男神、大國主神、祓所神、產土神及井上正鐵の神靈を奉齋してゐる。

○神理教

明治十三年饒速日命七十七代目の後裔佐野經彥の創始に係り高祖天照國照彥火明櫛玉饒日命の遺教を奉じ言靈を明にし神理の教義を明徵にするを本旨としてゐる。而して一向専念天在諸神の無量不測の妙靈幽顯無二天然固有の理法を尊奉し安心主命を旨とし神氣を呼吸し神人同威の至誠に契合し心を正しく行を直くし行へば成り祈れば驗ありと決定し理に合はざることは言ふことなく行ふことなく唱ふる事は之を守り之を行ひ虛禮を捨て實務に就く等の教を主としてゐる。古事記日本紀及神理圖同圖解及神理教祖御神解百ヶ條等を軌範としてゐる。主神は天之御中主神、高皇產靈神、神皇產靈神、宇麻志阿志訶備彥遲神、天之常立神、國之常立神、豐雲野神、宇比邇邇神、須比邇爾神、角我神、沽我神、大戸遲神、大戸乃辨神、面足神、

綾惶根神、伊邪岐那神、伊邪那美神、天照大御神の十八神である。

○金光敎

敎祖金光大神、(實名藤井文治郎、文化十一年岡山縣に生れ、明治十六年十月十日歿)立敎の大旨に則り日乃大御神、月乃大御神、金乃大神及敎祖神を奉祀す金神を以て諸神中靈驗最も顯著なりとし之を信ずるものは災厄凶禍を免るといふ而かも其の本く所は天地の大理を明にし愛國心を養ひ幽顯一致生死の安心を宣揚するを以て目的としてゐる。神誠眞道の心得、道敎の大綱、信心の心得等の敎書がある。

○天理敎

敎祖中山ミキ女(寛政十年四月十八日奈良縣山邊郡に生れ、明治二十年一月死す)四十歳の時神靈を感じ「惡しきを祓ふて助け給へ天理王神」と唱道したのが始である而して其天理王神といふは國常立尊、國狹槌神、豊斟渟尊、大苫邊尊、面足尊、惶根尊、伊弉諾尊、伊弉册尊、大日靈尊、日夜見尊の十神である。其敎典は敬神、尊皇、愛國、明倫、修德、祓除、立敎、神恩、神樂、安心の十素より成り懺悔によりて人類の汚濁を除くを以て主眼としてゐる。御神樂歌等の敎書がある。

○宗敎別世界人口 (單位千人)

基督敎	五六四、五一〇	加特力	二七二、八六〇
正敎	一二〇、〇〇〇	新敎	一七一、六五〇
儒敎及道敎	三〇〇、八三〇	回々敎	二三一、八二五
ヒンドー	二一〇、五四〇	萬有神敎	一五八、二七〇
佛敎	一三八、〇三一	神道	二五、〇〇〇
猶太敎	一二、二〇五	其他	一五、二八〇
合計	一、〇八一、九八一		

○宗旨別各國人口

本表は概算にすぎないから内譯と計數と相違してゐる、亞細亞以下加特力敎欄は新敎を除ける基督敎である

△歐羅巴

國名	新教（千）	加特力教（千）	猶太教（千）	回々教（千）	其他（千）
英吉利	三六、四〇〇	五、六〇〇	—	—	—
佛蘭西	七〇〇	三八、一〇〇	—	—	四一
獨逸	三五、四〇〇	二〇、三〇〇	—	—	二〇
墺洪國	四、三〇〇	三五、九〇〇	—	六〇〇	四〇
伊太利	一〇〇	三三、四〇〇	—	—	—
西班牙	八	一八、六〇〇	—	—	二五
葡萄牙	一	五、四〇〇	—	—	—
露西亞	四、〇〇〇	一三、一〇〇	六、〇六四	三、八〇〇	三四〇
計	六八、四〇〇	一七九、一〇〇	九、九六〇	八、二〇〇	九〇

△亞細亞

國名	新教	加特力教	猶太教	回々教	其他
印度	一、〇〇〇	一、九〇〇	—	六二、五〇〇	二三九、六〇〇
支那	二〇〇	一、一〇〇	—	三〇、〇〇〇	二六八、七〇〇
日本	四〇	七〇	—	—	五一、九〇〇
露領	二五	三、五〇〇	—	一四、六〇〇	六〇〇
亞細亞其他	一、二〇〇	三、〇〇〇	—	六三、四〇〇	五二、〇〇〇
計	二、五〇〇	二七、五〇〇	四八四	一七〇、五〇〇	七〇二、八〇〇

△亞米利加

國名	新教	加特力教	猶太教	回々教	其他
合衆國	六四、一〇〇	二一、〇〇〇	一、一〇〇	—	一〇〇
其他北米	四、九〇〇	二六、八〇〇	—	—	三〇〇
南米利加	四〇〇	三七、四〇〇	—	—	一、五〇〇
計	六九、四〇〇	八五、二〇〇	二、一八五	—	一、九〇〇

國名	新教	加特力教	猶太教	回々教	其他
△阿弗利加	二、三〇〇	六、三〇〇	四〇四	六八、〇〇〇	六七、七〇〇
△大洋洲	四、七〇〇	一、〇〇〇	一九	三	八〇〇
總計	一四七、三〇〇	三九四、一〇〇	一三、〇五二	二四六、七〇〇	七七四、一〇〇

○列國の海軍力

（大正十年二月英國政府調査目下建造中のものも含む）

	英國	米國	日本	獨逸	佛國	露國	伊國
戰鬪艦	二九	四七	一五	八	二	一四	一三
戰鬪巡洋艦	八	六	九	〇	〇	四	〇
輕巡洋艦	六三	二五	一七	八	五	九	一〇
飛行機母艦	四	二	一	〇	〇	〇	〇

水雷艇	一三九	三八	一三	四四	一三九	一三六	一〇三
潜水艦	九七	一四九	三八	〇	六五	五八	六八

○列國陸軍の現勢

（大正十年四月調査）

	平時兵力	戰時兵力
日本	二十六萬	百萬
英國	三十五萬	不明
米國	四十萬	二百萬
佛國	八十萬	四百萬
伊國	二十五萬	二百二十萬
支那	百萬	百萬

本表中英米佛伊の戰時兵力は歐洲大戰亂に於て實戰に參加せる陸軍の兵力である。尙ほ參考として米國々務省で最近調査發表したる列國の兵力と人口との比率を示すと次の通りである。

	人口	兵數	同上比率
日本	五五、九六一千人	二五〇、〇千人	〇・四五
英國	四五、五一六	四五二、〇	〇・九三
米國	一〇五、七〇九	三二二、九	〇・二一
佛國	三九、六〇一	七三五、三	一・八五
伊國	三六、七四〇	四六四、〇	一・二七

○徳義に關する格言

廉士は妄りに取らず

貧賤敢勿富貴敢勿奢、聽喜勿抃躍、聽憂勿傷嗟忠信以奉國仁愛以願家（大江匡房）

名者實の賓、浮世薤上露、榮花夢中春（兼明親王）

正直は最良の商略なり

節制は徳の最も大なるものなり（プルターク）

雜録

□**前巻訂正**　本講習錄第六卷中左の通り正誤す。

經濟學説と實際問題

67頁　10行目「小農場たる」は「小農國たる」の誤

76頁　7行目「約百萬許で」は「約百萬噸許で」の誤

79頁　10行目「意掛ければ」は「心掛ければ」の誤

94頁　9行目「増加なする」は「増加する」の誤

94頁　13行目「他國手を擴げ」は「他國に手を擴げ」の誤

教化講習錄概要

□課目並に講師□

課目	講師
歐洲近代文藝思潮	文學博士 金子馬治先生
大戰後の世界現勢	ドクトル、オフ フイロソフイー 長瀬鳳輔先生
社會問題と思想問題	文學士 赤神良讓先生
社會教育	文部省社會教育課長 乘杉嘉壽先生
思想の變遷と流行語の研究	文學博士 藤岡勝二先生
兒童心理の應用	東洋大學教授 高島平三郎先生
經濟學說と實際問題	慶應義塾教授 淸水靜文先生
實用論理	東洋大學學長 境野黃洋先生
佛教文化の特徵	文學博士 椎尾辨匡先生
我國の政治と佛教	文學博士 村上專精先生
現代思想と佛教	ドクトル、オフ フイロソフイー 渡邊海旭先生
思想の表現と聽衆の心理	加藤咄堂先生
社會事業概說	內務事務官 齋藤 樹先生
自治民政と佛教	加藤咄堂先生
我國の文化と神道	帝室博物館 祭祀神祇部主任 津田敬武先生
佛教各宗の安心	各宗諸大家

其他隨時課外講義として最近科學の進步幷に教化に適切なる講演を揭げ且つ每卷教化資料を添ゆ

□會員特典

特典　會費三ケ月分以上前納者に對しては質問券を送附し、講義科目に就き隨時質問の便を得せしむ

□期間並に紙數

每月一回(一日發行)、紙數二百頁內外、各科講義に長短ありと雖、全部十二冊を以て完結す

□本講習錄の五大特色

一、專門知識を通俗化し平易なる說述を以て民衆教化に好資料を提供するは本講習錄の特色なり。
一、教化傳道に從事する宗教家諸君に斷えず新なる教材話材を供給するは本講習錄の特色なり。
一、社會を教化し民衆を指導する人々に常に思潮の推移を知らしむるは本講習錄の特色なり。
一、各方面に於ける現代大家の執筆を請ひ讀者をして親しく其教を受くるの感あらしむるは本講習錄の特色なり。
一、質疑應答の欄を置き讀者をして其難解の個所に對して隨意に質問せしむるも亦本講習錄の特色なり。

本講習錄購讀上の注意

△會費御送付の節は「新規」若くは「繼續」と御記入ありたし
△會員住所氏名は間違を生じ易きが故に最も明瞭に記載されたし

會費	
一ケ月分	金壹圓
三ケ月分	金貳圓九十錢
六ケ月分	金五圓五拾錢
一ケ年分	金拾圓五拾錢

△會費は前金のこと、送金は振替にて新修養社へ御拂込を乞ふ、集金郵便を差出す時は手數料金拾錢を加ふ
△中途加入者にも第一卷より送付す

大正十一年三月廿八日印刷
大正十一年四月一日發行

編輯兼發行人　東京府豊多摩郡代々幡村代々木百八番地　加藤熊一郎
印刷人　東京市神田區三崎町三丁目一番地　百目木智璉
印刷所　東京市神田區三崎町三丁目一番地　株式會社共榮舍
發行所　東京市麻布區飯倉町五丁目四拾四番地　新修養社
電話芝一二七四番
振替東京八二六四番

この部分は、原本の状態により収録できませんでした。（不二出版）

讀書家諸君

特價奉仕部數に限りあ

但し本社直接註文に限る

渡邊小洋先生著
暴風に面せる日本
定價一圓五十錢　特價一圓廿錢　送料金八錢

菅原、松本兩先生著
禪宗外史　**碧巖物語**
定價五圓五十錢　特價四圓八十錢　送料全二十四錢

伊藤圓定先生著
十八年間實際研究　**北米赤裸々觀**
定價一圓八十錢　特價一圓四十錢　送料金十三錢

佐々木老師著
處世根底佛教講話　**先づ爾に與へん**
定價一圓八十錢　特價一圓三十錢　送料金十三錢

長谷岡先生新著
最新科學より觀たる　**佛教の批判**
定價一圓八十錢　特價一圓五十錢　送料金十三錢

新貝昇道先生新著
愛の宗教
定價一圓五十錢　特價一圓十錢　送料金十三錢

大内青巒先生著
道徳之根底
定價七十錢　特價四十錢　送料金六錢

藤岡了空老師著
治肺健康　**養生哲學**
定價一圓四十錢　特價一圓十錢　送料金八錢

申込所　東京　株式會社　新修養社　振替口座東京八二六四番

現代知識

敎化講習録

第八巻

現代智識 **教化講習録**（第八巻目次）

自治民政と佛教……（九七…一二〇）……… 加藤咄堂

實用論理……（四九…六四）……東洋大學學長 境野黄洋

社會問題と思想問題……（一〇一…一一六）……帝國大學助手 赤神良讓

兒童心理の應用……（三三…四八）……東洋大學教授 高島平三郎

經濟學說と實際問題……（一一三…一二八）……慶應義塾大學教授 清水靜文

思想の表現と聽衆の心理……（五六…八〇）……… 加藤咄堂

社會教育……（一一三…一二八）……文部省社會教育課長 文學士 乘杉嘉壽

大戰後の世界現勢……（一〇一…一一一）……ドクトル・オブ フイロソフイー 長瀨鳳輔

日本の文化と神道……（一一三…一二八）……帝室博物館祭祀神祇部主任 津田敬武

曹洞宗の安心……（一…三四）……前曹洞宗大學教頭 山田孝道

課外講義 日本教育史上に及ぼせる佛教の勢力…（一…一七）文學士 横山健堂

教化資料（一八…二二）……雜錄…（二二）……

には遍して無なるの性」と訓む意味である。異品は言ふまでもなく、宗の異種類である。同品の場合に於て、「丙なるものは必ず乙だ」といふことは確實になつても、異品の方に「丙なるもの」があつたならば、其の宗は成立しない。

此の菓子はあまい

砂糖がはいつてるからだ

これは、「砂糖のはいつてるものは、必ずあまい」といふ斷定である。然し砂糖のはいつてるものは必ずあまくとも、「あまくないもので砂糖のはつているものがある」としたら、此の宗は成立しない。此の場合「あまくないもの」は異品である。即ち「あまくないものは砂糖のはいつて居ないものである」といふことが證明されなくては、此の因では宗が成立しないことになる。之によつて、異品は、宗の後陳と反對の性質のものを指すことになるといふ理由がわかるであらう「あまい」に對して「あまくない」これが異品である。若し此の異品に、絶對に「砂糖のはいつてるもの」即ち因がないといふならば、之れ異品遍無であつて、因の範圍は、全然異品とは沒交渉であり、異品は、少しでも因の範圍に、はいつて來て居ないのである。

尙ほこれまで述べて來たところの三相關係を、わかり易い爲めに、圖によりて示して置く。

遍是宗法性

（一）

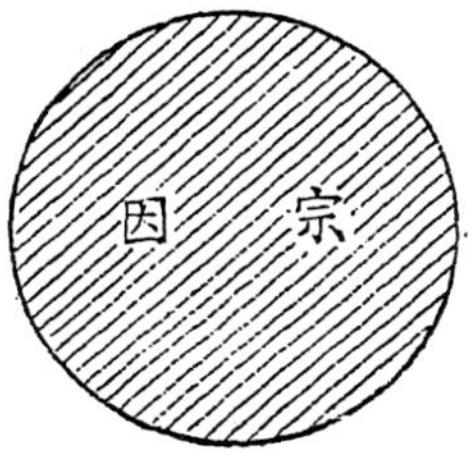

（二）

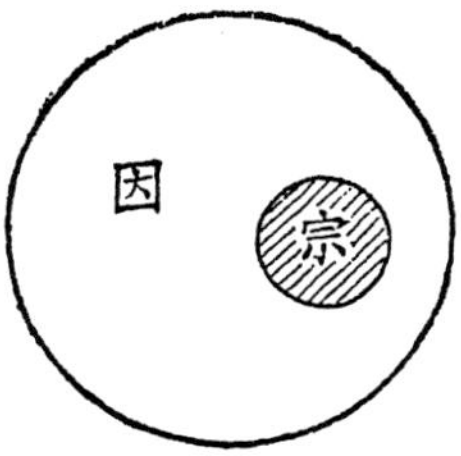

（三）

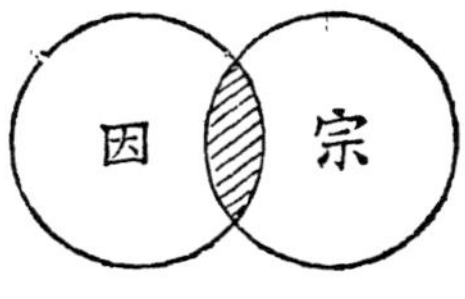

一は、宗と因の範圍の同一を示し、二は宗が因の範圍より小にして、因の中に存することを示す、共にこれ因が宗に遍して居るのであつて、正しき宗である。

三は、因の範圍外に宗が出て居るので、遍して居ないから、正しい宗ではないのである。

同品定有性

（四）

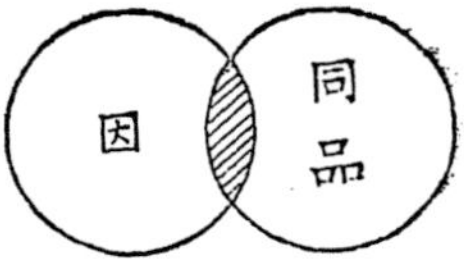

（五）

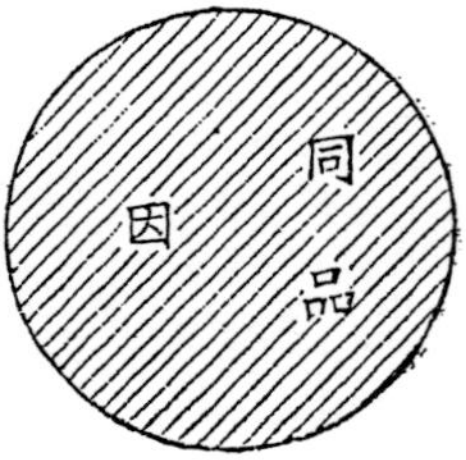

同品と因との關係は、四の如く、一部相通じて居ればよいので、或は五の如く其の範圍が、全然同一でも勿論差支がないのである。然し因と同品と無關係では、勿論同品の喩がないことになるから、それは問題にならない。

（六）

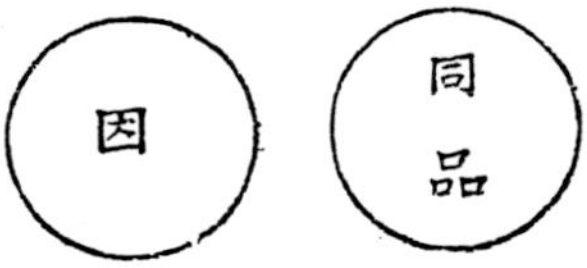

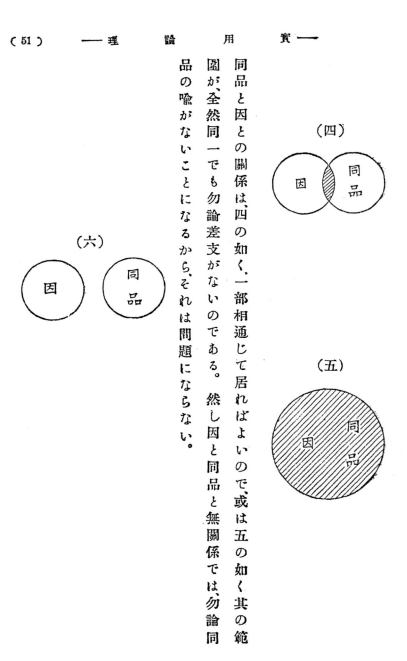

これではいけないのである。

異品遍無性

（七）

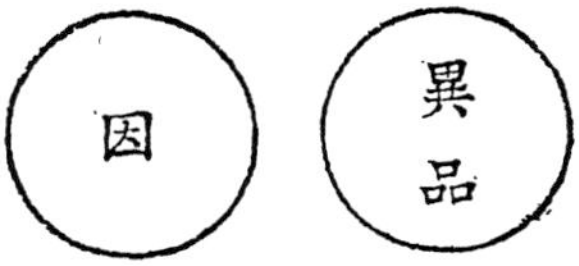

（八）

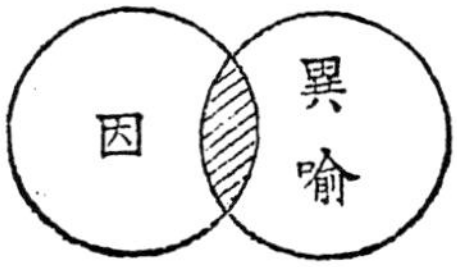

（九）

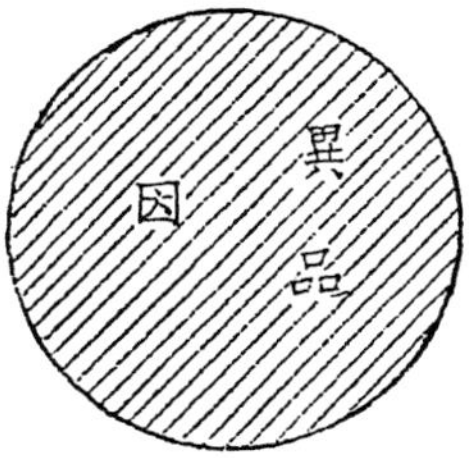

異品遍無は、因が異喩とは、絶對無關係でなければならないのであるから、七の如くなるを正しいとする。八も九も共にこれは不正であります。されば正當の論式は、

(十)

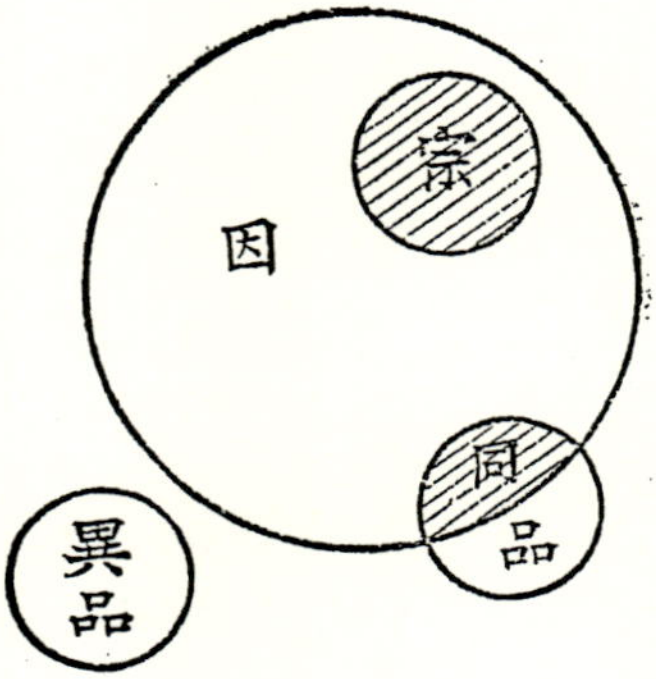

(十一)

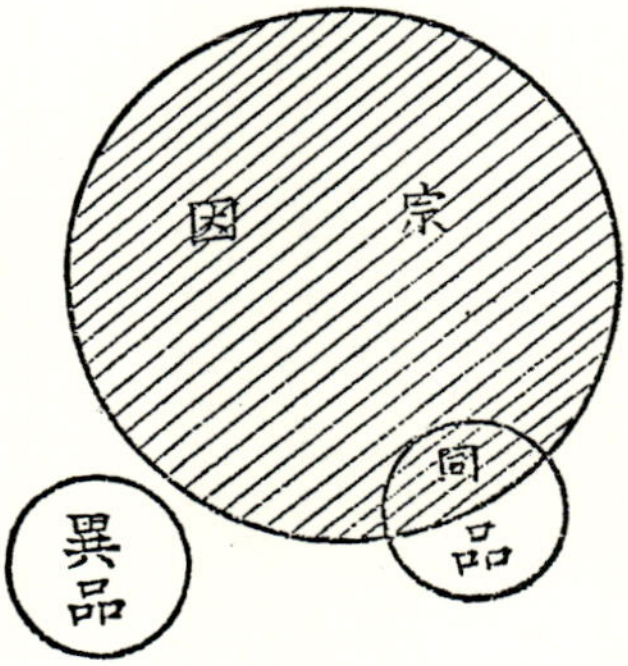

(十二)

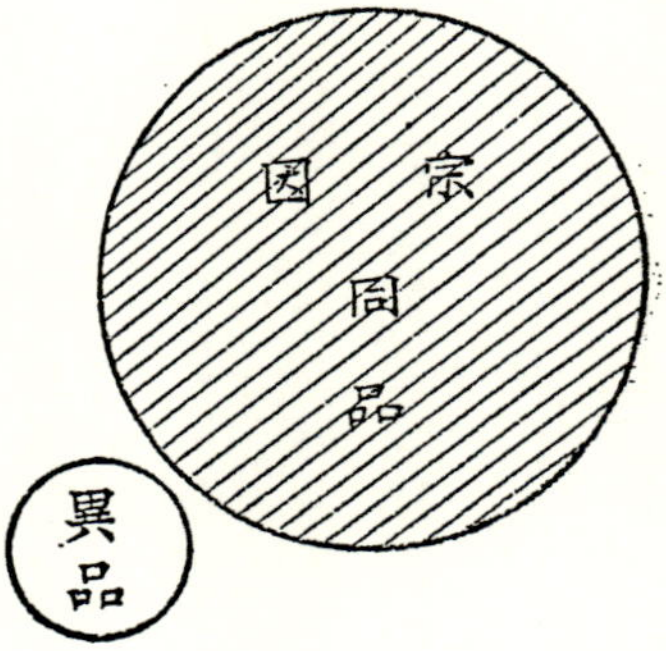

(十三)

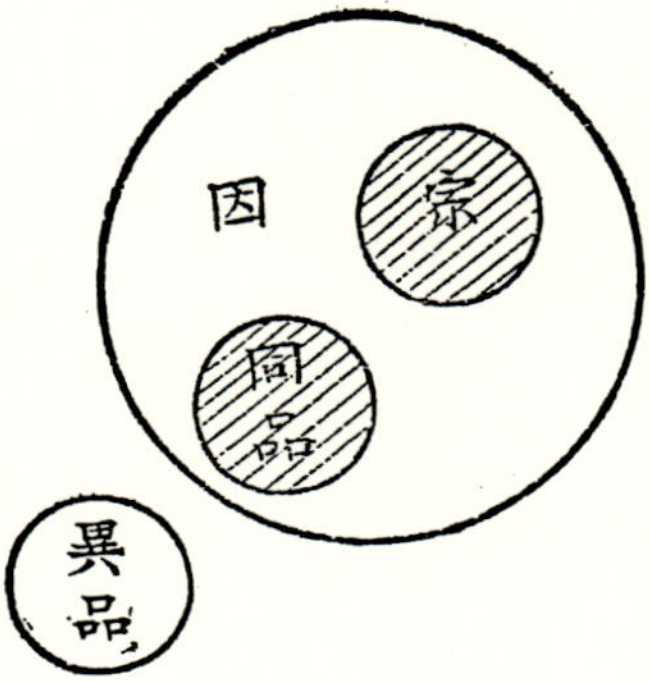

(十四)

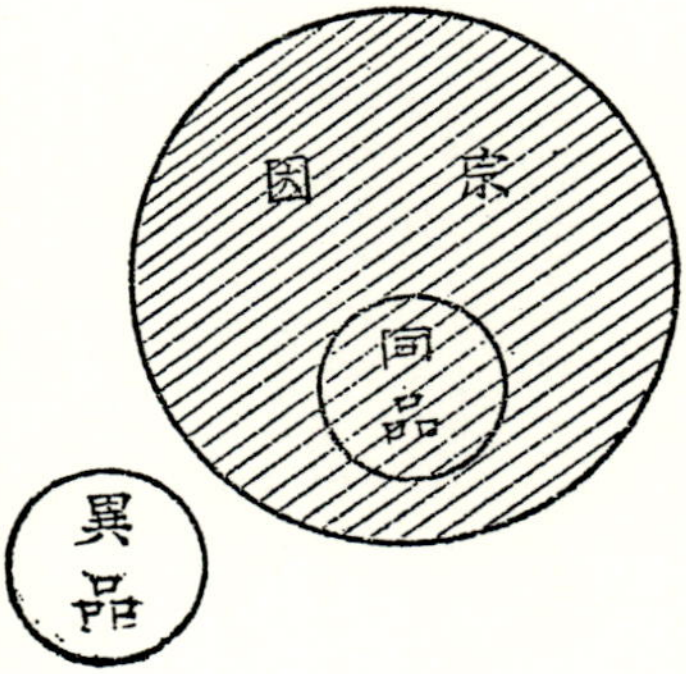

(十五)

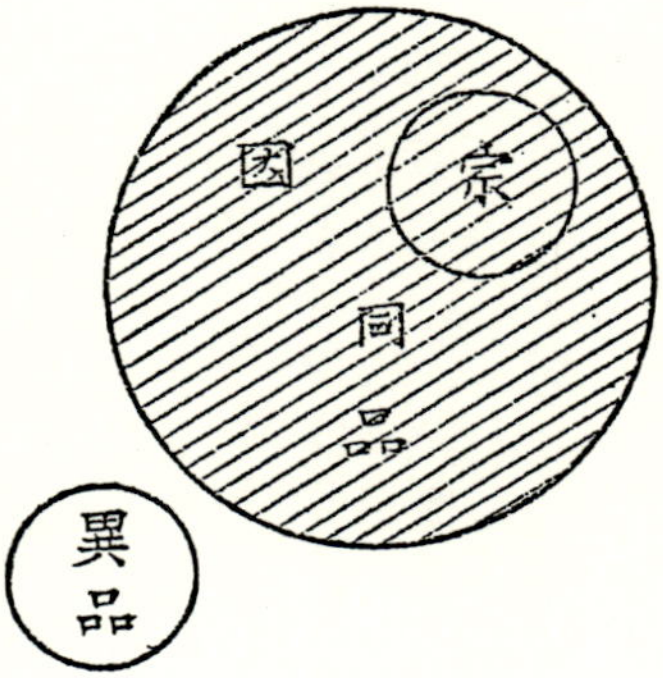

等でなければならないことがわかるのである。

五　喩　論

喩に喩依喩體の區體あることは前に既に述べたが、元來喩體といふものは、其の形の上から言へば、因と宗後陳の關係を述べたのであるから、之を喩といふのは當らないので、寧ろ因の方に屬するが至當と言つてもよいほどのものであらう。

今日は寒い

雪が降るから

雪が降れば寒い越後あたりがこれだ

此の三段に於て「雪が降るから」といふのは、「雪が降るから寒い」といふのを、其の理由丈に止めて、特に「寒い」と言はないのであるから、もう「雪が降るから」と言つたら「寒い」と言はなくとも「寒い」といふことはわかる筈である。それを殊更に言葉に言ひ表はしたからとて、之を喩の方に加へるのは少しく穩當を缺いてる樣に見える。けれどもこれは前にも述べた如く、實は喩體卽ち理喩といふものは、喩依を擧げる

に當つて其の物柄に含んでる理由を出したに過ぎないので、言はゞ人の亡くなつた時に、紙包を持參して行つて出したら、それは香奠といふことは言はなくてもわかつてる、然し出す時には「甚だ輕少ながら御香奠に」と言つて出す、其の紙包は事喩で「御香奠」にといふ言葉が理喩なのである。だから委しく言ふ時は理事二喩共に必要であるが、簡潔を主とする上から言へば、默つて紙包を出してもよいと同じ樣に、理喩は略して、事喩のみを出すことは、前にも述べた通りである。然し事喩の事喩たる所以は、理喩あるからで、香奠たるべき實質を包んであればこそ、默つてゝも出せばわかると同じ樣に單なる物柄が喩として價値あるわけは、其の中に理喩を含んで居るからである。

同喩異喩の二つの中で先づ同喩の方から述べやう。同喩は宗と同種類のもの、即ち同品を擧げて、斷定を證明するのである、例へば「越後の如し」といふのは、越後は雪が降つて寒いことが、本日の雪の降るに同じといふ意味で同品として擧けられるのである。此時に此の「越後」といふ同品の中には、因の「雪が降る」といふことゝ宗の「寒い」といふことゝ、此の二つ意味を備へて居るから「雪が降れば寒い」といふ喩體

に對し「越後の如し」といふ喩依が擧げられるのである。して見ると、此の中で「寒い」といふ方は宗に一致し「雪が降る」といふことは因に一致する、之を名づけて宗同品因同品と呼ぶのであつて、此の二つが具備しなければ、喩としての資格は成り立たないわけである。これは、同喩の事喩として擧けらるゝ價値のある理論を主張したのである。つまり因同品と宗同品とを結合して一物に具して居るから「雪が降る時は」(因)「寒い」(宗)といふ例證に供せらるゝわけだといふことを示したのである。

何時でも雪の降る時は屹度寒い、こゝで「何時でも」といひ、「屹度」と言はなければ本當の喩體の形式は完全でない。隨つて、事喩にも必ず此の「何時でも」と「屹度」の意味を含んで居なくては、事喩としての價値はない筈である。何故かといふのに、若し雪の降つてる時でも、寒くない時がある、「何時でも」寒いのではないならば、此の喩は成り立たないし、雪が降つても「屹度」寒いのではなく、場合によつては、寒くないこともあり得るならば、喩は成立しない。前陳の方では、雪の降る「何時でも」あり、後陳の方では、取り除けといふことなく「屹度」寒い、こゝで始めて喩として成立するのである。故に因明學では、斯ういふ時には「諸《もろ〳〵》」と「皆」の二語を以て此の意味を表明する。

聲は無常なり
所作性なるが故に
諸〻所作性なるものは皆無常なりと見よ、瓦器等の如し
諸〻無常にあらざるものは皆所作性にあらずと見よ、虚空等の如し、

といふが如きこれであつて、これは正式の論式である、然し此の喩は、場合によつては、理喩を略して、單に

瓦器等の如し、虚空等の如し

と言つてもよいのであることは、前に屢述べて來た通りであるが、唯此の事喩の裏面には矢張り「諸」「皆」の理喩を含んで居ることは、言ふまでもないことである。

此の例に於て

諸〻所作性なるものは、皆無常なりと見よ、瓦器等の如し

といふ風に、同喩を擧げることを、陳那論師は合作法と名つけて居る。合作法は因と宗後陳とを結合した命題といふことで、わかり易く言へば結合命題とでも言つたらよからう。總べて此の合作法では、因同品を先づ擧げて「所作性なるものは」と

いひ、宗同品を後に擧げて「無常なり」と結ぶ、之を先因後宗と呼ぶので、これは合作法の動かすべからざる法則である。因と宗とを結合さへすればよい、それで結論が出て來ると心得て、「無常なるものは、皆所作性なり」と、先宗後因の形としたならば、喩の合作法は成立しない。何となれば、此の場合、所作性のもの、卽ち人の力で作り出されたるものは、皆無常で、不變のものはないけれども、無常のものは、決して悉く所作性といふことは出來ないからである。宇宙間の現象界の事物は皆無常であるけれども、然し此の事物は、決して皆所作性のものではないことは、言ふまでもあるまい。之によつても、合作法の先因後宗の法則といふことが領會が出來るであらう。

次ぎに此の論式の終りの異喩の離作法といふことから、異喩の説明に及んで行かう。

諸、無常にあらざるものは、皆所作性にあらずと見よ、虛空等の如し

とあるのは、これは申すまでもなく異喩であつて、所謂「虛空」はこれは異品である。虛空（卽ち空間、スペースの意）は變化のないもので、無常のものに對しては異品とな

る。虚空は勿論所作性のものではないから「無常にあらず」「所作にあらず」といふ二つの性質を含んで居るので、これは前の同品と同じ理窟で、宗異品、因異品の二つを持つて居るといふことになるのである。此の二つを持つて居るから、異品は、絶對に因とは關係がないので、所謂異品遍無である。此のわけで、異品は、宗所立の、「聲は無常なり」と反面から證明して行く、此の命題を離作法と名けるので、前の合作法とは反對の、つまり分離命題とでも呼ぶべきものである。そうして此の命題にあつては、同喩とは反對で、先宗後因でなければならないといふのを、一定の法則とする即ち「無常」といふ宗後陳に反對の「無常にあらざるもの」を先陳とし、因の「所作性」に反對の「所作性にあらず」を後陳とする。萬一之を誤つて、先因後宗とし、

諸、所作性にあらざるものは、皆無常にあらずと見よ

と言つて見やう。これは飛んでもない間違ひであつて、宇宙間の現象は、皆所作性ではないけれども、どれとして一つ、殆んど「無常にあらず」即ち常住不變と言はるべきものはあるまい。之によつても離作分離命題は、先宗後因でなければならないといふことがわかつたであらうと思ふ。

（60） 喩――――論

此の章を終るに臨んで、一言注意して置きたいことは、

同喩の場合は、普通理喩事喩を擧げるのが、具備した形式であるが、然しそれは、有體の場合に限る。有體といふのは、宗の性質が、積極な肯定の内容を有つて居る論式のことである。之に反して、宗の性質が、消極的な、否定の内容の時には、之を無體といふので、日本の俗語に、「無理無體」とか「無體の言ひがゝり」などゝ言ふ言葉は、蓋しこれから來たものであらう。同喩無體の宗なれば、論式として、理喩を要すれども、事喩は擧ぐる必要のないものだといふのである。

私は神は無いと信ずる

といふ宗に於て、言葉の形は「信ずる」といふ肯定的の形を取つて居る、所謂言語上表詮であつて、遮詮ではないけれども、命題の内容は、神の存在を否定する消極的のものであるから、これは無體の宗である。それであるから、此の宗を成立せしむるには、

實在を證明すべき道なきが故に、諸實在を證明すべき道なきものは、背無しと見よ

と因と理喩とを擧げるより外、事喩を擧げる必要はないのである。つまり「實在を證明すべき道のないもの」ならば、其の「無い事は、別に實例を擧げる必要はないので、元來「無いもの」なのであるから、擧げるものもないのである。「鬼の如し」とか「お化《ばけ》の如し」とか言つて見たところで、鬼もお化も正體は無いものなのであるから、「無いもの」を實例として擧げるといふことは無意味に歸するのである。また異喩の方はどうかといふのに、これは有體のときも無體の時も、理喩は必要であるが、事喩はどうでもよい、有つても無くつてもよいといふのが法則である。啻にそれのみではない、なほ進んで言へば、本來因明の目的は、宗を成立せしめて、敵者に領會せしむればよいのであるから、宗を成立せしむるために、因を述べたるに、喩を擧ぐるに及ばずして敵者にはわかつたとする、さすれば最早喩は入らないことになるのであるから、同喩異喩全體を共に之を略してもよいわけであるし、時としては、同喩を略し、時としては異喩を略することもあり得るわけである。尤も因を略することは、絶對に無いし、且つ敵の悟了領會しないのに同異喩を略するのは、これは論式不完全の過誤といふことになるから、これを誤つてはいけない。これ論式に略陳と具陳

（62）とせり。

との別ありといふ所以で、敵者の悟了して居るのに、わかつたといふのに强ひて何も喩を擧げなければならないわけはないのであるから、略陳も必要となつてくる次第である。

六　三十三過論

西洋の論理學では思想運用の法則を明にするのが、主要の目的であるから、論式の說明に全力を注ぎ、此の論式は思想運用上、必然の法則であることを示すのである。隨つて論式の過失を說く、所謂過失論といふ樣なものは全く說かないのではないが、極めて簡單なもので、前の論式論ほどに重きを置かれて居ない。之に反して因明學では、全く實用の目的になるものであるから、自分の立論が、常に正當の論式によることを注意するのは勿論、之と同時に、自分の論式に過失があつて、若しや敵に發見されてはならないといふこと、また敵の論式の上に過失がないか否やといふことを常に注意して、之を發見せんことに心をつけるといふ所から、必然此の過失論が、前の論式論と、同じ價値のものとして考へられ、隨つて因明學では過失論

は、所謂論式論の眞能立に對し、似能立として、一大部門をなし、最も詳細に此の過失論を講ずることゝなつて居るのである。

但し一言こゝに添へて置くべきことは、たとひ敵の過失を發見して之を攻撃する時でも、必ずしも、論式を構へて之を攻撃するとはきまつて居ない。因明學の言葉で言ふと、眞能立は、必ずしも立量破には限つたものでない。立量破とは、ちやんと論式を組織して敵の論を破することである。眞能破は論式を構成しても、構成しなくとも敵に自ら其の過失に氣づかしめ、反省せしむれば足るのであるから、よし論式は構成せず、所謂顯過破だけでも十分なわけなのである。顯過破とは敵の過失を見顯はして反省せしむることで、論式を構成して駁擊する場合でも、廣く言へば敵の過失を見顯はして駁擊するのであるから、矢張り顯過破には違ひないが、こゝでは論式を構成して論駁するを立量破といふに對し、論式を構成しないで敵の過失を明にするを顯過破といふのである。

此の過失といふにつき、因明學では所謂三相の內、一相若しくは二相を缺ぐといふ樣な場合なれば、少相缺といふ。それから三支の各別につき、宗は宗として意義

―三十三過論―

に缺點があり、眞の宗としての價値がないといふ時の如き、三相の中の各支の義について言ふものなれば、之を義少缺といふのである。然しながら因明學で、殊に重きを置くのは、三十三過と稱する支過であつて、つまり三支各別の上に於ける過失を擧げて三十三過としたのである。尤も分類の形式から言へば少相缺、義少缺(之を名けて缺過といふ)と、缺過に對し、支過の三十三過といふものを數ふるのであるが、然し内容から言ふ、三十三の支過の中に、義少缺として數ふる過失も皆含んで言ふて居るのであります。

こゝで先づ便宜上、三十三過の名稱丈を最初に陳列し、然る後其の一々について可成簡潔に其の要を話して見やうかと思ふのである。

似宗九過
- 現量相違過
- 比量相違過
- 世間相違過
- 自敎相違過
- 自語相違過

ぬ。茲に問題は、如何なる種類の知識が勞働者に對して、最も價値があるかといふことになつて來るのである。

この價値の判斷には、主觀的であるか、或は客觀的であるか、或は主客の兩面より觀てゐるかによつて、主觀價値と客觀價値と完全價値とに分れる。歐米の勞働者は多くその立脚地を、この主觀的價値に置いて、自身の保護の爲に、或は彼等の狀態を改造する爲に、團結することに熱中してゐる。彼等は長き年月の辛き經驗によつて、工業的團結なく、經濟力がなくては、到底資本家の威力に對抗することが出來ない。唯だ彼等のなす組合によつてのみ、彼等の目的が貫徹することが出來ると思つてゐる。

そして彼等がこの主觀的價値判斷に於いて、目的とする所のものは何であるか彼等の目的は多種多樣であるけれども、「より少時間で、より多額の賃金」といふ標語が總ての勞働者の熱望を表明してゐるものである。尙それ以上より高い憧憬としては、產業の絕對統制である。約言すれば、勞働者は現今の經濟狀態、或は制度組織に不滿を抱いて、之を變化しようとしてゐる。その變化は小より大に、緩より急

にその間幾多の階段があるけれども、この變化を爲すには必ず三つの事柄に就いて明確なる知識が必要である。卽ち第一は、彼等が變更し、廢止せんとする制度機關の性質、第二に彼等が建設せんとする制度機關の性質、第三に彼等が用ゐて變更を能く遂行し得る手段方策である。

これに就いて、アレキーサンダー・ヒチャンドラー氏は「現存する制度の性質を了解するには、社會的產業的歷史、應用經濟學、及びこれに關係ある諸題目を知る必要がある。又來る可き制度の性質を了解せんとすれば、勞働者は、社會的經濟的改造に對する、主なる近代的運動のプログラムを分析せねばならぬ。

次に如何なる方法が、彼等の目的に適當であるかを知らうとすれば、勞働者は職工組合の歷史或は古今東西の勞働者によつて、採用せられた方法及その成功失敗の原因とこれに類似した事柄をも硏究せねばならぬ。

茲にまだ重要なる附屬的事柄がある、それは勞働者が彼自身の思想及意志を有效に表明せんとすれば、必然演說及作文の能力が必要である。尙又民衆を一定の方向に行動せしめんとする人には、應用心理學、或は人類行爲の樣式を了解する事

が大切である。

其上、大詩人、小說家、劇作家によつて、なされた社會問題の解釋と、それに親みを持つてゐるといふことは有益でもあり、一種の感激を受けるものである。以上は勞働者敎育の重大な、部門を形成するものであるが、然し斯く論ずるからとて、これ以外の知識を勞働者に、知らしめる眞の必要がないと解釋されてはならぬ。これは單に比較的重要なる問題であつて、その解決は感情に委してはならぬ。必ず實際の狀態に基き、勞働者敎育のロートマンテズムは、リアリズムにその途を讓らねばならぬ運命となつて來た。」といつてゐる。

今北米合衆國に於いて、職工組合が經營する大學の科目を擧げ、次に資本家の經營する、それと對比することにしよう。卽ち次に列記するのが、職工組合の經營する勞働大學の中で模範的のボストン職工組合大學の一昨年度の學科目である。

一、英作文

A、　章句の組立及記述、　B、　商業文、　C、　雜誌書物の文章を模す論文。

二、討議の練習

A、公開講演に於ける型、B、討議題目の分類、條書の準備、小演說。C、運動に於ける現時の問題演說。

三、文學

A、各國文學の傑作、B、ギリシャ文明—五世紀のアテネに於ける民主主義及文學、C、現代文學の特質

四、哲學

A、國家の哲學—財產及勞働の權利、B、倫理—政治、產業に關する道德問題、C、米國の三大哲學者—ロイス、ジエムス、デユウイ。

五、政府の歷史

A、米國の革命、憲法、ジフアーソンの民主主義、B、現代國家に於ける民主主義の理論と實際。

六、法律

A、憲法、國家及各州政府の構成、B、裁判法、C、勞働立法。

七、經濟

A、富の生産及交換、B、富の分配及消費、C、協同的運動。

八、勞働

職工組合の發生、發達及び現時の要綱、B、米國勞働者の身分の變遷史、C、商店委員及聯合工場委員會を介する集團的契約。

九、物理學

A、機械の原理、B、化學原理、C、食品化學、等である。

然るに、六千二百の學生と、百十七人の敎官を有し、敎室は大なる工場式建築物の三層を占有して、午前七時より午後十一時まで、その授業を繼續してゐる、北米合衆國オハヨー州のアクロン市に於ける豐年タイヤー株式會社によつて、經營せられる同地の工場大學に於いては、生産科、販賣科、貿易科、家政科、米國化科の五分科に分れ、生産科に附屬して、機械、製圖、煉瓦、電氣、鉛管及び葉鐵細工の六徒弟科がある。そして豐年タイヤー株式會社は、最もこの徒弟科に力を入れてゐる。

先づこの生産科に於ける學科は、

（1）語學（初歩英語、作文、手紙、報告書の書方、演説を含む。）

(2)機械製圖(青寫眞法、機械設計を含む)
(3)化學
(4)經濟(初等經濟、組合團體組織、工業管理、豐年タイヤー會社の組織及管理、勞働を含む。)
(5)財政(計算、簿記、評價、統計を含む。)
(6)數學(代數、計算尺、三角法及微積分學を含む。)
(7)物理學
(8)電氣學
(9)事務に於ける個人の心理學
(10)私法
(11)商業地理
(12)商業歴史
(13)護謨製造實習等である。

貿易科はこれに、工場消費及計算を加へ、家政科には料理、裁縫仕立物、衛生、衣服の

衞生及び家事經濟を課し、其外撰擇科目として、佛蘭西語及び諸種の事務を教へてゐるのである。

然し殊に會社が力を注いでゐるのは、機械及び製圖の徒弟科であつて、機械科は少くとも十六歳以上の少年でなければ入學が出來ない。

又高等小學校級の學科を完全に卒へ、その上身體検査に合格せねばならぬ。そして豐年タイヤー會社の使用人の子弟には先占入學權が認められ、最も期間の長い學科が三年間である。

この徒弟は、一週間、三十六時間は商店或は工場で過し、そして、その科程の內に各種の機械の運用及機械賣買の方法を能く理解するのである。一週五時間は算術、英語、製圖、物理及び經濟を含む學校の課業を與へられ、一週四時間は運動に一時間は特別俱樂部の會合に費される、最初の徒弟は六ケ月毎に五錢二厘を增加する割合で始め一時間七十三錢五厘の割合で一週間、四十六時間分の支給を受けるのである、即ち最初の徒弟でも一週間に三十三圓四十一錢の賃金を得る譯になるのである。

次に徒弟が「工場員」の資格を得る時になると、一日の工場賃金の最少限度は十二

圓一錢六厘である。そして工場員は少くとも十八歲以上でなければならず、豊年タイヤー會社に六ヶ月以上の勤續と、外國生れでも、米國生れでも、現に米國の市民權を有してゐる者でなければならぬことになつてゐる。

徒弟製圖科に於ける徒弟は十八歲以上で、その上高等學校卒業程度、或はそれと同等以上の敎育を受けた者でなければならぬ。學校に入つた徒弟は最初の三ヶ月の間は、試驗的の假入學で、一週間、六十時間は製圖室に於ける實習で費し、三年の終りには卒業機械設計を提出せねばならぬ。數學、英語、經濟は製圖家に對して、最も大切な補充科目であつて、其他の時間では機械店に於ける仕事、工場視察、護謨生產の研究及體操等である。

豊年大學は、實際的工場實習に學理を應用せんとする近年の傾向を最もよく例證するものであつて、工藝に志す學生が實習をなすことが出來、且つ最新の學理を實地に應用することが出來ると同時に、他の一面に於ては會社或は工場はその應用によつて利益を受ける制度になつて、相互に利得を得ることが出來る。

この學科目卽ちボストン職工組合大學の學科目と、豊年タイヤー工場大學のそ

れとを對比し、その重きを置く所を見れば、その中心目的が一つは敎養敎育に傾き他は技術敎育に傾いて居る事を了解することが出來る。

尙英國に於ける勞働者敎育に關して、ヒリッピスノーデン氏は、「英國に於ける初等、學校の兒童の中から、その百分の五以下が中學校に進み、その百分の一以下が大學敎育を受ける。 そして十四歲迄で學校に通ふものは、その五割に過ぎない、シーフエールド市に於て、工業に從事する人口の研究によれば、手工業勞働者の靑年は、男、女共にその四分の一が準備敎育を受け、その約四分の三が不十分に、十五分の一は殆んど無敎育であるのに省みて、私は寧ろ、少數者の爲の最良敎育よりも、勞働者階級の大多數の者に對するより良い敎育を希望する。」と云つてゐる。

この勞働者の敎育の不足は、國民敎育組織の缺陷であつて、大學の校外講演の不足と、夜學校及公開講演の不十分と新聞紙の不完全等に由るのである。

この運動は遂に勞働者敎育協會を生み、學科は單にパンとバタの爲めでなく、自由の人たらんが爲に、卽ち職業的でなく、經濟學あり、歷史あり、文學あり、自然科學あり、近代語學、音樂、劇及び美術等が、その課目中にあつて、その訓練の方法も、講義を重

視しないで生徒と敎師との間の速射砲的の質問討議を主としてゐるものである

この勞働者敎育協會の事業としては、補習學級、機械學研究所、大學校外講演、夜學校、靑年學校、庶民專門學校、大學植民事業、巡回文庫、中央圖書館等がある。そしてこの協會は是等の機關を介して、學者と勞働者との協力を企圖してゐるのである。

最も理想に近い勞働者敎育の方法として、同協會は補習學級の制度を採用してゐる。この補習學級は一九〇七年に始められて、それより十一年の間に、八十の生徒を出し、一九一八—九年の一年間には百五十二學級と、三千七百九十九人の學生とを有するやうになつて來た。その硏究題目は學級によつて選ばれ敎師によつて承認されることになつてゐる、先づ生徒が補習學校に入るには、一週二時間—一時間は講義に、一時間は討議に—一ヶ年、四十二時間、三ヶ年の間出席して、二週間每に一つ論文を提出することを、保障せねばならぬ。其外には試驗もなく、又證明書もない、けれども何等形式張らない、自由な討議と、有益なる講義、例へばタウンセント、ウアーナーの英國工業史或はタンネーの第十六世紀の農地問題、又はヘンリー、グレーの講義などが生徒の出席を促して、出席者の率は常に七割五分以上の好成績

を示し、一學級の作文數は平均二十五以上である。そして出席者三千八百人の中、男子は約二千百人で女子は約一千七百人の割合である。

この外にウルターノ、ブルーマン夫妻及びチャレス・ビアード氏の三米國人によつて、經營されてゐる、ラスキン專門學校が牛津にある。然しこの專門學校は勞働者の敎育の爲よりも、寧ろ勞働階級を指導する者を養成せんが爲である。尙又、倫敦にはカール・マルクスの敎義に基いて、青年勞働者に、「社會の物質的基礎に於ける社會的害惡の原因を探究することを敎へ、その原因は主として經濟的であり、そしてそれを除去するには、資本主義的經濟の根絶を致す可き性質の經濟的變動でなければならぬ」ことを敎へんが爲に、勞働組合會議によつて、經營される勞働專門學校がある。

同專門學校は一九一九年に二十七人の寄宿生と、南ウイルス、ランカシャー、ノスアンバーランド、ドウルハム等の工業中心地に於て行はれる講義に、出席する一千名と、通信敎授を受けてゐる生徒とを、合算すれば、少くとも、一ケ年の生徒總數は六千人に達するのである。同校の卒業生の中で、最も有名な者は大英國鑛夫同盟の

秘書官、フランク・ホドグス氏及び國民鐵道組合のトーマス・クラムプ氏である。

以上大體、勞働者敎育問題中の科目及び時間數に、就て述べたのであるが、その費用の點に就ても亦述べなければならぬ。國家が經營するものは夫々費用自辨の外に國庫の補助が考へられる。勞働組合及び有志者の經營する敎育機關は各自費自辨の外に、國庫或は地方自治體、或は資本家或は其他の補助を豫想し得られる。茲にその最も模範的であると考へられる一例、卽ち勞働者敎育協會の經營する補習學級の場合を引用して、其他の例を簡略することにする。

此補習學級の場合では、文部省は、一學級に付き四十五磅を支給し、牛津大學は五學級を持つことの出來る、一人の講師に一學級八十磅、卽ち一ケ年五學級で四百磅を支出する。劍橋大學では一學級七十二磅、倫敦大學では六十磅を給してゐる、そして又月謝として、一人二十四回につき平均二志六片を支拂ふことになつてゐる。この事業に關係してゐる大學及專門學校の總數は全國で、二十三あつて、一九〇八―一三年までこの補習學級に對して、支出した金額の割合は次の如くである。

大學より　一七、四四〇磅

文部省より　一二、〇〇〇磅
地方學務課より　六、一〇〇磅
其他(デクリスト財團、協同組合、職工組合會議、勞働者教育協會)より　二〇、〇〇〇磅
計　三七、五四〇磅

次に勞働者の教育は如何なる見地からしても、必要でありこの必要であるといふ事に對しては何人も論の無い所であらう、然しこの教育に關して論のある點は主として、何の爲にせられるかの標準に關しては、異說百出であつて、その代表的反對說は、前述の如く「勞働者の爲」と「資本家の爲」とに對立することになる。乃ち勞働者は「より少時間で、より多額の賃金」を要求して、遂には資本家階級を覆して、自からこれに代らんとし、資本家は「より少額の賃金、より長時間」を强制して、勞働者階級をして、奴隷の苦役に滿足せしめようとする。有識先覺者は勿論兩者卽ち勞働者、資本家と雖も、彼等の希望が極端に走るの非を認めておらぬ者はない。彼等は共にその協調點、調和點を見出さうとあせつてゐる、玆に生れて來たのは社會政策、或は

所謂協調事業である。然し彼等のなす政策には一定の見識がない。彼等は一途に二兎を追ふか、然らざれば勞働者の希望と、資本家の希望との代數的和を二分して、以つて協調なりと愚考し、酸くもなく、甘くもない「氣拔けサイダー主義」「素人療治主義」「どうかなるだろう主義」を以つて政策であると考へてゐる。殊に日本に於ける關係者は、殆んど總てが素人であるが故に皆途方に暮れ無能無力の現實を暴露してゐるといふ有樣である。

第六節　勞働賃金問題

勞働者に敎養敎育を與へねばならぬといふとは現代の輿論である。この爲には勞働時間を短縮し賃金を增加して、一方には時間と生活との餘裕を與へ、他方には勞働者の疲勞を減少せねばならぬ。玆に新意義の勞働時間問題が起り賃金問題が起つて來るのである。由來勞働時間問題は前述の如く三つの立脚地から考へられる。第一は慈善的立脚地であつて、初步の運動は大體この立脚地に立つてゐた。一八〇二年に制定された英國の第一工場法も亦そうであつて、貧兒の生活改善のみを目的としてゐた。そして貧兒の夜業は一八〇四年からこれを禁示し之に代

るに讀書、習字、數學を以てせねばならぬと定め工場を清潔にし通風を良くすることを規定したのである。更に一八一九年には進んで、九才以下の小兒を紡績工場に使用せざること、十六才以下の小兒には十二時間以上の勞働をなさしめざるの法律を作りこれを發布したが、實際は地方々々で工場法の遵守を監督すべき名譽職が、その名のみで實がなく爲に依然としてこの工場法は行はれてゐなかつた。一八三三年には十一才以下の小兒が一週四十八時間以上の勞働をなすことを禁じ、九才以下の小兒は絹工場以外の勞働に使用することが出來なくなり、そして十八才以下のものは一日十二時間以上、一週六十九時間以上の勞働を禁示するやうになつた。

然しこの保護の對象となつた者はこれ迄で總てが少年であつたが、一八四四年にはこれを婦人に及ぼし、十八才以上の婦人をば十八才以下の男子と同樣に保護し、一八四七年には十時間勞働制を實行したのである。又一八五〇年には夜業を廢止し、午前六時より午後六時まで、又は午前七時から午後七時までとしたが、一八五三年の法律ではこの制度を紡績工場以外の他の工場にも擴張し、一九〇一年には纖維工場は一週五十五時間、一日純勞働時間十時間、土曜日は五時間といふことと

になり、鐵道、船渠、鑛山等では八時間の勞働が行はれるやうになつたのである。

然るにこれ等の運動が勞働者自身から發生して來るに及んで、社會正義の―曲なりにも―立脚地に立つやうになつて來た、そして彼等の主張は、前述の如くマルクスの使用價値と交換價値との理論から出てゐるのである。第三は即ち社會政策の立脚地からで、社會正義の問題に觸れずとも社會の成員分子を向上せしめる爲に、或は社會の貧富兩階級の分離を甚だしくせぬ爲に、人としての敎養と娛樂と家族的團欒とを與ふる爲に、勞働時間の短縮が問題となるが、これと表裏して、論究せられなければならぬ問題は、勞働賃金の問題である。假令勞働時間の短縮が行はれても、その時間割にした勞働賃金が增加して、少くともその總計に於いて從來と同額又はそれ以上の收入がなければならぬ。この弊害を最も代表的に示してゐるのは、日本の官廳である。

彼等官吏の內上級なる者は少時間で相當否過當の俸給を得てゐるが、下級の官吏は到底七十圓や百圓の月給では、一家平均五口の生活に人間味を帶びしむることは如何に工夫しても出來ないことである。そこで彼等は勢い內職に寧ろその

の方法は、團體的調査に適用することが出來、且つ用器實驗の手の屆かない精神方面、例へば、情操・執意・興味・理想等の如く、物理的性質を帶びることの少い方面の研究に適用し得られるの便がある。併し其の質問の條項は餘程綿密でないと、應問者をして何う答へたらよいかに迷はしめ、或は兒童の虚僞の應答を鑑別するに困難である等の短所がある。故になるべく大體の傾向を見るに止め、又は綿密な準備を以て其等の短所を補はねばならぬ。

直接問答法は、團體的には時間を要するので其の適用に不便であるが、問題法の陷り易い虚僞の應答を鑑別するに便である。卽ち種々の方面から臨機應變に質問を試みることが出來るからである。フランスのビネー Binet 氏やホール氏は此の方法をも用ゐた。殊にホール氏の入學以前の兒童の觀察を調査したのは有名である。

人體測定法とは、器械を用ゐて兒童の身體を測定する方法である。其の測定する部分は、普通は身長・體重・握力・指握・頭顱(頭圍・頭幅・頭縱・頭長等)・胸部(胸圍・胸廓徑・胸形・肺量等)・視力及び聽力等である。此の法の應用から一般に其の興味を喚起したの

は、ガルマン氏の功績に歸すべきである。尤も兒童の年齡に應じて其の身長、體重等の發育する狀態を精密に測定して統計的に示した人は、ベルギーのケトレー（Quetelet）氏であるが、廣く之を人體の各部に及ぼして、家族研究の端を開いたのはガルトン氏である。此の方法は、人類學的又は解剖的に身體を知るばかりでなく、身心相關の興味ある方面を示すことが出來る。例へば、體格と智能、頭顱と智能との關係を見る如きである。

實驗心理學的方法は、實驗器械を用ゐ、研究せんとする現象生起條件を任意に變更して、其の眞相を究めんとする方法である。此の方法は、物理的性質を帶びるとの少い情操や執意のやうな方面の研究には應用に困難であるが、物理的性質を帶びることの多い精神方面の研究には、極めて有益なものである。實驗の應用せられ得る精神の部分は、兒童に於て比較的早く且つ明に現はれるものである。されば此の方法は兒童の研究にも適用することが出來る。實驗教育學的方法は矢張り之に屬するもので、唯學校といふ條件に制約される外は、本質的に異つた所はない。故に兒童學に於ける實驗では兩者を區別する必要はない。さて實驗は、頗る

熟練しなければ、不正確に終ることがある。尙又上述のヴント氏の四注意を遵守しなければならぬ。併し其の器械は必しも複雜でなくてもよいので、實驗の目的及び方法さへ完全ならば、簡單な器械でも隨分間に合ふのである。

間接法には印象法及び文献法が含まれる。

印象法とは、或る民族又は或る地方の兒童を研究するに當り、豫め其の兒童の精神に內容を供給すべき環境の現象を調査する方法である。蓋し兒童は先天的に發達すべき心身の可能性を有して生れて來るのであるけれども、其等遺傳は環境によつて著しく發達を變更されるものである。故に兒童の直接研究の結論には其の環境を調査して、其等の條件を考慮の中に置かなければならぬ。兒童の環境に於て調査の價値あるものは頗る多い。第一は、自然界の狀態である。自然現象は感覺を喚起し、感官を介して兒童の精神內容を形成するものであるから、自然界の調査は、其の裡に生活してゐる兒童の觀念を察知するの參考となる。第二は、家庭・交友・學校・社會の狀態である。家庭に於ける兒童の待遇及び家族の關係、家庭の境遇・職業・社會上の地位等は、すべて兒童の心身に影響を及ぼすものである。それ

と同樣、兒童の生活せる學校・社會・友人等の風習等は、鋭敏に兒童に影響する。されば印象法は、直接に兒童其者を解釋する方法ではないが、間接に兒童現在の心身狀態を現出した原因の探究上、必要なものである。

文献法は、歷史法とも稱して、兒童に關する古來からの文献を調査し、兒童に關する先人並に現代に於ける他の學者の知識又は業績を研究する方法である。凡そ如何なる人も、其の一代間に於ける直接研究には限りがあつて、壽命によつて量を制せられ、智能によつて質を制せられる。されば間接に他人の業績を知ることは、直接研究以上の價値あることも多い。又、他人の業績を知らなければ、同一研究をしたり、新たに自己の研究を進める際、豫め陷り易き缺點を除去したりする效果がある。即ち文献法は、第一に、古代の記錄によつて當時の兒童の特性を察し、古今の兒童を比較研究するに便であり、第二に、古代からの文献を調査することによつて、兒童に關する各民族及び各時代の社會現象を知ることが出來、第三に、他人の兒童研究の業績を知ることが出來る。要するに文献法は、古代の歷史によつて兒童の生活を研究し、又、古今學者の研究業績を知るに便である。

間接法は、直接法を補助ずる方法であつて、頗る價値あるものではあるが、要するに傍證を供するのが主眼であるゆゑ、これのみを以て兒童硏究法の全部とすることは出來ない。

第一章　胎兒・嬰兒及幼兒前期

第一節　胎兒期

精蟲及卵子　人間の生活は最初精蟲と卵子との結合より始まる。人類の精蟲は、極めて微小にして、全形恰も蝌蚪に似、頭と尾とを有する。頭は主として細胞核より成り、其の外圍に僅少の原形質を有する。此の細胞核は精蟲の生命を司り、且つ生殖に關係するもので、原形質は精蟲に營養を供するものである。尾部は鞭狀を呈し、細長であり、主として原形質より成る。此の鞭狀の尾は精蟲の運動を司るものである。頭部と尾部との間には頸部があつて、頭尾兩部の運動に便ずる。

人類の卵子は、精蟲よりも遙に大きいが、それで直徑僅に〇・二粍に過ぎない。其

の形は略ぼ球形をなし、中央に細胞核を有し、其の周圍には數多の顆粒に富める原形質が充ちてゐて、外部は細胞膜に被れてゐる。

精蟲及び卵子は、他の諸細胞と同じく、單獨にて生命を有し、物質代謝を營み、生殖力があり、刺戟に反應する等些も變りはない。唯其の特有の機能とする所は、異性相合して新生物を造り得る點にある。

受精作用　人間は男の精蟲と女の卵子との結合によつて發生する。此の結合を受精作用と稱する。遍く生物界を見渡せば、人間の如く男女兩性の物質の結合によらずして發生するものもある。アミーバの如きは男も女もなくて、個體の分割によつて新個體を造る。卽ち人間の如き有性生殖に對して之を無性生殖といふ。又草履蟲の如く、同種類の細胞が互に觸接し、體内の物質を交換して蕃殖するものもある。之を接合といふ。又輪換生殖といふのがある。是は世代交番によつて、或る時代は無性生殖をなし、次の時代は有性生殖をなすといふやうに、交代するのである。條蟲に於て之を見る。

さて人間の生殖法は有性であるが、精蟲と卵子とは如何にして合體するか。是

は非常に複雜であつて、今日の發生學の知識を以てするも尙ほ不明な點がある程である。今其の大體の現象を述べると、先づ精蟲が尾の顫動及び趨向性によつて卵子に近づくや、卵子の一部は受精丘を凸出して之を迎へ入れる。而して精蟲の頭が卵內へはひると、卵子の原形質は渦をなして其の周圍に注流し、卵膜と原形質との間に第二の膜を生じて、他の精蟲の進入を防ぐ。やがて精蟲の頭にある核は、卵核と融合する。此の融合の際には非常に複雜な現象が行はれ、双方の核內に存する染色質といふものが核絲とて絲狀に分れ、男女兩性のものが對をなして融合し、それは兩分して、卵子の兩極に分れ、次で卵子の體も兩分して、各一個の新細胞を形成するのである。此の際注意すべきことは、新細胞內には、男女兩方の物質が各半分づゝはひつてゐる、けれども細胞は部分によつて質を異にするため、質に於ては不平等に分たれることである。是は遺傳及び趨異の上に重大な意義を有する。

受精卵の發育　右に述べた二個に分割した新細胞は、更に其の核が增大して一定の大さに達すると、上述の如き現象を反復して分割し、二個は四個となり、八個となり、十六個となり、幾何級數的に增加する而して蕃殖が進んで個體を形成するま

では、種々の時期を經過する。卽ち分割した細胞の數が多くなると、群を成して桑實形を呈するに至る。此の時期を桑椹期と稱する。次に其の集團が漸次大きくなると、囊狀となつて、其の中部に腔洞を生ずる。此の時期を胚胞期といふ。次に腔壁が一方から陷入して酢漿を指で壓した時のやうに低平となり、終に細胞群は內外二列の原腸形となる。原腹期之である。而して其の外壁を外胚葉、內壁を內胚葉と稱し、更に兩壁の中層に中胚葉を形成する。是等を胚又は胚葉と總稱し、それぞれ人體の器官を生ずるのである。但し人類の發生に於ては、胚胞より原腸を生ずることなくして胚葉を生ずるのである。而して外胚葉からは、表皮・爪・毛髮・脂腺及び汗腺・腦及び脊髓其の他の神經系統を、中胚葉からは隨意筋・泌尿生殖器・骨髓等を、內胚葉からは消化器・脊柱等を、而して中胚葉から分れた間葉といふものからは、血液・血行器・淋巴器・不隨意筋・結締組織等を生ずる。斯くて前後約二百八十日の胎生期を經て、始めて初生兒として呱々の聲を擧げるのである。以上發生經路を大別すれば、受精から胚葉の發生に至るまでを豫備發生と稱し、次に胚葉發生及び器官發生が現はれるので、三時期を劃することが出來る。

胎兒の身體　受精より出生に至る約二百八十日の胎生期に於て、胎兒の發育は甚だ急速であつて、最初長さ〇・一八乃至〇・二粍に過ぎない卵子が、出生までに約二千四百五十倍に增大し、其の重さに至つては、實に九億五百六十萬倍する。其の間の發育を概觀すれば、姙娠第一箇月の末に於ける胎兒は長さ二乃至三分內外であるが、第二箇月末には約一寸となり、第三箇月末に至れば約二寸六分に達し且つ頭軀・幹・四肢の區別が明になつてくる。第四箇月末には約五寸となり、男女の性を區別し得るに至り、第五箇月末には約八寸となり、胎動を能知することを得、第六箇月末には約九寸六分となり全身に毳毛を生じ、皮下に脂肪を蓄ふるに至る。第七箇月末に至れば、身長約一尺一寸、體重約二百七十匁(一千瓩)に達し、諸器官が發育する。第八箇月末に至れば、身長約一尺三寸、體重約四百匁(一千五百瓩)となり、第九箇月末には身長約一尺四寸、體重約六百七十匁(二千五百瓩)に達する。かくて第十箇月に入つて出生の直前となれば、身長約一尺六寸、體重約八百匁(三千瓩)を算するに至る。

胎兒の精神　胎兒に心があるか無いか。是は實驗に徵することは出來ぬ、如何

しても一部分は推論によらねばならぬ。其の推論の結果に據れば、第一に先天的稟賦の存することは明かである。吾人は進化の結果として今日の狀態に達したのであるゆゑ、胎内にある時から既に將來發達すべき性能が具つてゐるのである。故に例へば人類特有のものと考へられてゐる所の良心の如きも、先天性か後天性かといふに、其の或る部分即ち良心の發達すべき稟賦は無論先天性である。されば若し稟賦が無かつたならば、如何程外部から刺戟を與へても、良心は出來ない。故に兒童は胎内にある時既に全精神の稟賦を有することは明かである。

併し是は推論であるが、一層確實に現はれる作用がある。傾動之である。傾動は活動の最も簡單なもので、醫學に於ては之を胎動と稱する。胎動は第三箇月の終に流產した胎兒に於て既に認められる。姙婦自身の認知し得るのは第二十週の頃からである。此の胎動は即ち簡單な動能である。

胎兒に感覺が有るか無いかといふことも論議の存する所である。併し或る感覺は胎兒に於て既に存するであらうとは、感官の發達狀態と其の周圍の刺戟の有無とを以て推論することが出來る。第一、有機感覺は、是は身體の各種器官の活動

から來る所の感覺であつて、氣分の上に影響を及ぼすことの多いものであるが、胎兒に之が存することは、彼等の有機器官の完備してゐるので察せられる。胎兒は肺呼吸を營まず、經口的營養を得ず、大氣に接觸してはゐないが、胎盤を通じて母體から營養も新鮮な酸素に富む血液をも受け、炭酸や排泄物を放出してゐて、各種器官は生活體を營爲してゐるのである。故に胎兒にも有機感覺の存することは確實であらうが、併し胎兒の心は頗る漠然たるもので、唯苦樂を感ずるだけであらうと思はれる。是が胎兒の精神の根本狀態である。第二、胎兒に皮膚覺の存することは、種々の實驗によつて證明されてゐる。皮膚覺と稱するのは、觸覺(壓覺)・溫覺及び冷覺・痛覺に別つことが出來るのであるが、觸覺の存在は、刺戟によつて胎動を起すことを以て證明せられ、又溫覺及び冷覺の存在に就いては、プライエル氏の如きは、胎兒は不變の溫度の羊水中にあるので恐らく之は無からうと見てゐるが、胎兒は生後直ちに溫度刺戟に反應し、死產兒蘇生法に於ては冷水を體表に注いで效を奏する所から見ると、之が存在は確實であらう。痛覺は、成熟胎兒に强電流による痛刺戟を與へると叫ぶことによつて、其の存在を知ることが出來る。併し弱電流

は痛覺を生起しないことから見ると、胎兒の痛覺は存在はするが、十分に發達はしてゐないやうである。第三、運動感覺の存することは、胎動の存することで推察される。第四、味覺の存することは、胎兒が羊水を嚥下する爲に刺戟を受けてゐることと、及びクスマウル、キュストネル、カネストリニー諸氏が、或は七箇月又は八箇月胎兒に於て、或は無腦畸形兒に於て、鹹・酸・甘・苦の物質を作用せしめて實驗した結果、種々の反應をしたことで略ぼ信ぜられる。第五、嗅覺は、嗅神經は發達してゐても、刺戟が無いので、恐らく働かないであらう。第六、聽覺は、聽神經は完成してゐるが、耳内に羊水が充ちてゐ、且つ鼓膜が扁平な爲に、生後暫らくの間は聾の狀態にある。第七、視覺に就いては胎兒の視神經は十分に發育してゐない上に、視覺的刺戟が子宮内では缺げてゐるので、存しないことが知られる。

遺傳及胎教　胎生期に於ける發生及び其の他上述の事實から、遺傳及び感應に重きを置かねばならぬとが考へられる。遺傳に關しては、夫婦になるものが其の血統を互に調べ合ふことが必要である。古來我國の習俗として家柄を尊重するが、是は決して排斥すべきことではない。若し、血統を考へずに結婚して、犯罪や精

神薄弱や精神病又は恐い疾病の素質でもあると、何代後にそれが現れるかも知れぬ。遺傳に關しては色々な研究が出てゐるが、玆には其の論述の餘裕がない。併し遺傳には兩親から來る直系遺傳の外に、伯父母又は叔父母の方から來る傍系遺傳もあれば、數代前のが突然に現れてくる所の隔世遺傳もあつて、是等は胎兒の身心の素質又は稟賦を形成するのである。

又注意すべきことは、胎兒が母胎内にあつて受くる所の感應に就いてゞある。是に關しては、古來、胎敎といふことがあつて、我國でも隨分注意された。胎敎は支那の古書なる禮記に旣に說かれてゐる。勿論古代の胎敎說には色々の迷信も混じてゐるので、其儘之を信ずることは出來ぬが、今日では新しい意味に於て胎敎を重ずるのである。古の胎敎では、母體の精神上の變動は、直接に胎兒の精神に影響すると考へられてゐたが、今日の科學の敎へる所では、母の精神上の變動は、其の肉體に影響し、更に胎兒の肉體に影響を及ぼし、かくて其の精神に影響するといふやうになつてゐる。されば精神と精神と直接に交涉するといふことは信ぜられないが、姙婦の不品行や不攝生や或は精神感動は、肉體を介して間接ではあるが善惡

ともに影響すると見なくてはならぬ。斯る意味にて胎教の精神は今日尚は認められてゐる。殊に今日喧しくなつた優生學 Eugenics や優境學 Euthenics の精神と頗る相似てゐることは面白い事實である。

第二節　嬰兒期

初生兒の身體　初生兒とは、子宮內生活から分娩機轉によつて子宮外生活へ移り、尙未だ過渡機轉の終局を告げない間の子供をいふ。初生兒の身長・體重及び其他の發育狀態は、人種により、個人により、男女により、且つ營養の種類(天然營養と人工營養)等によつて幾分の差異がある。今長濱・三島・三輪・榊諸氏に據れば、初生兒の身體は、體重は、最低二・五瓩(六百八十三匁)より最高五・五瓩(一貫五百匁)の間を上下し、平均、男兒二・九八瓩(八百十五匁)、女兒二・七七瓩(七百七十五匁)に當り、歐洲人よりも二百乃至四百瓦の輕量を示す。卽ち歐洲人にあつては、チーミッヒ氏に據れば、二・六乃至五・五瓩の間を上下し、平均、男兒三・四瓩、女兒三・二瓩を算する。身長は、歐洲人にあつては、平均、男兒五〇糎、女兒四八・五糎を算し、本邦人にあつては、上記四氏に據れ

ば、平均、男兒四九・四糎、女兒四七・九糎である。頭圍は、歐洲人にあつては、三三・〇乃至三五・〇糎にして、本邦人にあつては、上記四氏に據れば、平均、男兒三三・二糎、女兒三二・七糎である。胸圍は、頭圍と略ぼ相同じく、三一・〇乃至三三・〇糎にして、平均三二・〇糎となる。卽ち頭圍より小なること約二・五糎に達する。

初生兒の精神　初生兒の精神は、胎兒に比すれば、研究し易い。隨つてまた確實に調べられる。先づ出生時の諸感覺の狀態から說明しよう。

(一)視覺。視器は胎生七、八箇月の頃に完成されてゐる。是は早產兒に就いての調査によつて明である。併し十箇月經過して生れた初生兒に就いて見ても、視器は完全に出來てゐても、其の機能は頗る不十分で、漠然たる光覺を有するのみで、色覺はない。然るに遲くも二週間以內には、通常の光線の下に於ては眼を開いてをり、明暗は次第によく分るやうになる。併し色覺や形體の認識はまだない。而して初生兒は多くは近視又は遠視である。此の色覺や形體の認識は、嬰兒前期の前半には漸次明になつてくる。

(二)聽覺。初生兒にあつては聽神經は既に十分に働の出來るやうに完成してゐ

る。併し生れた直ぐは、耳腔内に液體(多分羊水であらうと見られてゐる)が充ちてゐる上に、鼓膜の傾斜が少いので、聾の狀態にある。然るに早きは生後六乃至十時間、遲きは三週間にして、聽覺を得るやうになる。但し三週間以上も聾でゐるのは、病的と見てよろしい。概していふと、耳は眼よりも遲くまで働を現はさぬことが多い。

(三)嗅覺。初生兒には既に嗅覺を有するものの如くであるが、非常に漠然としてゐるので、學者の間に有無の論議を爲す人さへある。固より初生兒は芳香や惡臭の辨別は出來ないであらう。併し其の鼻に藥品を近づけて强い刺戟を與へると、反應して顏を顰める。但し是等の反應は、香臭の嗅覺の爲に起るのか、若くは單に鼻粘膜が刺戟される爲に起るのかは不明である。要するに、初生兒の香臭の感覺は頗る鈍い。學齡に達する頃までは發達せぬ。學齡時代に至つて次第によく分るやうになるのである。

(四)味覺。成熟胎兒は味神經の完成してゐるのと、羊水の嚥下による味覺的刺戟を有するのとで、恐らく味覺は既に存在してゐるであらう。初生兒は生後直ちに

政治よりも、二千に餘る本店銀行の割據せる金融界こそ一層渾沌亂脈の狀態と云はざるを得ぬ。

(二十二)我國の實業家に望む。

(い)海外發展には遠大なる考を要す。

我が實業家は多く目前の事ばかりに齷齪して遠大なる考を持つた者が比較的に少ない。米國の工業會社で支那市場に顧客を有する者の内には、支那留學生に學費を給與して、親切に世話し、卒業後と雖も、其給費に對して何等の義務をも負はせない者があると云ふ。こんな恩惠を受けて歸國した支那學生は、終生米國に對して好意を表するは勿論、米國國品の顧客となり、其販賣上に於て多大の便宜を與ふるは當然である。我が綿糸布業者の如く支那を唯一の顧客とする者は、此點に關して大に鑑みるところがなくてはならぬ。一度ボイコットに遭ふ損害を當つれば、三百人や五百人分の學費位は優に支辨が出來るではないか。

多年の經營空しからず、漸く一商品の販路を海外に開拓する小商人があれば、大資本を擁する貿易業者にして、其經驗中は袖手傍觀しながら、愈有望なりとの見込

が立てば、直ちに其大資力を以て之を壓倒し、顧客を横奪する者がある。人の苦心の結果を横奪して商略の妙諦なりと心得るは、愛國心を缺きたる所作と云はねばならぬ。

兄弟牆に鬩ぐも外其侮を防ぐの覺悟を持ち、互に相助け相携へて海外發展を圖る必要がある。此見地から云へば、富豪は小商人の企劃することの出來ぬ南米滿洲等の植民事業とか、阿弗利加、濠洲等に新販路を開くことに努力した方が一層貿易の擴張上に貢獻するであらう。

(ろ)徒に政府に依頼すること勿れ。

歐洲大戰の影響を受け、物價日に月に暴騰して國民生活を脅かしつゝありし際、學者政治家中には、物價調節の必要を論じた者が澤山あつた。物價を適度に調節せなければ、多數國民の生活難を惹起して、勞働問題、貧民問題等幾多の難問題を發生し、延ひては過激思想となり、危險思想となり、社會の秩序を紊亂する恐があるのみでなく、物價の騰貴は財の分配上に不平均を生じ、貧富の懸隔をして益甚しからしめ、恐るべき結果を釀す外、來るべき物價下落の反動を一層甚しからしめ、健全有

望なる事業までも破壊する事に立到るから、物價は今の內に適度に調節せなければならぬと論じても、實業家の大多數は是に反對し、所有る手段を講じて調節策を妨げ、自由主義不干涉論等を高調した。政府の力では調節の出來るものでない。調節は却て有害であるとさへ反對した。ところが物價は反動期に入り、一時五百五拾圓を突破したる東株は百〇六圓に暴落し四千五百圓の生糸は千圓近くに下がり、倒產者續出すれば悲鳴をあげて蠶糸の救濟、低利資金の貸付、米價の釣上等を政府に獻策し歎願し、救助を求むる。好景氣の時に經濟界の大勢は政府の力にて如何ともする事は出來ぬと主張したる其舌の根が未だ渴かぬ內に、政府の力に依賴して不景氣の慘害を輕減し、經濟界の大勢を挽回しやうとは餘り蟲が好過ぎる話ではないか。前後矛盾ではないか。

日本の實業家は餘り政府を當てにし過ぎる。一寸事業を計劃すれば、やれ補助だの、保護だのを歎願する。餘り依賴心が強くて獨立心が少ない。然るに英國の實業家は政府などを當てにせずに、ずん〳〵事業をやつて行く。海外發展の事情を見ても、日本と英國とは丁度正反對になつてをる。英國では先づ商人が販路を

開き植民をなし、然る後、外交や武力が進んで行くのに、日本人は外交や兵力で取つた沃土にさへ容易に出懸けて行かぬ。これは自治心の乏しき結果に外ならぬ。官吏を英國の二倍程使つてゐながら、成績の揚らぬのも之が爲である。

(は)約束を守れ。

凡そ一國產業の隆替は分業と合力との發達如何に因り、分業と合力との發達如何は約束を守ることの確否如何に因るもので、苟くも人々の交涉によりて行はるゝ一切の業務は、約束を守るか守らぬかによりて其消長を來すものである。曾て阿弗利加問題で英佛間の外交が切迫した時、佛國人の中には本國の銀行から預金を引出して、英國の銀行に預け替へをなした者が多かつたと云ふ。これは全く佛蘭西の銀行より英國の銀行が基礎の鞏固なる上、間違がない爲に、たとひ敵國となつても、英國の銀行の方が確であると信じたからである。英蘭銀行にては預金者に預り證書を渡さぬ。日本の或る預金者が之を危ぶみて請求したら、行員が笑つて答へるには、銀行の帳簿に記入してあるから大丈夫ですと。實業に從事する者は誠に斯くありたきものである。ところが我國の實業家と稱する者の中には、約

束をしても、證文を取交して置いても自分に不利益であれば、何時にても之を破棄する者がある。噓をつくのを商人の特權の如く考へてをる者が少くないのは、眞に我國實業の前途に取つて憂慮すべき現象である。此惡習は關西地方に特に多いとの事である。戰時中は商品の粗製濫造が多かつたが、戰後の今日まで猶この弊風が續いてをる。戰時中製造業者は日夜注文に追はれ、不良品にても數量さへ揃へば、引取られた。其餘弊が殘續して今日に至つてをる。注文品が見本と違ひ苦情を惹起して不信用を買ふ事は每度聞くところの沙汰である。

曾て英國の二十三歲になる一靑年が、世界無錢旅行の途次我國に立寄つた。其靑年を或會社員が私に紹介してよこした。學校から歸つてみると、家人が云ふには、斯く〳〵の外國人が紹介狀を持つて來て、直ちに橫濱に行つたと。

室を見れば、鞄、財布、金時計等を言語も通ぜぬ見ず知らずの處に放り出した儘、橫濱に行つてをる。晚方歸つて來たまゝ一年足らず同居することになつた。僅な人が紹介して吳れたとて、一面識もない者を信用して所持品一切を放り出して置く樣な事は到底日本人には出來さうもない。其靑年は英語の敎師をして旅費を

作ることにしたけれども、中々容易に必要の旅費が出來ない。兄が南阿のヨハネスブルグに居るので、頻りに行きたがつてをるが金が足らない。そこで私は戲譫《じょうだん》に君の其四百圓程の價のある金時計には保險がついてをるから、詐つて紛失したと保險會社に懸合ひ、金を請取つて旅費の不足を補つてはどうだと言ふたら、態度を改めて申すには、私を會社が信用して保險した物を嘘をついて保險金を請取ることは縱ひ飢死しても出來ないと。此氣風があるから英國の産業が斯くまで發達したのである。翌日が休暇でない晩に、英國の實業家を宴會に招けば斷る者が多い。其理由を問へば平常粗食をして居るのに、不意に御馳走に預れば腹の加減が惡くなり、翌日の執務に差支へるからだと。如何にも用意周到ではないか。

(に)重役の兼任には弊害がある。

我が實業家の多數は重役肩書の多いのを名譽の如く心得てをる。これは經濟界がまだ幼稚な證據で、官吏の古手だとか、實業不案內の者が飛出して重役となるから成績が一向揚らない。加之餘り多くの會社に關係し盲印のみを捺してをるから事業が發展せぬ。重役は給料を取つてをるから宜しからうが、最も迷惑を感

ずる者は株主である。世には重役の食ひ物になつてをる會社も少くない。特に銀行と會社の重役を兼任するが爲に、飛でもない金融恐慌を惹起することがある。冀くば專心一事業の經營に當つて欲しい。支那では株式會社を請負でやつてをる。株主は初年度から八分の配當さへ受くれば不服を云はぬ。儲は重役が取り不足は負擔する。支那人の樣に互に信頼の出來ぬ者の間にては是より外に途はあるまい。支那程ではないが、我國の重役も餘り信用は出來ぬ。監査役などゝ來ては多く員に備はるのみで、只だ盲判丈を捺してをる者が多數である。本當に監査するには啻に書類のみの調査が出來るばかりでなく、財産一切の評價が出來る者でなければならぬ。併しこんな資格を備へた監査役は先づ居ないと見て差支はない。よし居るにしても忠實に其職務を遂行すれば、忽ち追ひ出されて仕舞ふ。それで別に公共監査所を設け、其監査所の監査を經たる決算報告は信用の置けるものと云ふ一般の習慣を作つたらよからうと思ふ。嘗て數ヶ國の人が聯合して支那に或る會社を設立し、其定款を香港の英國政廳に登記することになつた。其定款中に重役會議に出張する地方重役の旅費が規定してあつた。ところが政廳

が許可しない。重役給を取つて居ながら、別に旅費を取るのは不合理だ。地方に居るのは重役自身の勝手であつて會社の與り知るところではないと。それで其條項丈を削除して登記を濟したことがある。是から見ると日本の會社には不合理の點が多いことが分る。

(ほ)實業家も一層國家精神を持つて貰ひたい。

金儲は實業家の本領であるから出來得る限り多く儲けて貰ひたい。併し課税の負擔を輕減せんが爲に、個人企業を過大に評價し、之を株式會社に變更して配當率を少なく装ふ樣な事の無いやうにしたいものである。つまり正當な手段により國家社會の利益をも考慮して業務に從事して欲しい。而して儲けた金は成丈け社會の幸福を增進する樣に消費することこそ紳商の所業と云ふべきである。世には數十頭の犬を飼ひ、雇人の手當よりも其給養を良くし、書畫骨董には巨萬の財を投ずれども、慈善公共等の事業には振向きもせぬ者がある。こんなでは國運の進展は覺束ない。

第四講　産業組合

理化學の進歩と自由主義の發達とが封建制度を打破り、自由競爭の新舞臺が開かれてから、弱肉强食が愈甚しくなり、社會の秩序を紊亂し、福祉を減損する恐あることを認め、明治三十三年産業組合法の發布を見るに至つた。以來總數壹萬を超え成績の頗る見るべきものがある。

而して其目的とするところは、中流以下の小資産家をして、鞏固なる團體を組織せしめ、其聯合の力に依りて大資産家と平等の競爭をなさしむるが爲である。かるが故に此組合には所得税、及營業税を免除し、且つ販賣組合を除き他は皆な五箇年以内定期償還の方法に依り農工銀行より無抵當資金借用の途を開き、特に之を保護することゝしたのである。

第一、組合の區域及組織。　組合の區域が餘り廣ければ、組合員相互の事情を知ることが困難であつて纏り難いから、法律は原則として組合の區域を同市町村の範圍以内に限り、特別の事由があるときは、地方長官の認可を受くれば其範圍に依ら

ざることを得と定めてある。組合員は七人以上の者より成立ち、其機關としては、總會、理事、監事がある。總會にては組合の重要事項を決議し、理事は其決議に基づきて事務を執り、監事は理事の仕事を監督する役目を持つてをる。而して此組合は登記をせねばならぬ。

第二、信用組合。

(い)目的。信用組合は、組合員に産業に必要なる資金を貸付けるのと、貯金の便宜を得せしむる事を目的とする。

組合の資金は組合員より集めたるものであつて、若しそれにて足らぬときは、組合の信用を以て、農工銀行若くば個人より借入れ、組合員中事業資金の不足せる者に貸付ける仕組である。故に産業以外の必要、例へば別莊を建てるとか、庭園を設くる如き費用には貸すことができぬ。

又此組合は組合員共同の利益を計る相互主義のものであるから、何程收益の見込があつても、組合以外の人には貸付けることを許さぬ。其他組合は組合員の貯金を預り、或は之を取纏めて銀行に預入の取次をもなすのである。

(ろ)經濟上の効能。中產以上の實業家は、銀行を利用して、低利の資本を運用することが出來るが、中產以下の者は、資產乏しく充分に銀行を利用することができぬから、勢ひ、高利貸の喰物となり、競爭上常に不利益の地位に立たねばならぬ。然し、信用組合に依りて中產以下の者が、其資本融通の途を開くときは、外に對しては確實なる信用を樹立して富豪と平等の競爭をなし、内にありては、個人にて融通を受くることと能はざる大資金も、組合の信用を利用し、低利にて運用する便宜があるから、大いに其收益を增し、生計が自から安樂となる。且つ又信用組合は株主の利益を計り、成丈け高利に資金を運用せんとする銀行とは事違ひ、事情の許す限り、低利の資金を組合員に供給する目的を有し、剩餘金分配の如きは偶々之に附隨して起る利益に過ぎない。

(は)社會の効能。信用組合は貯蓄に都合よろしきと、貯蓄者は自然其信用を增すとの理由よりして、勤儉貯蓄の美風が起るのみでなく、組合の聯合力はよく外部との競爭に耐へ、組合員の生計を豐ならしむるが爲、自助自治の精神を成し、衣食の足るところ、禮節自から生じ、從つて貧富の懸隔を抑制し、社會の弊風を芟除する上に

於て、頗る著大なる効果がある。

第三、購買組合。 購買組合は産業又は生計に必要なる物品を買入れて之を組合員に賣却する目的を有してをる。 次に其利害を述べて見やう。

(い)利益。(一)卸小賣商人の取るべき利益丈け安く物を買入れることができる。(二)需要高が定まつてをるから、餘計の物品を仕入るゝ必要がない。(三)大仕掛となすから建物費及其他の雜費が少くかゝる。(四)地代安き裏町に店を設くるの便利がある。(五)新聞雜誌に廣告をなし、看板を掲げ、店頭を飾る費用を要せぬ。(六)雇人の數が少くて間に合ふ。(七)貸倒れとなる憂が少ない。(八)所得税、營業税を拂ふ必要がない。(九)農工銀行より五箇年以内定期償還の方法を以て資金を借入れることができる。(十)組合思想が養成される。

(ろ)弊害。(一)適當の管理者を得なければ、業務が澁滯して失費が多い。(二)物品が不足して組合員に苦情が起り易い。(三)品質の等別をなし、代價を定むることが六ケ敷い。(四)自己の爲に働くのでないから使用人に勤儉の念が薄い。(五)使用人が不正の所爲を行ふ隙間が多い。

右に擧ぐるが如く多少の弊害はあるけれども、其利益の大なるに比ぶれば實に瑣細の事であつて相當なる方法を用ふれば、之を除くことは困難でない。而して此種の組合は、人口多き都會に於て、病院、華族、官吏、醫士、敎員、辯護士、宗敎家、會社員等の間に結ぶのが便利である。

組合にて販賣すべき貨物は、生産必要品購買組合に於ては、肥料、原料等其種類枚擧するに遑あらずと雖、日用品購買組合に於ては、米、味噌、醤油、砂糖、薪炭、海苔等より始め、業務に熟練するにつれ、鰹節、罐詰、牛肉、牛乳、酒類等に及ぼすが便利である。且つ又季節の遷り變りには、豫め生産地から見本を取寄せ置き、隨時織物の注文をなし、盆正月の必要品も纏めて購入する方が割安である。併し小間物類裝飾品等の如く流行性を帶ぶる物は一切取扱はぬ方が便利である。

業務執行者及雇人等は職務を怠り、不正の所業を爲し易き地位にあるものなれば、特に正直なる人を擇ぶは勿論、普通のものより一層多額の賞與金を與へて奬勵するがよい。

第四、生産組合。　生産組合は組合の生産したる物に加工し、又は組合員をして産業

に必要なる物を使用せしむる目的を持つてをる。即ち共同製作所組合、共同水車組合の如き、或は器械共同使用組合の如き、何れも聯合力により、小農工業者をして、大企業者と同樣の便宜を享有せしむる機關となるものである。

第五、販賣組合。販賣組合員は組合員の生產したる貨物を組合に於て加工し、又は加工せずして之を賣却する目的を持つてをる。故に組合員は必ず或る物品の生產者でなければならぬ。又組合にて取扱ふ貨物は必ず組合員の生產したる貨物たるを要するのである。

生計不如意なる小企業家は其生產物を賣急ぐ傾があるから、常に狡猾なる商人から足元を見透かされて、暴利を貪らるゝ恐がある。去れど組合に於ては、相當の代價にて各組合員の生產物を買上げ、或は賣行の模樣を條件として代價支拂の約束をなし、常に市場の景氣を斟酌して販賣するを以て駈引上毫も不利益の地位に立つ事がないのみならず、種々の方法を設けて產出する貨物の品質を一定し、或は懸賞の手段によりて其改良を計り、或は得意先を一定する等其效能も亦頗る多い。

第五講　貨幣

未開時代には、生産者と消費者と相會して、物と物とを交換したれども、人口増加し、分業發達し、産業社會の組織複雜となるにつれ、生産者と消費者との會合益覺束なくなりたるが爲、商人なる者現はれて、其間の取次をなすが如く、物々交換にては交換すべき貨物の一致を缺くの不便あるより、貨幣なる物出でゝ交換の媒介物となつた。されど世運の進歩につれて、貨物の分量は殖え、循環は益迅速を要するに及んで、貨幣の授受にも亦不便を感じ其授受を省きて交換をなす信用取引なるもの盛に行はるるに至つた。

而して商人も亦貨幣と同じく購買組合の如きものによりて、其職務の大部分を奪ひ去らるゝ悲運に遭遇するならんとは、學者の共に信ずるところである。今貨幣の職分を擧ぐれば

㈠交易の媒介をなすこと、㈡價値を計る尺度となること、㈢一般支拂の資料となること、㈣價値貯藏の資料となること

の四つである。

若し世の中に交換の媒介を爲す物がなければ、交換の不便は吾人の想像にも浮

ばぬ程多いであらう。例へば指物師が其作り上げたる箪笥を、米、油、薪、炭等の日用品と換へんとする場合に、交易の行はるゝには指物師が望むところの物を悉く所有して、箪笥を得んことを望む相手方を見出す必要がある。然るに斯かる人に出會ふことは、千歳の一遇僥倖中の僥倖であつて、容易に有得べからざることである。通常此等の日用品は數人の手中にありて、箪笥の需要者も亦此等の日用品の一種をも所有せざる場合が多い。箪笥は纏りたる物であつて、切分くれば用をなさぬから、一箇の箪笥を數人の相手方に分配して、日用品を數人より取集むることも出來ぬ。啻に箪笥のみならず、衣服、機械の如き、大抵皆な分割の出來ぬ物である。

されば、物と物との直接交易が滞りなく濟むことは、先づ稀であつて其不便の程推して知るべきである。然れども何人も受取ることを拒まざる貨幣あれば、指物師は先づ箪笥の所望者に賣渡して貨幣を受取り、其貨幣を以て薪炭なり、米油なり、自己の所望する物品を隨時に何程づゝにても買取ることができるから、適當の相手方を見出す勞費を省き、一時に餘計の物までも、買入れ置く不便を避けることができる。貨幣は實に萬人の所望する物であつて、交易の間に挾りて其投合を媒介

も一度も擴充せられて居らぬのでありますから、之れを媒語不擴充の謬論と申しますし。

文字の讀めないものは官吏たることは出來ないものであります。

何某は文字を讀み得ないものではありません。

故に何某は官吏たるを得ないものではありません。

といふ如きは大前提に於て擴充せられざる語を斷案に於て擴充することとなつて不當擴充の謬論となる如きを形式上の誤謬と申します。これらは前に擧げました三段論法の規則に背かないやうに注意すれば誤ることは少いのでありますが、事件上の誤謬の中には主として思索の上に關するのと、表現の上に關するのとあります其の思索の上に關するのを、不等假定、論旨相違、論證不足の三つに分ち、表現の上に關するのを言意不同に一括いたします、併し思索の誤謬はやがて表現の誤謬となり、表現の誤謬は、もと思索の誤謬に崩すのでありますから截然と兩者を分つことは出來ませんが、今は便宜上かく區別してお話することにいたします。

不當假定

不當假定と申しますのは、假定すべからざることを前提の中に假定して斷案を作らんとするのでありまして、例へば現內閣の行動は非立憲であります。非立憲なる內閣は之れを攻擊せなければなりません。

といふ如きは、旣に其の斷案を前提の中に假定したもので、非立憲といへば、攻擊せざるべからずといふ斷案は當然であるが、其の非立憲なるや否やを決するが先きであるに、それには何等の議論をも交へず、獨斷的に非立憲と定めて攻擊といふ斷案を出したので、斷案に於て云はんとすることを、旣に前提の中に竊取して居つたのでありますから、之れを論點竊取の謬論 (Fallacy of undue assumption) と申します。これは其の前提を出す以前に先づ判斷すべき問題があるのに之れを閑却して直に前提といたしますので、宗敎家などの議論には此弊がありまして、偶像崇拜は野蠻の行爲であります。

佛教徒は此野蠻の行爲をなすものでありますから文明の宗教として恥づべきものであります。

といひ

佛陀の教に背いては正しき道を行へるものではありません。

基督教は佛陀の教に背くものでありますから到底正しき道を行へるものではありません。

といふ如き前提は前者は基督教徒間のみに於ては承認せられ、後者は佛教徒間のみには承認せられやうが、一般の論理としては先づ偶像崇拜が果して野蠻の行爲なりや、佛陀の教に背いては正しき道が行ふ能はざるものなりやを判定せねばならぬ。其の判定は自己の獨斷にして、それによつて自己の思ふが如き斷案を出さんとするのであるから論點竊取の譏りは免るゝことが出來ないのであります。輿論と云はれて居るものゝ中にも、此謬論に陷るものは少なくないので、男女は同權なるべきものでありますから、男子も有する參政の權は之れを婦人にも與へねばなりません。

といふ如き、此男女は同權なるべきものといふ前提には尙ほ幾多の論議餘地があつて、人格上の同等は認めても、それが政治上に同權なりといひ得るや否やを最初に定めねばなりません。それを獨斷的に定めて置いて此斷案を出すのは矢張り不當の假定たるを免れません、これを不當の假定たらざらしめんとするには其の同權なるべき斷案を生ずる今一つの論理を先きに組み立てる必要があるのであります。

これと相似たるものに循環論法の謬論(Fallacy of circular reasoning)があります。これは前提の理由によつて斷案を出し、斷案を理由として前提を立つるので、人の性は善であります、日常さまぐ\のことをして居る時に氣がつきませんが中宵人なき時に、靜かに考へれば何人も「あゝ惡かつた」といふ悔悟の念なきものはありませんからであります。何故この悔悟の念が起るのでありませう。これは人の性の善なるからであります。

といふ如く、性善の理由に悔悟の念を以てし悔悟の念の理由に性善を以てするので理由を以て斷案を立て、斷案によつて理由を說明する、繰返しぐ\循環して居る

何故暑くなつたのであらうそれは夏になつたからである。何故夏になつたのを知るか、暑くなつたのが證據である。の類、これは語を換へて同一事をいふに過ぎないのである。

論旨相違

論旨相違といふのは論じ得た所と論ずべき所との、旨意の相違したので、此種の謬論の中、最も多いのは論點變更の謬論(Fallacy of Shifting ground)ともいひ、一つの斷案を立つるために持つて來た理由が、都合が惡いので、これを中止して、更に改めて別の理由を持つて來てそれが理由とせんとするので、正當なる論理の順序から脱線して論理に合したやうな斷案を作らんとするので、質問應答や討論の場合にしばしば陷るので思索の場合には少いやうでありますが、感情にでも訴へることになりますと知らずしらず其の論點を變更して論旨相違に陷ることは少くないので、

「何々黨の行動は非立憲であります」

といひつつ其の理由の發見に苦んで、

「彼は議會に於て多數を制して居るのであります」、多數は横暴に陷るのでありま
す、横暴は非立黨であります
といふ如く、他の方面より理由を求め來ることがあり、又
彼れは代議士たる資格はありません。 何となれば彼れは曾て學校に於て數回
落第したのであります。
學校の落第と代議士なる資格とは何の關係もない、此關係なきことを、さも關係あるやうにして自己の斷案の理由とせんとするので主して、正當なる論理によらず感情に訴へて斷案に贊同せしめんとするのに此謬論（Fallacy of appealing to emotion）が多い。
彼れの議論は立派なやうでありますが、彼れの職業は三百代言ではありませんか諸君は三百代言の說に感服するのでありますか
とか、
佛敎の敎理は哲學的であり、倫理的であるといひますが、僧侶の墮落はどうでありますか

といふ如く堂々として他人の議論を駁する代りに其の人格や職業をいうて反駁の材料にしたり、其の最も厭ふべきのになると、

私は此問題のために幾多の苦心をして參つたのであります。諸君は此苦心に同情して此說に贊成して戴きたい

といふ如く多數人の同情や憐愍に訴へて自己の論據の薄弱を蔽はんとするのや又は多數人の反對し能はざる尊貴の語を引き來つて自己の論據を補ひ、他をして强て承認せしめんとする如きも此謬論に屬するものであります。勿論、何人も反對し能はざる尊貴の語を引き來つて自己の所說に權威あらしめんとするは惡いことではありませんが、これを以て自己の論據の薄弱を補はんとするは卑怯なる立論たるを免れません。

論證不足

これは演說や講話を組み立てる上に於て最も陷り易き謬論でありまして、自身で誤ることもあり、又は自分は氣付きながら强て自己の議論を證明せんために此

謬論を敢てすることがあります。其の最も甚しきは隱蔽と申しまして、主として相手方の無識に乘じて自己の斷案に都合のよい事柄ばかりを擧げて、都合の惡い事柄は之れを隱蔽して自己の論旨を立てんとするので、反對黨を攻擊するのに其の短所のみを擧げて其の長所は之れを隱蔽する如きは此弊に陷つたのであります。「徒然艸」に

命《いのち》あるものを見るに人ばかり久しきはなし、かげらふの夕を待たず、夏の蟬の春秋を知らぬもあるぞかし。

とあるはかげらふや蟬の如き短命なるもののみを擧げて「命あるものを見るに人ばかり久しきはなし」と斷じて鶴とか龜とかいふ長壽のものを見逃したのは確かに此隱蔽であります。

これらは多くは故意でありますが、うつかりすると知らず〳〵陷るのは因果の謬論(Fallacy of false cause)であります。これは原因と結果との關係に就て誤つた認定をするから起るので、印度の論理たる因明の如きは此研究が主要分を占めて居る位で、いろ〳〵の謬論が此中から生じますが、普通に誤りますのは、前に起つたこ

とを因とし、後に起つたことを直に其の果とし、晝は夜の原因、夜は晝の結果と見るやうなもので、晝夜は實は因果關係でなく太陽と地球との關係を因として生じたので、前後するが故に因果なりと斷ずることが出來ないのでありますのを直に因果と斷ずるのや助因を以て主因とし「昨夜の雨が原因となつて今朝の花が開いた」と申すやうに雨は或は助因であつたかも知れぬが主因ではない、此助因を主因として却て主因を閑却し、

物價の騰貴は內閣の施政の結果である

と斷ずる如きも矢張此類で物價の騰貴には世界戰亂なぞといふ主因があつて內閣の施政の如きは寧ろ助因に屬するのを直に主因としたり、又一つの結果を生ずるにはいろ〳〵な原因があるのを其の中の一つだけを擧げて他を顧みずして直に其の結果なりと斷定し

今回の世界戰亂の原因は、たゞ一つ指を動かしたるに外ならず、若しセルビヤの一青年にして短銃の曳金を指をかけて之れを動かすことがなかつたら彈丸は出なかつたらう、彈丸が出なかつたら墺太利匈牙利の皇太子フエルヂナンドに

は當るまい、當らなければ殺されまい、殺されなかつたらば、セルビヤと墺國とは開戰しまい、開戰しなければ露西亞と獨逸とは衝突しまい、露獨衝突せずんば佛蘭西も起つまい、佛蘭西が起たなければ獨逸の白耳義侵入はなからう。白耳義侵入がなければ英吉利は戰いを宣すまい、英吉利にして戰ひを宣せずんば、伊太利も、亞米利加も、はた日本も立つまい、然らば今回の世界戰亂は其原因は一彈指にありといふべし。

といふ如く、たゞ一つの原因によつて此大なる結果を斷定せんとするも此誤りであります。これは譬喩としては面白いが論證としては價値なきものであります。

此譬喩を論證に用ふる謬論(Fallacy of metaphor)も亦此論證不足に屬するので陸海軍は鳥の双翼、車の兩輪の如く互に輕重あるべきものではありませんといひ、

君臣の關係は父子の關係の如く親むべきものでありますといふ如き文飾としては面白いが、鳥の双翼とか、車の兩輪といふことは別に陸海軍を輕重するの論據となるべきものでなく、父子の關係といふは譬喩であつて君

臣關係を論定する理由となるべきものではありません。これと相似たるものに引證の謬論といふのがあります。これは古人の格言や名句などを引證して論據とせんとするのでありまして、其の格言なり名句なりが誤りなきや否やを判定せずして獨斷的に誤りなしとして論旨を進むるので、

小學校に於て男女共學をさすのは大なる不都合であります。少くとも二學年以上は別々にせねばなりません、何となれば、男女七歳にして席を同うせずとは聖人の敎であります。

とか、

普通選擧は絕對に反對であります。凡そ恒產なきものに恒心なし、とは昔からの格言であります、財產の差別を撤廢すれば恒產なきものにも選擧權を與へねばなりません恒產なきものは恒心なし、恒心なきものに國家の選良を出さしむることは出來ません。

といふ如きは此類であります。これらは修辭上には應用せられますが、これを論據とするには其の引用せる格言名句の眞理なることを論定して後に用ふべきで

格言なり名句なるが故に直に斷案の根據とせんとするは論證不足たるを免れないのであります。

言語の曖昧

以上は主として思索の上の誤謬でありまして議論を組み立つる上に注意せねばならぬことでありますが、之れを表現しますする上に於ても亦いろいろな誤謬に陷るものであります。これを言語上の謬論（Verbal fallucy）と申します。其の第一に來るものは曖昧語（Ambiguans term）より來る誤謬であります。若し言語といふものが正しく一語は一義より現はすものでなかつたらば此誤りは生ぜないのでありますが一語の中にはいろいろの意義を含んで居るのがありまして其の爲めに多大の誤謬を來すことは免れないのでありますから、正しく自己の云はんとする意義を聽衆に傳へんとするには此の曖昧語を避けるといふことが必要であります。此曖昧語と申しますのは、意義上の曖昧と發音上の曖昧との二つがあり、意義上の曖昧同語異義なものと、異語同意義なものとあります。同語異義と申します

のは、先きにも擧げた「犬も食はぬ」といふ語が單なる意義の外に「夫婦喧嘩は犬も食はぬ」といふ別の意義にも用ひられたり、猫といふ言語が動物の猫の名たる正當の意義以外に、

昨晩の宴會に猫（藝妓）が來たかネ、

君、夏目の猫（「吾輩は猫である」といふ著書の略名）を持つて居るか。

あの男は猫（外面溫順を裝ふ意）を被つて居るといふ具合に多義に用ひられ、ハイカラといふ語が高い洋襟をつけるといふだけの意義より新流行を衒ふの意となつて、

「あの男はハイカラだ」

といふに對し

「和服を着て居るぢやないか、どこにカラーがある」

と論ずれば却て曲論とせらるゝやうに變化して來て居る如く、新流行語となるとこれに多義多樣の意義が含まれて、デモクラシーとかリバーティとかいふ語は、方向の違つた所にまで使はるゝに至つたのでありますからこれらの語を使用する

場合は、自己の云はんとする意義以外に解釋せられないやうに、前後の關係で知らしむるとか、或は定義を下して其の意義を限定するとかの必要があります語は同じでありましても、

人にして人にあらず

と申しますやうに、初めの人。は生物學上の人の義であつて後の人。は道德上の意義であるやうに變化するのでありますのを、既に人といふ以上「人にあらず」との議論は成立たないなぞと議論するの愚を學ばねばならぬことになります。異語同義と申しますのは之れと反對に言語は違いましても、義は同じので「エマーソン」と申しましても、「コンコルドの哲人」と申しましても、山陽というても、賴襄というても同じ人でありますやうなのでありますが、これがなか〳〵多いのでありまして、一人稱に就ても「私」「僕」「吾輩」、「拙者」「それがし」「小生」等といへますし、二人稱に就ても「汝」とも「貴樣」とも「足下」とも亦復數に就ては「諸君」とも「おの〳〵方」とも「あなた方」とも「君等」とも云はれ、普通名詞に就ても「酒」を求むるに

「オイ銚の御代りだ」

といふたからとて銚子ばかりを持つて來るのは馬鹿にあらずんば理屈屋でありまして、酒を禁じながら飲むで居るから「貴樣禁酒したぢやないか」といへば「それだから酒は飲ぬが正宗を呑んで居る」というても辯解にはならぬやうなものでありますから、其場合〳〵に適當なる言語を選ぶといふことが必要であります。

發音上の曖昧と申しますのはクモ(雲)とクモ(蜘蛛)ハシ(橋)とハシ(箸)のやうなもので、フダウ(浮動)とフダウ(不動)のやうに意義の相反して同音をなすのもありますから餘程注意をせなければなりません。第四十三議會に於て田中陸相が尼港事件に就て「シンセツを缺がぬ」と云はれたのを速記錄に親切となつて居つたので濱口代議士が論難せらるゝと陸相は「シンセツの文字は親と切と書いてありますが之れは速記の誤りでシンは臣下の臣、セツは節義の節であると辨明せられたのは此同音異義の曖昧から出た速記の誤りであります。

これらは語の曖昧でありますが、語と語との組み合せになる句にも亦曖昧なのがあります。女を形容して

今年《ことし》二十五の盛りは少し過ぎたれど……

といふやうなのは、今年が二十五歳で、女の盛りが過ぎたといふ意味だ、既に二十五歳の女盛りを過ぎた三十歳位の女か明瞭ではありません。よく例に出すのですが、

雨が降りさうな天氣でない

といふのは雨の降る如き天氣ではないといふ意に取つて晴天と解すべきか、雨が降りさうである天氣ではないといふ意に取つて雨天又は曇天と斷ずべきか頗る曖昧であります、これらは文法の敎ふる所に從つて決して他の意味に取れないやうに表現するといふことが必要であります。

聽衆として考へよ

この誤謬を免れるには身を聽衆の地位に置き、聽く身になつて考へるといふことが肝心であります、或る人が東京へ裁判事件で出て、失敗したから國許へ打電して「マヅカッタ」と報じたものであるから、國許では「先づ勝つた」と讀んで喜んだといふ話や、「ナンジニクルカ（何時に來るか）と聞き合はしたのを「汝逃ぐるか」と讀んで大

て變りはない。結局團體の完全なる發達は、地方先輩有識の士の雙肩にかかる所之等の人々が常に親切と忍耐とを以て青年を指導し、彼等をして邪道に陷らしめざるやうに、力を用ゐらるることを希望して止まないのである。

此點に就ては歐米先進の諸國に於ては、之等子弟と先輩との間が誠に滑らかに行つてゐるので、その狀況を見て必竊かに羨望に絕えないのである。單に外觀上より見ると、その團體なり政體なり或は人情風俗の上より見て、之等の諸國では、下は上を凌ぎ、青年子弟は先輩上長を輕んじて、我儘勝手な行動をしてゐるのではないかと思はれる樣であるけれども、その實は全く之に反して家庭生活に於ては、勿論その子女は家長に對しては絕對に服從し、その待遇も家庭に於ける奴婢と同じ資格であつて、我身のことは我身で仕末する慣習である。學校生活に於ては兒童生徒は、敎職員に對して絕對に從順であつて、よくその指導に服して己の本務に忠實である。從つて我國に於けるが如く、學校騷動の如きことは絕對に之を見ることが出來ぬ。更に學校外に於ける此種團體に就いて見るも、團員と地方所在の先輩有識者の間には、よくその指導の實を擧げて麗はしき團體的行動を見、その修養

を全ふしつつある狀況である。

我國に於て青年子弟が單に一片の訓令によつて、地方の先輩上長を凌ぎ、その指導を重んじないやうな事があるとすれば、そは結局指導者の無力なることを表示するのであつて、此意味に於て我國の學校及家庭等の實際生活に於て見る忌はしき現象は、青年子弟の罪ではなく、我先輩上長の無力であることを意味するに外ならない。即ち我國に於ける上流家庭に於て往々にして見る、所謂不良少年子女の如きは、その家庭敎養の實がこれに伴はぬ事を意味し、學校騷動の頻繁なることは、敎職員の無力又は不親切なることを意味するのであつて、斯くの如き現象の歐米各國に甚だ稀にして、而も敎育あり素養ある智識階級及上流社會に於て絕無なることは、之等上流並に智識階級人士の有力にして、常に年少子弟の指導敎養に心を傾け微細なる點に迄も注意し、協力一致以てその秩序を維持し敎養の目的を達することに、毫も遺漏なきを期してゐるからであると信ずる。さて玆に注意すべき事は、親切なる指導と無謀なる干渉との間には大なる相違の存することである。眞の指導は、親切にして注意深き世話が要件である。只名と權力とを欲して、無

力なるもの下級なるものを壓抑するの慣習に馴れてゐる、我國に於ては止むを得ない場合もある。されど常にその指導は、溫容なる態度と、該博なる智識と、同時に慈悲深き温情とを有せねばならぬ。

三、團體指導の方法　此點に於ては我國青年の指導に當る人々に對し、特に注意を喚起したいのである。殊に機會ある毎に、余は團體指導上卑見を述べてゐるが、團體指導は單なる智識の傳達にあらず、又單なる智識の教授にもあらず、全く全人格の系統によつて、指導者の心情に觸るる事が要點である。從つて諸外國に於ける進歩したる團體に於ては、指導上の綱領に於ても、經驗深き宗教的信仰を基本として、その修養を努めることを尊とし、指導者は自己自らの深き信仰に立脚して、人格的陶冶に重きを置いてゐるから、よく多數の團員を糾合してその間に何等の疎隔を生せず、修養の目的を達しつつあるのである。期くの如き素養信念に缺げた團體指導者を以てしては、到底此の重大なる教育事業を果すことは不能の事といはねばならぬ。若し現代の青年指導の上に種々忌はしき事ありとすれば、そは第三回の訓令の然らしめたのではなく、現に第一回若くはそれ以前より、斯くの

如き現象の起るべき素質があつたので、我々顧みて常にその足らざる所を補ひ、更にその實蹟を擧げることに努めねばならぬのである。單に政府の訓令や通牒で斯くの如き團體を完全ならしむるのは、結局不能の問題である。

四、青年團體組織の精神　成る程團體の組織形式は出來上つても、その生命に觸れる事は不能の事と信ずる。固より組織形式を輕んずる譯ではないが、單に烏合の衆が大なる組織を造り上げても、それは全く內容空虛なるもので、何時にかは瓦解するものでなくてはならぬ。

要するに團體の指導は、その組織と同時に精神の問題に存する。此點に深き思を致して指導せらるるに非んば、幾百萬の團員、幾萬の團體が出來ても、結局それは時代の要求するものでない。須く團體指導は指導者の献身的態度と精神とによつて、その生命を發するのである。殊に此種の團體指導は、學校敎育とは甚だその趣を異にし、學校では國家の法制上敎育と宗敎とは全然區別されて、沒交涉たることを强要してゐる。が此團體指導では學校敎育とは全くその趣を異にして居るのであるから、成るべく自由に彼等の精神的陶冶の上に、献身的感化を加へることが

最も適切で、且つ有效であると信ずる。　而して又これが最も望ましい事である。此點に對して、世の識者は常に注意を拂はねばならぬと考へる次第である。

以上述べたやうに、我國青年團の發達に關しては、今や大なる組織を成し遂げたのであるが、今後に於ては更に之に精神を注ぎ込むことに對し、社會の凡ゆる人々が協力一致その力を向けらるるやうに致したいものである。　さてこの青年團に對して施設すべき事項の主なるものに就て、以下述べたいと思ふ。

五、　青年團の補習教育　　元來青年團體は修養團體であつて、青年をして健全なる國民、善良なる公民たらしむるにありといふ大方針は、今日に於ても何等變ることはない。　以上述ぶる如く、この目的を果す手段として施設すべき事は甚だ多く、就中我國に於ては、この團體が組織せられた根本目的は、一般國民教育の現狀と至大の關係がある。　卽ち我國民の義務教育は六年制なることは申す迄もない。

此の六ヶ年の義務教育にあつて、一般國民がその國民たる素養を充分に收得することが出來るかといふに、決してさうは行かない。　勿論義務教育を卒へたるものの中、少數のものは更に進んで高等の教育を受けるが、其他の多數の青年子弟は

彼等の生活に於て正式の敎育を受けるのは、單に六ケ年に限られて或は更に自修研鑽して智識を開發し、技能を磨く機會も少くないものであるが、其他は放置せられて何等修養の機會と機關とを有しないものが少くないのである。然るにその敎育可能性の最も大なるべき時期を、放置して相當年齡に達して後、初めて實際生活上不便を感じ、止むを得ず研鑽に努めるにしても、その効果は甚だ少く個人の不幸此上もない。

されば之等のものに對し、成るべく年のゆかぬ間に出來るだけの修養を積むべき機會を與へ、且つ之を奬勵することは、國民敎育上最も重大の事であつて、彼の英國が今回の大戰に於て苦き經驗をなめて、將來國運の發展上、全國民の敎育といふことがその根本でなくてはならぬといふ見地より、從來動もすれば、種々なる事情の下に義務敎育を完了せざりし爲め、一生無學の人として不幸なる生活を續けるものも、少くなかつたことを發見した。そこで第一次には之等の義務敎育を完全に卒へしむる事、所謂新敎育法によつて、滿五歲より十四歲に至る全國子弟に對して一の除外の例なく、身體的又は精神的に缺陷あるものは勿論、家計の困難にして

勞働に從事すべく餘儀なくされる樣な貧家の子弟に對しても、國家及公共團體の協力によつて、完全に義務敎育を終了せしむる手段を講じた。更に滿十四歲以上十八歲に至る一般靑年に對しては、其他の方法によつて、特別に相當敎育を受けたるものを除くの外、全部一年間最低限度二八〇時間の補習敎育を受けねばならぬ樣に、所謂義務敎育制度を施行して、之等の少年子女をして滿十八歲に至るまで、强制的に國民たる素質を養はしむる爲め必要なる修養を遂げしむることにしたいのである。

米國に於ても八ヶ年義務敎育を施行するのみならず、更に中等敎育を新形式の下に國民義務敎育として、一般に普及せしむることに努力して居る狀態である。

斯くの如き際に當りて我國に於ても、多くの子弟が單に六ヶ年の義務敎育を受けるのみで、將來世界の一等國民として活動することは甚だ覺束ない。速に義務敎育年限を延長し、補習敎育制度も之を義務制とすることは甚だ望ましい事である。

斯くの如き事はその國の富の程度並に國民一般の生活狀態に至大の關係があ

るから、之を實現するは容易ではない。そこで斯くの如き缺陷を不完全にても之を滿たして行く方法は、正式の學校敎育卽ち義務敎育の延長、義務補習敎育の施行等の如き手段以外の方法として、不完全ながらもその缺陷を補ふことが甚だ必要となつて來る。これ卽ち大正七年來政府が國民敎養の方針として此の團體の指導を提唱し奬勵して來た所以である。從つて青年團に於ても最も中心となるものは、團員各自が將來家庭の人としても、社會の一員としても成るべく完全なる識見を有し、生活上の手段方法としての技能手腕を磨き、兼ねて共同自治の生活に必要なる習慣と素養とを得しむることが、一大眼目となつて來た。從つて之等團員の補習敎育が、團員修養の中心を爲すべきである。若し青年團體に於て、この補習敎育の施設が充分でなかつたならば、その目的の大半を失つたものと云はなくてはならぬ。

勿論今日に於ては、少年子弟に對する補習敎育に就ては、學校敎育として盛に奬勵せられつゝあるのであるが、必ずしも補習敎育のみに限らず、學校に類似した夜學の制度も亦土地と場合とによつては止むを得ない、又青年自らの經營になる、圖

書館、巡回文庫の方法によつて、各自が知識を研く一助とすることも、これ亦補習敎育の手段である。或は定期又は臨時の講演、或は講習の方法によつて、智識技能の收得に資することも、一の補習敎育の手段でなくてはならぬ。更に進んで或學校又は其他の機關によつて行はるゝ通信敎授によつて、青年自らが修養するも、補習敎育としての手段でなくてはならぬ。

要するに青年各自が、智德と技能の修養に對して不斷に自ら求め、而してこの求めに應ずる方法が講ぜられて居なければならない。若し之等の方法を一も有しないやうな青年團體ならば、そは既に出發點に於て大なる缺陷がある。

此點に就ては文部省に於ても常に奬勵を加へつゝあるが、團體の成績の良否は第一に團員の補習敎育狀況を以て要件としてゐる。此點に就ては既に數回に亘つて述べた學校の擴張、圖書館、巡回文庫の施設、公共講座の制度を盛ならしめ、之等團體員の修養に便せしめるやうにしたいものである。

六、補習敎育機關　補習敎育は以上述べた如く種々の方法手段があるが、就中一定の機關と內容を有して、組織的に敎授する方法が最も大切であるから、事情の

許す限り必ず學校又は之に準ずべき補習教育に關する施設が望ましい。殊に從來或地方に於ては、補習教育の手段として夜學制度を設け、甚だ不完全なる教育を施してゐる樣であるが、これは土地の狀況、青年の職業關係上より來る場合が多いので、斯くの如き方法は最も古い時代の遺物で、今日の補習教育は斯くの如き意味のものでは到底滿足することは出來ない。即ち更に義務教育六ヶ年の効果を延長し補充して行く事を最も重要な目的とするものであるから、必ず補習教育は他の業務を差し置いても、一定時間は之を日中に行ふことが要件である。勿論年中之を連續するは困難であるが、農村地方では農閑の時機、都市では一週に何回とか云ふやうに正式に且つ組織的に教授する制度方法をとらなくては有効ではない。

以上述べた英國の場合に於ける樣な完全なる補習教育が行はれぬにしても、相當の時間を之が爲めに割くことは我國に於ても、必ずしも困難とも考へられぬ。困難とするはその教育の重要なることを自覺せぬ爲めであつて、之は速に實現したいものである。

七、讀書趣味の涵養　次に青年團體に對して奬勵したいと思ふことは、讀書趣

味の涵養と讀書力を增進することである。最早今日では鸚鵡返しに學校で敎師から小供が敎はるやうに、詰込主義では甚だその勞多くして効少きは論ずるまでもない。今日は自學自習の時代であつて、自分で研究すると云へば大袈裟かも知れないが、自分で調べて見やうといふ態度を造ることは、學校敎育に於ても最も重要な問題となつてゐる。勿論自分で調べる爲めには或程度の素養を必要とする茲に於て學校では或程度の詰込も必要である。

然し敎育の大方針は、自分で調べやうとする態度を養ふことでなければならぬ。今は敎育上の問題敎授の方法等を述べるのではないから、之に就ての詳しい意見を申すことは出來ぬが、今後敎育は、かかる態度及精神を養ふことに重きを置かねばならぬ。そこで青年は一通りの素養が出來、又は出來ぬものならば補習敎育に依つて之を造り、成る可く自ら求め自ら調べる方法と便宜とを提供することが大切である。之が爲めには讀書の趣味を養ひ、讀書力を增すやうにし向けねばならぬと思ふ。

此點に就ては、さきに圖書館の場合に於て縷々述べた事で、重ねて茲には論じな

いければども、特に青年の修養上には彼等をしてなるべく便利に且つ愉快に、圖書に親しましめる手段を講ずることは、團體施設の重要なる事項であると信ずる。近來各地方に於ても此點に留意し、夫々施設されてゐるが、只讀書趣味を涵養し讀書力を増進する上に、最も注意を要することは、第一にはその目的に適ふ圖書を撰擇し且つ提供することである。その撰擇に就ては、政府に於ても相當の指導をしてゐるが、地方に於ても地方獨特の事情に鑑みて、施設する所がなければならぬ。又これが便利を得ることに就ても團體自身の及ばぬところは、縣郡市町村等の活動を要望しなければならぬのであつて、卽ち之が具體的には地方圖書館の勃興なることを大なる眼目とする。

これが機運を促進するには、團體の內容は勿論外からも一致協力して行きたいものである。次には團體に於て斯くの如き便利を得るにしても、單に讀むといふ事に止らずして、讀んだものを活用することに考へが及ばねばならぬ。卽ち團員の收得を適當の方法によつて發表せしむるとか、或は他の團員が之を批判するとか或は相互に研究を交換する機會を造らねばならぬ。卽ち讀書會の如きものを

造つて、讀んだものを生して行く方法を設ける事が肝要である。

八、修養に關する會合　次に青年團の爲めに勸めたいことは、團員自身の風紀刷新に關する會合修養に關する會合を定期に催して、常に切磋琢磨するやうにしたいことである。或る地方では青年風紀會、或は青年修養會等の名の下に定期に會合を催して、敎育勅語、戊申詔書、御令旨の奉讀、名士先輩の講演、會員相互の討論等を行ひ、互に相戒め相勵ます機會を造りつゝある所もあつて、之等は甚だ適切なる企であるが、更に之と同時に彼等が日常の生活に於て、青年として守るべき事項を實行して範を他に示すこと、所謂實行條目なるものを設けて、現代に於ける國民生活上の缺陷の矯正、或は改善運動に參加する事を望むのである。

我國民生活に於て改善さるべき事項には、衣食住は勿論、日常社交上の問題に就ても多くある。斯くの如き方面に於ても、青年が相率ゐて之が實行を誓ひ、生活上衞生的方面或は經濟的方面、更に道德上の方面に於て、我國民の弊風と認めらるゝ方面は順次之を撤廢して、他國民に對して耻しからざる生活を實現することに、今日より努力せねばならぬ。斯かる問題に就ても硏究の資料を集めて、會員相互の

實行上に適切なる方法を見出して、極く些細の事でも之を實行してゆく習慣をつけるならば、將來の生活上に大なる幸福を齎らすことゝ思ふ。現に中央に於ける生活改善に關する運動に對して、的確なる智識と之に對する實行的の方法とを研究してゐる青年團體が幾何あらうか、といふことを考へると、甚だ賴み甲斐なき感がする。須らく現代青年は斯くの如き點までも考慮して、その眞純なる青年期に於て一雙眼を有する樣にしたいものである。

要するに上來縷返し述べた樣に、此の團體組織は團體の爲めに出來た譯ではなく、青年各自の修養目的の爲めであつて、その目的を果す上に便利な手段として出來たのであるから、今述べた青年一般の風紀に關すること、日常生活上現れたる缺陷弊風を斷つ點に於て、團體の規約、團員相互の督勵が如何に有力なるかを思はゞ、斯くの如き實行問題は又團體の生命ともいふべく、卽ち團員各自が自己の人格を向上し、生活を改善して行く上に甚だ便利な機關と云はねばならぬ。

故に今我々が社會教育上その急務として、我國民の日常生活に現れたる衣食住並に社交儀禮上の種々の缺陷を絶やすやうな問題は、成るべく團體の問題として

團員各自が之に注意を向けるのみならず、互に協力して之を實現するやうに實行の機運を促進したいものである。

九、自治的團體訓練　次には青年團體に對して提唱したき事は、自治的團體訓練であつて、最早今日の時代は自治の精神を確立するに非んば、其處に國民の進歩發達は到底望まれない。從來動もすれば多數の蔭にかくれて、個人としての責任を自覺することに甚だ疎い習慣が、我國民中にあつたが、最早今日に於ては國家の政治も、一縣一郡の行政も、地方町村の幸福も、懸つて自分一個に存するの考が明瞭であり、一面には自己の義務を感じ責任を果す精神が、總ての幸福と進歩との基礎であるといふことは多言を要しない。斯くの如き自治の精神に富みたるものは、自ら他と協同して從事する上にその效果を大ならしめ、又他人の爲めに自己を犧牲にして公共の利害を重んずることは、當然の結果として現れ來ることである。

卽ち自治的精神の内には、自己の人格の尊嚴を知り以て自己の責務を感じ、濫りに他人を侵害せず、斯くて他と協力し他の爲めに盡す精神が發露し來るのである。

卽ち自立の精神と公共の精神と共同の精神が、一にして多、多にして一であつて、眞

の自治的精神が完成するのである。

今團體の一員として自己の責務を感ずる所に出發して、共同の目的に向ひ、他の團員と協同し他人の爲めに自己を犧牲にする事によつて、玆に完全なる自治的精神が現れ、以て團體そのものが、その目的とする修養を爲し得るものなるが故に、常に青年團體に於ては、その團體の精神たる自己修養の根本目的に立脚して、團體並にその地方公共の爲めに、一臂の勞を惜しまず衷心より奉仕の精神を實現することに努力せねばならぬ。只外面の體裁や青年の元氣よりすることではないので、團體修養の一助として之を行ひ、之に盡す考がなくてはならぬ。斯くして行はれたる自治的訓練は、一面直ちに團體的訓練となつて現はれ、戰時中に於て諸外國の青年が、或は食料の節約、保存の問題、或は軍事公債の募集に、其他各種の後援事業に盡瘁して、共同一致の實を擧げつゝあつたかと云ふことをまのあたり見て、我青年團體に於ても常にその餘力を、社會奉仕の爲めに致す、麗はしき青年の活動が望ましいのである。従つて之が爲めには指導者に於ては、青年の思想問題に留意してその指導を誤ることなく、最も健全なる思想精神の涵養に努めねばならぬ。

るのであるが。果して何づれの說が正しいのであるか遺憾ながら今日に於て之を明かにすることが出來ない。此の上は後世の公明なる史家の判然に任かす外なかろうと思ふ。

第四講

大戰直前の歐洲外交一班

實に一九一四年の危機は前述する如く墺露兩國の塞國問題に關する紛爭の徐々に進展し來つたものであつて、开は當然の歸結であつたには相違ないが、當時何人も斯く急激に勃發しやうとは夢にだも想像しなかつた所である。开は兎に角サラエヴォン兇變は尠からず墺國人心の激昂を來たしたので、墺國政府は直ちにその兇行者の審問を行ふたが、その結果彼等の携帶せる爆裂彈は塞國の一造兵廠より得たる事、此の兇行は塞國の首府ベルグラードに於て計畫せられ、塞國の參謀官一名が之を幇助したる事、兇徒及その武器は塞國復境軍隊及び同國稅官吏の手

を經由し塞國より「ボスニヤ」に護送せられたる事を斷言した。所がその證據書類は別に之を公表しなかつたが、その要點は七月十三日に一定の要求條件を添へたる最後通牒を塞國政府に交附せる時併せてその通牒中に掲載した。

墺國政府は之を交附するに當りて四十八時間を限り諾否の回答を强要し、而かもその通牒中には塞國政府の公表すべき謝罪宣言文案と誓約十ケ條とを掲げてあつたが、斯くの如き苛酷なる要求は古今に類例なきものであつた。

右の通牒は七月廿四日即ち塞國政府に交附したる翌日墺國政府より爾餘の列國にも送付せられたが、同日獨逸政府は列國に向かつて墺匈國の要求を是認する旨を通告し次の如くに曰ふた『墺匈國の所領に係かる南スラヴ諸州を塞爾比王國內に併合するを目的とする大塞爾比運動あるに於ては墺匈國政府が此の要求あるのは洵に已むを得ざる事と認たむ、苟くも墺匈國にして一大國として存立せんと欲する以上はその通牒中に掲載せる條件を以て塞國に迫まり、場合に依つては武力に訴たへてその實行を求むるも亦已むを得ざることであろう。故に獨逸政府は此の問題を以て墺塞兩國間に限ぎり何づれの國にも關係なきものと認た

めんと欲すと。

然るに露國は墺國の通牒が塞國一國のみを目的としたのであると云ふのに同意せずして七月廿四日に同國外相は駐露英國大使に告げて曰ふた。墺國の行爲は挑發的であつて且又不德義である。その要求中の數ヶ條は何人も容認することの不可能なるものに屬する。恐らく墺國は豫かじめ之を獨逸に諮つたのであろう。さなくば到底一國にて斯かる要求を爲し得べきものでない。若し墺國にして塞國に對し軍隊を用ゆることあらば露國も亦動員を命せざるを得ないであろう。

予は貴國(英國)が墺國通牒問題に關して佛露兩國も連帶關係あると聲明せられん事を望む』と。而かして同日露國政府は又墺國政府に通牒して、列國に於て何等か調停の勞を執るべきものとせば塞國に求めたる回答日限は餘りに不足である旨を告げた。更に翌廿五日露國は英國に告げて曰ふた。塞國は審問の上犯罪の證據あるものは之を處罰するであろうが、墺國の要求一切を承認することは出來ないであろう。是れ獨立國の體面として承認すべきものでない。塞國は此の

要求を把て仲裁々判に附託せんとするの意があるやうである。若し然るとせば、露國は英、佛、獨、伊の四列强の仲裁に委托せんと欲す』と。

露國が此の勸告を爲したる當日塞國政府は墺國に回答してその要求中の或る部分は承認するも爾餘の點は海牙仲裁々判所若くは列國の仲裁々判に附託するに異存なき旨を聲明した。然るに墺國は此の回答を以て不滿足なりとし、説明書を發表して詳細に之を反駁し、卽日墺國公使にベルグラード引揚を命じ、七月二十六日陸軍の一部動員を行ひ七月廿八日塞國に向かつて宣戰を公布した。

英國外相グレーは最初塞國問題に關して露佛兩國との連帶關係を聲明するを拒絶したるも、七月廿六日以來四列强協力して墺塞兩國間を調停する目的を以て切りに運動した。すると露國は直ちに之に同意し伊佛も亦同じく英國と協同して調停に盡力すべき旨を聲明したるも、獨り獨逸は之を悦ばず墺露兩國に於て先づ之に同意するに非ざれば正式的干渉は之を行ふべきものに非ずと稱して暗に不服の意を表した。

斯くて露國は七月廿五日動員令を起草したるも未だ之を公布しなかつたが、廿

七日に至り同國外相は塞國問題を露墺間の直接談判に附せんことを聲明した。すると、墺國は最初之に反對したるも後に之を承認し兩國代表者は爾後會談し七月三十一日に至る迄止まなかつた。

墺國が斯の如く戰爭開始に躊躇したのは露國政府が七月廿八日附を以て獨逸に告ぐるに露國は七月廿九日を以て露國南部諸軍管區に動員令を公布せんと欲する旨を以てしたるが故であつたらしく思はるゝ。依つて墺國は稍その態度を和らげ塞國の領土保全と獨立とを尊重すべき保證を爲すべき旨を申出でたのであつたが、露國は之を以て不充分なりと爲して敢へて應じなかつた。

露國は終始事件の解決を妨碍する根本は獨逸であると確信して居たので、獨帝が七月二十八日乃至卅一日に露帝に電報を發して平和的解決を懇請したにも拘はらずその確信を變じなかつた。斯くして、獨逸は七月廿九日英國に告ぐるに露國の動員は事態を險惡なしむるものである、加之佛國も亦戰備に汲々として居る、事既に玆に到つた以上、獨逸も亦佛國に對する對抗手段として戰爭危機の逼迫を公布せざるを得ないとの旨を以てした。その實獨逸の戰備は既に七月卅日頃に

は豫備手段以上に進行して居たのである。尤も之より先き七月廿七日に獨逸は英佛露三國に向かひ、若し露國にして動員令を行はゞ、獨逸も亦佛露に對抗するが爲めに動員を行はざるを得ざるに至たるであろうと云ふ警告を發して居る。而して之に對し露國政府は同月回答して露國は動員を行ふも決して獨逸を目的とするのではない。然かも此の動員とても墺國軍隊が塞國に侵入しない限り之を行ふの意がないと辯解し、次で七月廿九日卽ち露國が始めて南部の諸軍管區に動員令を公布したる日に重ねて獨逸に請求するに獨逸が英國の發議せる四國會議に參加せんことを以てした。然るに駐露獨逸大使は此の要求を峻拒し、且つ曰ふやう、露國は未だ動員令を下さないと稱するもその實旣に遠く進行中であると思ふと。要するに露獨兩國の何づれが先きに動員を行ふたのであるかは、多少今日に於て疑問とすべき餘地がないでもないが、旣に此の時兩者に戰爭の覺悟のあつた事は否定することが出來ない。

斯くて七月三十日墺國は露國との會談進行中にも拘はらずベルグラード砲擊を開始し、翌七月卅一日露國は遂に全國に動員を令し、八月一日佛獨兩國も亦共に

同一の措置に出でたのであるが、獨逸は露國に最後通牒を送りその動員を中止せんことを强要し、別に佛國にも最後通牒を送りて獨露開戰の場合には如何なる方針に出るかを問ふた露國が今更獨逸の要求を容るゝ筈もなければ、佛國も亦此の時旣に露國を援けて起つの決心の臍を固めて居たのであるから何條斯かる獨逸の問に對して回答を與ふべき道理がない。されば獨逸が之を以て宣戰の口實を得んとした事は固より明瞭である。

實に七月卅一日乃至八月一日は歐洲禍亂の分れ目の時であつた。英國は此の前日迄も尙調停運動に餘念なかつた如く見へたが、その間突如獨逸は英國に向かつて獨佛開戰の場合英國の中立を求むるの目的を以て申入るゝ所があつた。是は卽ち七月廿九日の事であつたが、獨逸は英國に告ぐる。若し英國にして中立を守らばその報償として獨逸戰捷の曉には佛國の領土を割取することなきを證言すべしとの旨を以てした、けれども獨逸は佛國の殖民地に就ては斯かる證言を爲すを肯へんせなかつたと同時に白耳義の中立を尊重するの證言を爲すことをも肯へんせなかつた。

英國は七月卅日を以て獨逸に斯の提議をば拒絕したるに、八月一日獨逸大使は私人の資格を以て獨逸が白耳義の中立を侵害せざる條件として英國が中立を守られんことを請ふた。然るに英國外相グレーは之に答へて曰ふやう。英國の手足は曾て何國にも拘束せられたることがない。而かも斯かる條件にては中立の約束を爲すことは出來ないと。

此の間英國は佛國よりの通告に接した。それは佛國が獨露戰爭の曉には中立を守ることが出來ないと云ふのであつたが、七月三十一日英國は更に佛國より開戰の場合英國は佛國に加祖するや否やとの問合に答へて英國は今日の所何等の證言をも爲すことが出來ないと聲明し、尙同日獨佛兩國に向つて白耳義の中立を尊重すべき約束を得んことを要求した。すると獨國は曖昧なる答言を爲したばかりでなく、八月二日にはその軍隊をルクセムブルグに入れた。玆に於て英國は愈々決心を定めたものと見へて佛國に向ひ若し獨逸艦隊が佛國沿岸を攻擊し又海峽若くは北海に於て佛國船舶を攻擊することあらば英は佛を助けて之を防禦すべき旨を通告した。

その後二日卽八月四日白耳義國王は英國皇帝に電報を以て獨逸が無法にも白耳義領內にその軍隊を通過せしむるの認許を强要し來りたるを以て英國が白國の中立を保護する爲めに外交的干涉に出でんことを懇請した。依つて英國外相は駐獨英國大使に訓令して獨逸の英國と共に締盟せる條約に違反したる行爲を不都合なりとし、卽刻白國通過の請求を撤回せんことを要求せしめ之れと同時に白國政府に向かいてその國力を擧げて飽迄も獨逸の侵擊に抵抗すべしと忠告し又英國は佛露兩國側に加はり白國の中立を保護すべき旨を通告した。

獨逸外相ヤーゴウは英國外相の抗議に接すると、重ねて英國の中立を買はんとして必死の努力を試みたるもその效がなかつた。而かして此の日卽ち八月四日獨軍は旣にゲンメニヒに於て白耳義領內に侵入したので、英國は遂に抗議を變じて最後通牒とし、同日午後十二時を限り獨逸より白國の中立尊重に對する證言に接せんことを要した。然るに獨逸は之を以て英國の對獨宣戰の布告なりと爲し之に應じなかつたので翌朝英國大使は白國公使と共は伯林を引揚げ、玆に英獨兩國も亦遂に交戰狀態に入つたのである。

斯くの如くにして今次の歐洲大戰の勃發を見るに至つたのであるが、その戰爭の經過並に戰時中に國際關係等は玆に省略することして、是より大戰の齎らせる世界の變局に就て逐次述べやうと思ふ。

第五講

露國革命とロマノフ帝國の崩壞

今次大戰の副產物として世界の變局に頗ぶる重大なる意義を有するものは露國の革命であるが、實に露國革命は佛國大革命にも劣らぬ世界史上特筆すべき一大事變であつた。蓋しその結果さしも强大を誇りたるロマノフ帝國も一朝にして土崩瓦解し、混沌として收拾すべからざるの無政府狀態を現出するに至つた。是は何人も意外な感を禁じ得ない所のものであるが、されど又深くその由來する所を極めて見ると露國の今日あるは當然の過程であつて何等之を奇とするに足らないのである。要するに露國の革命は人爲的云ふよりも寧ろ自然的と評さる

のが至當であつて、早やかれ晩かれ一度は斯かる國家的破壞は避け得られなかつたのである。

本來露國は此迄も世界のスフインクス即ち大なる謎の國として知られ、その正體や眞相が何人にも不可解であつた。されば露國の前途に對して樂觀するもあれば、悲觀するものもあると云ふやうな次第でその見解が區々であつた。そして又兩面の女神即をヤーヌスとも呼ばれて居た。それは何故かと云ふと露國が地理上歐羅巴と亞細亞との兩大陸に跨がつて國を成して居たので自然その文化の如きも二樣に分かれ、即ち一面は歐洲的であるが他の一面は亞細亞的であつた。是れぞ二重生活とても言ふべき大なる矛盾を表示して居るのであるが萬事が綜べて此の調子で、矛盾撞着實は露國の特徴であつた。

加之露西亞は種々の民族より成る集合的國家であつて、一の國家と云ふよりも寧ろ一の漠然たる世界と名づくのが適切であつた。それと云ふのは漸次四方の國民を征服して出來た即ち「遺産の集團」に外ならないからである。尤もその民族中で露國の中堅を成して居るのは普通露西亞人として呼ばるゝスラヴ民族があ

つて總人口の過半數を占めて居る。されど是れとても大露西亞人、小露西亞人（一名ウクライナ人）及白露西亞人の三種に分かれて居る、而かも互に相反目し呉越の思を爲して居ると云つたやうな次第に、此の外に人種宗教言語風俗を全く異るする種々の亞細亞民族や異教徒が住んで居る。隨がつてその文明の要素も異なつて居れば、文化の程度も亦非常なる異同がある。されば譬へて言ふと、丁度船舶の遲きものと早きものとを同時にその步調を整へて進ましめようとすることが如何に聯隊司令官に取て至難であるかゝ容易に推測し得らるゝと同樣に露國の爲政家が斯かる複雜せる幾多民族の文化を齊としく發達せしむることが容易の業でなかつた事も之を諒とすることが出來る。

斯くの如く國家的統一なく國民的結合力の全然缺如して居る露國が兎に角今日迄世界的一大帝國として存在し來つたのは確かに世界の奇蹟とても謂ふべきであるが、是は畢竟ロマノフ朝の專制政治とその武斷主義との强大なる鐵の鎖を以て以て征服せる諸民族を離れぬやうに堅く縛ばり付けて居たからである。所が此の鐵の鎖も革命てふ恐るべき火の力の爲めに切斷せられたのであるからそ

の分裂解體を見るに至つたのも蓋し理の當然であると謂はねばならぬ。

　更に又此の革命の由來する所に就て究めて見るに、开は決して一朝一夕の故ではなく而かも種々の原因の存するのである。今少しく之に就て說かう。

　露國は過去の二世紀卽ち十八乃至十九世紀の二百年間に於て實際平和無事の年と言へば僅に七十二年しかなかつた。そしてその餘の百二十八年と云ふものは、全く戰爭の爲めに費されたのであつて、實に前後三十五回の戰爭を行ふて居る。而かも开は他から餘儀せられたのでは素よりなく、自分の領土慾より他國に向かつて戰爭を挑發したのであつて純然たる侵略主義の爲であつた。その結果擴張した國境の延長は一萬七千方哩、卽ち瑞典方面に一千哩、獨逸方面に七百三十八哩墺匈國方面に六百九十四哩土耳其方面に四萬六十六哩波斯方面に千三百十三哩阿富業斯坦方面に千二百五五十八哩最も大なるのは支那の六千哩である。之が爲めには無慮約三百萬の人命を犧牲に供したのである。斯くの如く絕へず戰爭を是れ事とて居たので之が爲めに國家の資源は著るしく消耗せられ、又領土の擴展に伴ひてその經費も甚だしく增加したのである。それ故に內政の改善や敎育

或は衞生等に對して十分にその費用を支出することが出來たかつたのも無理もない話である。

所で侵略や戰略の爲めに直接非常な災厄を蒙むつたのは農民や下層の一般民衆であつて、之に反して莫大の利益を穫得し漸次その資産を高かめ或は又一代成金となつたのは主として貴族社會ばかりである。今その一適例を擧げると日露戰爭の如きも露國の皇族や當路の大官或は貴族が之に依つて一大福利を得んと欲して企圖したものとして知られて居るが、その某々大公の如きは滿洲軍クロパトキン將軍に向かつて送られた軍需品その他の物品を途中で橫奪し之を奸商に賣拂つて莫大な金を着服したと云ふ事である。斯くの如き事實は單に日露戰爭に於てのみ見るのでは決してない、クリミヤ戰爭にしても露土戰爭にしても近くは又今次の大戰にしても同樣で種々醜劣なる行爲が裏面に於て皇族か大官の內に行はれたのである。斯かる次第であるから一般民衆からして皇族や貴族が憎まれたり怨まれたりしたのも尤もな話である。

加之又露國には賄賂が公然行はれて居てナチヤイ（卽ち茶代の意義しの名の下

に普通官吏が何事に付けても賄賂を取らずには措かない。それと言ふのは彼等の待遇が甚しく悪いからで最下級の者になると月俸僅に五ルーブル即ち邦貨の五圓あまりで、小學校長が二十ルーブル位である。それ故どうしてもナチャイを取らなければ活計が立往かない。所が高位高官のものになるとその正反對で俸給の額が非常に多い。それでも矢張他の下級官吏同樣に盛んに收賄もすれば官金消費もやると云つたやうな譯で要するに露國の官僚生活は弊害百出殆んど腐敗の極に達して居た。

それに又農民となると實に悲慘なもので、一八六一年迄は農奴と云ふものが存在して居て、その地主なる貴族から家畜同樣に取扱はれて居た。それ故百姓一揆の絕へる日がなかつた。即ち一八四〇年乃至四十四年の五年間にその一揆が百一回、一八四十四年乃至四十九年に百七十二回一八五〇年乃至五四年に百三十七回に起つたやうな次第である。尤も農奴解放以來は斯かる一揆も自然少くなつたもの丶、それでも一般農民は依然憐れむべき生活を營なんで居たのである。隨がつて彼等の道德觀念の如きも頗る低級で、而かもその最多數は全たく目に一丁

字もない無教育者である。而かも斯かる農民が總人口の八割强を占めて居ると云ふのであるから、露國發達の遲々たるのも怪しむに足らない。

所で又露國の財政は如何であるからと云ふと常に紊亂勝で、之が爲め政府は國庫の缺乏を補ふ爲めに無暗に外債を募集し、大戰前に於てその額が九十八億ルーブルの巨額に達し世界第一の借金國として知らるゝに到つた。それとてもその整理の方法が宜しきを得たならば別に財源が乏しいと云ふ譯でないのであるから必らずしも悲觀すべきもなかつた。所が政府者は未だ曾て財政の整理などを實行した事がなく、而かも好んで侵略的戰爭を敢へてし益〻國庫の窮乏を加ふる一方であつた。故に識者間には到底露國の破產は免がれないであらうと云ふ說が行はれて居たが、事實近年至つてその危機が日に切迫しつゝあつた。所が偶ま今次が大戰が起り三年間に三百億ルーブルの戰費を支出したので、遂に破產同樣の狀態に陷りとても戰爭繼續の不可能なる所から政府者は獨逸と米獨講和を結ぼうとしたのである。そこで遂に革命の勃發を見たやうな譯であるが要するに露國の財政上破綻がその帝國の崩壞を來たすの一禍因を成したのは否定すると

性、法性、法界に遍くして別あるにあらず。自身他身一如として平等である。佛と云ひ、神と云ふも性相の互體のみ。内と云ひ、外と云ふは心を忘れて差別を見るからである。我が朝は、これ神國である。神を崇るを以て朝務となす。我が國は又佛地である。佛を敬ひて以て國政をなす。これを以て垂仁天皇より以來敬神祭祀の勤めを怠ることなく、欽明の聖代より此の方、佛に歸し、法を信ずるの儀最も盛んであつた。これによつて國鎮まり、人康きを得、敵國我を侵す能はず、賊臣國を傾むくることなし。これによつて東は肅愼を平げ、北は高麗を下し、西は新羅を虜にし、南は呉會を臣となし、三韓は入朝し、百濟は内屬せり。范史は我を君子の國と云ふ。唐の皇帝、我が皇帝の尊きを推す。而して今百王の流れ末に臨み、十善の徳漸く衰ふ。上は聖明の君に値ひ難く、下は忠直の臣を得ること希である。神を祭るるの禮名あるも實なく、佛に歸するの願も眞少くして僞が多い。國患頻出して重く、上闇ふして下諛ひ、朝の賞罰に誤が多い、これを以て諸の宗佛悉く衰ふ。諸社の祭禮行業皆甚だ疎んぜらる。善弱くして惡强く、邪顯はれ、正陰る。遂に佛法王法ともに煙滅せんとす。畿内幾外ともに荒廢して

居る、豈これを愼まざる。否寧ろこれを悲まざるか。この故に厩宿皇子の本紀を拾ひ、大舍人親王の雅訓にまかせ、相承の祕傳を殘らず曇春禪師に授け奉り畢る。

時に嘉暦三年九月　金剛佛子劔阿

さて劔阿が此の奥書を記載した時代は世大いに亂れて南北兩朝に別れんとする時であつた。卽ち彼は時勢を慨し、國家風敎の地を拂へるを悲み、これを救はんが爲めに日本書紀相承の祕傳を殘らず僧曇春に授くといふ。其忠精や眞に敬すべきである。今日我々日本人たるもの此の奥書を一讀して大いに鑑みる所がなければならぬ。

尙ほ鎌倉時代の垂迹說について特に注意すべきものは日吉山王、天野宮等の發達である。

地主の神として傳敎大師の開基以來重んぜられた大比叡の神卽ち日吉神社は時代を經るに從つて益々佛敎と習合せしめられたのである。はじめは卽ち佛敎布敎のため實際上の必要から出發したのであるが、此の時代に於ける叡山僧侶の地主神に對する態度を一言にして盡せば、天臺宗保護の善神であるといふことを

宣傳するやうになつたのである。此の態度が基礎となつて本地垂迹說が達成されˎ所謂山王一實神道の發達をなしたのである。

さて先づはじめの頃はˎ日吉神社を單に山王と呼ぶやうになつた。山王といふはˎ山神ˎ山祇ˎ山靈などいふ意味であつたがˎ次第に此名稱に深い神秘的意義を附するやうになつた。卽ち彼等は山王といふ文字から推考して三諦卽一ˎ一心三觀ˎ一念三千の意を寓せしめんとしたのである。山の字の竪の三畫は空ˎ假ˎ中となし横の一畫を卽ち一となすのである。又王の字の横の三畫は三諦を標示するものとなしˎ竪の一畫は又卽一をあらはすものとす。要するに山王の二字はともに三畫にして一貫の象を持つて居るからして天臺宗の根本敎理一心三觀ˎ一念三千を標象するものとなすのである。此の思想は傳說によると傳敎大師の頃から發達して居つたやうに書いたものもあるがˎ無論そんなに古い思想でないことは既にもいつた通りでˎ鎌倉時代の末になつてから發達した思想であることは疑ふべからざることと思ふ。

弘法大師の眞密卽ち高野山の眞言宗と天野宮との關係もなか〳〵古くから傳

へられて居る。即ち弘法大師開基の當初から密接な關係のあつたことは既に述べたのであるが、垂迹説の出來上つたのは、矢張り鎌倉時代以後のことであつた。さて當時一般に信せられ、且つ主張せし所は、大師御手印の境界は高野明神の本願によつて寄進せられたもので、明神は大師登山の日、人體を現して之を大師に附囑せられ、爾後永く一山の山王として十二王子、百二十伴侶を率ゐ、日々夜々當山を守護せられて居るといふのである。天野社即ち丹生明神の垂迹説はこの信仰を基礎として發現して居るのである。而して野山の垂迹説の要素は高野明神を金剛界大日如來の化現となし其御子神を胎藏界の大日に擬した點にある。即ち眞言宗教理の要素である金胎不二の説に關係を結び付けたものである。

其他此の時代の垂迹説について注意すべき神社は八幡宮、伊勢神宮、熊野、春日等あるがこゝには省略して置く。

第五節　足利時代以後に於ける神佛習合思想

足利時代に吉田兼倶が現はれ、唯一神道を大成する以前に於て注意すべき二人の學者がある。それは即ち後醍醐天皇の御代に現はれた南朝の忠臣北畠親房卿

と、後花園天皇の文安四年足利義政の時に關白となつた一條兼良とである。

先づ北畠親房は神佛に對して何《どう》いふ見解を持つて居つたであらうか。彼は關東の一角關の城に籠り、孤軍奮鬪の中に於いて彼の有名なる神皇正統記を書いた。これによつて彼は大いに我が皇統の正閏を辨じたのである。彼は武を以て君に忠を盡すと同時に筆を以て大いに國體の宣傳に力め、勤王の説を唱へたのである。親房は學問該博、神儒佛三敎いづれに就ても造詣する所が頗る深かつた。後世の勤王論が神皇正統記に負ふ所は決して輕んずべきものではなかつたのである。姉崎博士は親房卿についてかういふ説を發表されて居る。『親房が神皇正統記を書いたのは世の變遷を書くといふだけの意味ではなく、皇統の由來する所を明かにして、正閏の分を明かにし、正しき道を天下後世に傳へたいといふ意味が中心になつてゐるので、一種の發願であることは明白である。（中略要するに親房卿は歴史によつて日本の精神大義を顯はし、國體の説明には神道を根本として佛敎と儒敎とは之が副となつて三つの道が一つになつて此の日本の國土を作つたものであるといふ意味を天下後世に書き遺さうといふ考から來たのである、』又親房自

身が親しく語る所はかうである。『君も臣も神明の光胤を受け、或はまさしく勅をうけし神達の苗裔也。誰か是をあふぎ奉らざるべき。此の理をさとり、其の道にたがはずば内外典（佛典を内典といひ、儒書を外典といふ）の學問も爰に極まるべきにこそ。されど此の道のひろまるべき事は内外典流布の力なりといふべし。魚をうる事は綱の一目によるなれど、衆目の力なければこれを得る事かたきが如し。應神天皇の御代より儒書をひろめられ聖德太子の御時より釋敎をさかりにし給ひし。是れみな權化の神聖にましませば。天照大神の御心をうけて我國の道をひろめ、ふかくし給ふなるべし』

これによつて考へるならば、彼親房卿の理想は、佛敎たると、儒敎たるとに論なく若しそれが我が國固有の神道を中心とする我が國體の發達と國民の幸福とを增進するに足るべきものであれば大いに攝取して我が國體を隆盛になし、國民生活を豐富ならしめなければならぬといふ考へであつた。故に其の態度は固陋に陷らず、洵に自由であつた。此の外彼は色々重要な書を著はして居るが、『東宗祕傳』といふ書に於ては儒佛陰陽の理を以て日本書紀の神代卷を解釋して居る。

兼良より少し前に忌部正通の出たことも一寸言つて置きたい。彼は後光嚴天皇の貞治年間に「神代口訣」五卷を著はして神代卷の注釋をしたのである。儒學に基いて說をたてたる點が多いが、佛說を交えて居る所も少くない。

一條兼良は關白經嗣の子で、彼も攝政大政大臣を經て關白となつたのであるが、彼の神道に對する態度は北畠親房卿と同じである。卽ち彼の神道說を見るべきものは、其の著「日本紀纂疏」である。此の書今傳はるものは唯神代卷だけである。其中には天御中主尊を大梵天に擬して娑婆世界の主であるとし、或は神道に六道四生、又は三世ある事を說いて居るが、其の態度はあくまでも神祇本位で全く親房卿の系統に屬する學者であつた。

唯一福道

佛を本とし、神祇を末とする本地垂迹に反抗せんとする思想が、室町時代から戰國時代へかけて漸く行はれるやうになつた。唯一神道は此の傾向に乘じて起つたものである。

後土御門天皇の延德の頃、卜部兼俱が其祖先卜部兼延の名に僞托して唯一神道

名法要集を著はして唯一神道を創めたのである。唯一の義は法華經に唯一乘の法なり、二無く亦三無しと云へる言葉から取つたとも、或は孝德紀の詔に帝道唯一とあるものによつたのであらうと云ふ說もある。卜部兼倶は吉田神社の宮司であつたから吉田神道ともいふ。兼倶は資性才學あり、屢々宮中に召されて神書を講じ、公卿に昵近する機會が多かつたので、吉田神社を以て天下諸社の上に置かうと企てた。そこで彼は一策をめぐらし、豫て造營して置いた神樂岡の齋場の上に、延德元年三月二十五日の夜風雨雷鳴黑雲八流を現して一靈物を降し、又十月四日の夜に一流の圓光が降り神器が多數出現したといふ事を密奏した。唯一神道は卽ちかくの如き策を敢へてした所の兼倶によつて創められたのである。彼の著述として主なるものは神道大意、神道私顯抄、神道由來記(卜部兼直に假托したもの)唯一神道名法要集(卜部兼延に假托)等である。

さて兼倶の神道說を詳しく知るには唯一神道名法要集や、唯一神道大意に依らなければならぬ。然し茲には其等の書について細說することは出來ないから唯彼の神道說の大體の傾向を察するために德川時代に林恕の著はした「日本王代一

覽」に述べて居る所を引用して置く。 彼曰く『唯一神通は新に佛神不二の法を編立て、表をば神道めかしく飾り、裏には佛道を取り込み、世を誘ひ申候。 むかし最澄、空海は神道を借りて佛道を弘通し、今は兼倶佛道に付て神道を興さんとす。 盛んなるものによらざれば其の道行はれ難きによりて如斯に御座候。 其の後彌々家風を弘めんと妖術を學び、延德元年三月二十五日夜に兼て構置し所の神樂岡齋場に風雨雷鳴を現して云々(中略)」 卜部の由緒大概かくの如く神佛混合して建てたる道ゆへ最澄空海とは表裏のたがひのみにて趣意は同樣に御座候。 最澄、空海は佛道を表にし、神道を裏にし、兼倶は神道を表にし、佛道を裏にしたるものに御座候』と。 唯「一神道名法要集」の開卷先づ兼倶は神道を三種に別けて居る。 第一に本迹縁起の神道といふものを擧げ、其性質を明說して次の如く言つて居る。 某宮某社に化現降臨勸請以來縁起の由緒に就て一社の祕傳を構へ口訣の相承を以て累世の祠宮と稱し、本地の法味を修め内は清淨の敎理に准じ、祭祀の禮奠を捧げ、外は清淨の儀式を備ふ。 之を本迹縁起神道又は社例傳記の神道ともいふ。 第二を兩部習合の神道といひ、傳敎、弘法、慈覺、智證の四大師の意とする所。 故に大師流の神道

ともいふと說明して居る。第三を元本宗源の神道と稱し、我が國開闢已來の唯一神道であると言つて居る。之を說明して曰く、元は陰陽不測の元元、本は一念未生の本本であると、更に頌を作つて元元《トシ》入《ハシメテ》元《リ》初。本本《ニトシテ》任《カス》本心《ノニ》と言つて居る。又宗源を釋して曰く、宗は一氣未分の元神なれば、萬法統一の元初に歸するをいふ。源は和光同塵の神化なれば一切利物の本基を開くを源といふと論及して居るのである。

山王一實神道

德川時代になり僧侶の神道說として最も注意に値ひするものは山王一實神道である。此は即ち天台宗より出て居る神道說である。而して其敎義は明瞭を缺いて居るけれども要するに神道を天台の敎義に調和せしめたものである。即ち法華一乘の原理とする三諦即一を以て說明して居る。此の思想は既に鎌倉の末頃から天台宗の僧侶によつて唱道されつゝあつたことは鎌倉時代の所で述べて置いたのであるが、德川初期に於て天海僧正は大いに又此說を唱道したのである。即ち三諦即一の原理を以て、互に神佛一致眞俗不二を說きしものゝやうである。要するに天海僧正は山王一實神道を以て佛法の異名となし、一切天神地祇の本體

であるといふやうな説を持つて居つたものと思はれる。

さて德川時代が落付いて太平の世となると同時に文藝復興の氣運に向ひ、德川幕府が儒學を大いに奬勵した結果、神道も亦儒敎と結び付き、佛敎を排するといふやうに時勢が變つた。即ち朱子學者として知られて居つた山崎敬義（闇齋）の唱へた垂加神道は宋儒理氣太極の説と陰陽五行とを以て神代史を解説せんとした所の神道説である。又德川時代に伊勢神道を復興した度會延佳《ワタラヘノブヨシ》の如きも神儒習合説を唱へ佛敎を排斥して居る。又白河家から出て居る伯家神道も大體に於て宋學の理氣説などから脱化したものである。

此外に神儒一致説を唱へた著名な學者には神社考の著者林羅山を始めとし、德川義直、淺見綱齋、三宅觀瀾、若林强齋、雨森芳洲、太宰春臺、熊澤蕃山など其の重なるものである。

かくの如く神道は始めは佛敎と結び、後儒敎と習合されたのであつたが、德川時代の中期頃から此等に反對して所謂惟神《カンナガラ》の道を高唱したものがある。其は即ち復古神道で元祿十四年に六十二歳を以て終つた契冲をはじめ其以後の國學者に

よつて盛んに主張されたのである。彼等は皆國學の研究によつて直ちに上代の思想を研究し、これを憧憬し大いに國家的自尊心を鼓吹したのである。其重なる學者は荷田東麿、荷田在滿、賀茂眞淵、本居宣長等の國學者であつた。之を要するに德川時代に於ける儒學者や國學者が互に他を排して論議に時を空過したことは今日から見れば偏狹と云はなければならぬ。佛教も儒教も我が文化の向上に資した點は決して沒却することは出來ない。吾人は我が國體の理想を中心として佛教及び儒教によつて我が精神文化の向上を計ることは今後も大いに必要であると信ずるもので、此の見地からして吾人は南北朝に現はれた親房卿の態度を以て賢明なるものと信ずる。

第五章　神道と陰陽道との關係

神道と陰陽道《オンヤウダウ》との關係を述べる前に我が國に於ける陰陽道の沿革について少しく研究して置かなければならぬ。

日本書紀によると、推古天皇の十年に百濟の僧觀勒が遁甲方術の書をもたらし、

大友高聰等をして之を習はしむとある。これ即ち陰陽道の傳來を語るものであるが實際に於ては此よりもさき既に輸入されて居つたのであらうと信せられる。我が國が大陸文化に接觸したのは、これよりも遙か以前のことであるから儒教や道教と共に此思想も輸入されて居つた事であらうと想像される。其の後天武天皇の御世には既に陰陽寮といふ役所が出來て居つた(日本書紀卷二九)。又持統天皇の時代には僧にして陰陽博士であつた者もある。次に大寶令《タイホウリヤウ》は大化以來の諸制度を大成したものであるが、此の中には立派に陰陽寮が加へられて居る即ち大寶令の官制によると、陰陽寮は中務省に屬して居るものであるが、中務省といふは至尊に侍して其の儀禮を相け、可を献じ否を却け、詔勅の文案を審して覆奏し、上表を納れ、國史を監し、女王及び內外命婦官人の考叙を知り五位以上の位記を掌る所の役所であつた。さて此の役所に附屬して居る陰陽寮の職務は天文曆數、風雲の氣色、及び怪異の事につき密封奏聞することであつた。而して又陰陽寮に屬して居る陰陽師《オニヤウシ》は占筮、相地のことを掌つて居つた。(令《リヤウ》の義解《ギゲ》參照)

平安朝に入り醍醐天皇の御代に撰集された延喜式によると陰陽寮は又新年に

害氣を鎭める式に關係して居る。卽ち豫め害氣のある所を勘錄し、官人陰陽師を率ひて其の所に鎭所を設け、五位以上の官人及び宮人等杵を執りつゝ「害氣消除人無疾病。五穀成熟」云々といふ咒文を唱へるのである。

毎年十二月晦に宮中で行はせられる除夜の追儺にも陰陽師は祭文を讀む。此の時は大舍《オホトヨリ》が方相氏となり、四目一角の假面を被つて疫鬼を逐ふ儀式を行ふ。此の時に陰陽師は次の祭文を讀むのである。

今年今月今時。時上直府。時上直事。時下直府。時下直事。及山川禁氣江河谿谷二十四君千二百官。兵馬九千萬疋已上音讀大宮內《オホミウチ》爾《ニ》神祇官宮主《カムツカサノカムヌシ》能《ノ》伊波比《イハヒ》奉《マツ》里《リ》敬《ウヤマヒ》奉《タテマツ》留《ル》天地《アメツチ》能《ノ》諸御神等《モロモロノカンタチ》波《ハ》平久《タヒラケク》於太比《オホヒ》爾《ニ》伊麻《イマ》佐布倍志《サフヘシ》登《ト》申《マヲス》。事別《コトワケテ》氏詔《ノタマハク》久穢惡《ケガレアシキ》伎疫鬼《エヤミオニ》能《ノ》所所《トコロドコロ》村村《ムラムラ》爾《ニ》藏《カクリ》里隱布留乎波《カクフルヲバ》千里《センリ》之《ノ》外《ホカ》。四方《ヨモ》之《ノ》界《サカヒ》。東方陸奧《ヒカシノカタハムツ》。西《ノ》方遠值嘉《ハトホキチカ》（值嘉は肥前國にある）。南方土佐。北方佐渡與里《ヨリ》乎知《ヲチ》能《ノ》所乎《トコロヲ》奈牟多知《ナムタチ》。疫鬼之住《スミカ》加登《ト》定賜比《サダメタマヒ》行賜《ヲコナヒタマヒ》氐《テ》。五色寶物《ゴシキホウモツ》海山《ウミヤマ》能《ノ》種種《クサグサ》味物《アジモノ》呼《ヲ》給《タマヒ》氐《テ》罷賜《マカリタマフ》布所所方方爾急《キユウニ》爾罷往《マカリユク》登《ト》追給爾詔登挾《ハサミテ》奸心《カタマシキコヽロ》氐留《トヾマリ》里加久良波《カクラハ》。兵氐追走刑殺物《ツミナヘモノ》曾登《ソト》聞食《キコシメス》登詔《トノタマフ》。大儺公《オホナノキミ》小儺公《コウナノキミ》持五

藤原時代の風俗を書いた拾芥抄などを見ても陰陽道の禁忌に關する迷信が既に極めて廣く民間にも行はれて居つた樣子が察せられる。たとへば、十三、二十五、三十七、四十九、六十一、八十五及び九十九歳の厄年には陰陽師に祓をさせ、或は金神七殺といつて其の歳によつて此の金神といふ神の方角に向つて土木《フシン》を忌むが如き類の迷信が盛んに行はれた。

陰陽寮は其の職務の一として占をやつた。陰陽師の占は主として周易により蓍を使ひ、或は式を用ひた。式といふは、吉凶を推考する器の名で、十二辰が刻してある。(唐六典參照)。其の餘は六壬占によつた。六壬占は星辰月日を計へて占ふのである。

宇佐八幡宮の如き重要なる神社の樹が俄かに枯れたり、或は又官寺に蟲の集るやうな怪異のあつた時は、朝廷に於ても之を凶徵と認め陰陽寮をして占はしめた。然し陰陽師だけに占はしたのではなく、此と同時に神祇官の卜部《ウラベ》をして占はしめた。そうして若し陰陽寮と神祇官の占に相違のあつた時は神祇官の占によられたのであつた。此の點は特に注意すべきことである。然し陰陽道の占もなかな

か重んぜられ、民衆的には却つてより廣く社會に行はれるやうになつた。

元明天皇の和銅七年には新羅に留學し、占術に長じて居つた義法といふ僧侶を還俗せしめ姓名を賜ひ、大津首《オヒト》といひて專ら此の術を用ひしめられた事が續日本紀に記載されて居る。平安朝時代になつてからは地方に於ても段々陰陽師の必要が起つたので朝廷から陰陽師を派して每に吉凶を判せしめられたのである。此の事は當時の太政官符を見ると、よく解るのである。(類従三代格參照)

其後民間に於ても僧侶にして紙冠を戴き、陰陽道を以て業となすものが現はれて來た。

宇治拾遺物語卷十二に次のやうな語が出て居る。內記上人、法師陰陽師の紙冠を破りし事、

內記上人寂心といふ人ありけり。道心堅固の人なり。堂を造り塔をたつるは最上の善根なりとて勸進せられけり。材木をば播磨國に行てよられけり。こゝに法師陰陽師紙冠をきて祓するを見つけて。あはてゝ馬よりおりて、はしりよりて、なにわざし給ふ御房ぞととへば、祓し候なりといふ。なにしに紙冠を

曹洞宗の安心

前曹洞宗大學敎頭　山田孝道

一、禪　宗

曹洞宗の話をするに就ては、勢ひ禪宗とは如何なるものであるかと云ふことから先に話さねばならぬこととなる。それで此の禪宗なるものは御承知の通り印度から支那に傳つたものであるが、それも俺れが禪宗なるものを傳へるぞとか開くぞとか、始めから名乘を擧げて宣傳せられた祖師方は一人も無いのである。然るに後世に至つて、佛敎を修行する者が、分業的とでも云はうか、一部々々宛を修行するやうになつて來たので、經部を主とするものを經師と云ひ、論部を主とするものを論師と云ひ、律部を主とするものを律師と云ひ、禪を主とするものを禪師と呼ぶやうになり、隨つて又その人達の修行する道場を敎院、律院、禪院と稱するやうに分れて來て、敎家に對して禪門と云ふやうな名稱も起り、それが段々と分れて、華嚴

だとか、天台だとか、三論だとか、法相だとか云ふ風に、各その専門とするところを異にする、隨つて種々な名稱が起つたのである。禪宗も亦坐禪を専門にして居ると云ふので、世間から彼れは禪宗だと名付けたまでで、禪宗の祖師方は決して俺は禪宗であるとか、俺れは禪宗を弘めるとか、自ら名乘られたものではない。

二、曹洞宗

かう云ふ風にして禪宗なる名前が出來、それから曹洞宗と云ふ名前が出來たのである。始め禪宗なる名前が出來、その禪宗が漸次發達して其の中に種々な系統が出來、その系統を別にするに隨つて、曹洞、臨濟、雲門、法眼、潙仰の五派を生じ、これを禪門五家と稱するのであるが、臨濟の下に又揚岐、黃龍の二派が出來たので五家七宗と稱するやうになつたのである。五家七宗と云へば、一寸五家と七宗と合せて十二派あるやうに聞えるが、そうではなく、初めの五家中の一つが二派を生じたので、もとの五家に後の二派を加へて七宗と云ふのみで、五家と七宗とは別物でなく七宗中の五つを五家と云ふのである。曹洞宗は卽ち此の五家七宗中の一派である。

三、宗意

さて此の曹洞宗と云ふ名稱はあるが、其の宗意安心と云ふやうなことが、實際昔しからあつたか何うか、これ迄言葉を上げて曹洞宗の宗意安心は斯く々々だと定義を下したやうなことはない、のみならず、禪門五家七宗中にこれが我が宗の宗意安心だと云ふやうなことは古來一言も云つたものはない。徳山が「吾が宗に語句無し、一法の人に與ふる無し」と云つたが、かう云ふ事が禪家の標語《モツトー》と云ふ風になつて、一言でも是れが宗意安心だと云へば、それは既に禪ではないと云ふ風になつてしまつたのである。それは元來禪なるものは言句に現すことの出來ぬものであつて、所謂默に宜しく、語に宜しからざるを禪の特長としてゐるから、古來これが我宗の宗意安心だと定義を下して示めされたものはないのである。

然らば禪宗には宗義もなく、宗意安心と云ふことも無いか。苟も宗旨を立てて居る以上は宗意安心が無くては立ち行くものではない。猶又信者の側からしても、その信者となつて居る以上、彼等が依つて以て立つ所以の宗義が無くてはならぬ筈である。殊に既成宗敎として一派をなして居る以上、私の家には宗義も宗意

も無いと云ふ譯には行かぬものである。果して然らば禪門の宗義とは如何なるものであるかと云へば、古來云はれて居る「不立文字、敎外別傳、直指人心、見性成佛」の四句十六字、これが何うしても禪宗の宗義であると云はねばならぬ。これは達磨が云つた言であると傳へられては居るが、果して達磨の言であるか否かは歴史的考證の結果に依らねばならぬが、兎に角、これが禪宗の宗義となつて居ることは爭ふべからざる事實である。

さて此の敎外別傳、不立文字、直指人心、見性成佛」が何故禪宗の宗義となつたのであるかと云ふに、支那に於ける佛敎は達磨渡來以前と以後とで頗る變つて居る。達磨渡來以前には種々の經論が飜譯せられ、佛敎の哲學上の研究即ち經論の研究が盛であり、又坐禪に關する經論も飜譯研究され、坐禪も行はれては居たが、其の研究なるものは多く哲學的のものか或は念佛戒律とか云ふ方面で、簡明直截の方法で成佛得脱すると云ふことには甚だ迂遠であつたのである。故に達磨渡來以後は徒らに經文の言句、法相の名目等に拘泥せず、直に人々の本性を徹見して成佛得脱すると云ふ修行が行はるゝやうになつて來た、それが即ち達磨禪なのである。

繰り返して云へば、他家他門にては念佛、看經、戒律の苦行、或は哲學的の研究に依つて知見を開くと云ふ修行をするのであるが、達磨門下では、燒香、禮拜、念佛、修懺、看經等を須ひず、哲學的の研究智識を要せず、只管に打坐することに依つて、單刀直入、自己の心性を開明し、自己を明むると云ふを成佛得脫の本義としたのである。言葉を縮むれば、只管に打坐すると云ふ唯この一法で成佛すると云ふことが禪宗の主意である。

故に高祖承陽大師は、正法眼藏辨道話に、

諸佛如來ともに妙法を單傳して、阿耨菩提(無上の大道と譯す)を證するに、最上無爲の妙術あり。これただ佛ほとけに授け、よこしまなることなきは、すなはち自受用三昧その標準なり。この三昧に遊戲するに端坐參禪を正門とせり。

と仰せられてあり、又太祖常濟大師は坐禪用心記に、

諸佛一大事因緣の爲に世に出現す。直に衆生をして佛の知見に開示悟入せしめんとなり。而して寂靜無漏の妙術あり、是を坐禪と謂ふ。即ち是れ諸佛の自受用三昧なり。又三昧王三昧と謂ふ。若し一時も此の三昧に安住すれば、則ち

直に心地を開明す。誠に知る佛祖の正門なることを。

と仰せられてある。されば我が宗では、直に自己の心性を究め、佛陀の知見を開くと云ふことが目的であつて、此の目的を達するには坐禪を以て佛祖の正門とすることが分る。

然かし坐禪を以て佛祖の正門となすと云つても、佛教もろ〳〵の法門中より、唯坐禪の一を揀び他を捨てると云ふのでは勿論ないのである。猶又不立文字、教外別傳、直指人心、見性成佛と云ふも、釋尊一代の教説、祖師の論釋を取らぬと云ふのでもない。それは唯それ等の文字言説に拘泥するなと云ふに過ぎないのである。

且つ又坐禪と云へば六度即ち、布施、持戒、忍辱、精進、禪定、智慧、これを約して戒、定、慧の三學と稱する其の中の一部分ではあるが、我が達磨門下の坐禪なるものは、決して六度三學中の一部分の坐禪として行ふものではない。この坐禪の中に三學六度はもとより八萬四千の法門も皆悉く攝取して、少しも漏るゝ事はないのである。

されば永嘉大師は證道歌に、

頓に如來禪を覺了すれば、六度萬行體中に圓なり。

と云はれ、高祖承陽大師は正法眼藏辨道話に、

六度および三學の禪定にならつていふべきにあらず。まさに知るべし、これは佛法の全道なり。ならべていふべき物なし。

と仰せられ、又太祖常濟大師は坐禪用心記に、

諸佛の敎門、一代の所說、戒定慧の中に總收せざること無し、今坐禪は戒として持たざること無く、定として修せざること無く、慧として通せざること無し、降魔、成道、轉輪、涅槃、皆此の力に依る、神通妙用、放光說法、盡く打坐に在り。

と仰せられてある。これ等の文に據つて、吾が宗の坐禪は一般の佛敎で云ふところの禪とは一種特別のものであると云ふことを知るべきである。

四、安心

さて今日は曹洞宗の安心を話せとの御注文であるが、先にも述べた通り「吾が宗に語句無し、一法の人に與ふる無し」と云ふ有樣であるから、これ迄は、淨土眞宗等のやうに、定り切つた安心の法が禪宗にもあるだらう、その安心の法を聞かせて吳れと云はれると、戸迷ひする和尙も少くなかつたやうである。然かし、これに戸迷ひ

するなどとは甚だ變なもので、吾が宗に於ても安心と云ふ言葉も事實ヅット昔からあつたのである。文獻に顯れたるところに於て一番古いところでは、達磨と二祖との問答が一番著名なものである。二祖慧可大師は實に博學の士で當時行はれた孔老の學を修め、後佛敎に入りて經論の研究を積んで見たけれども、其の得たるところの學問にては何うしても眞個の安心を得ることが出來ず、如何にしたならば眞に安心決定を得ることが出來るかと悶へて居るところに、西天より達磨大師が渡來して、嵩山に坐禪して居られると云ふことを聞いて、遙々とこれを訪ひ、その敎化を仰がんことを乞はれた。けれども達磨はこれに應ぜず一向見向きもせないので、慧可は門外に直立したるまゝ、三尺の積雪腰を埋むるも知らずして、如何に請願するも、汝が如き輕心慢心を以てどうして佛法甚深の大法を得ることが出來やうぞとハネ付けられた。慧可は止むなく利刀を拔いて、左の臂を斷つて達磨の面前に差出し、大法を求むる精神は身命をも惜まざる決意を表明し、「我が心未だ安からず、願くば我が爲めに安心せしめ給へ」と云ふと、達磨は「心を將ち來れ、汝が爲めに安心せしめん」。その安心の出來ないと云ふ心を持つて來いと云はれて、慧可

は「心を覓むるに竟に不可得なり」。心を覓めたけれども見つかりませんと云ふと、達磨は「我れ汝が爲めに安心し畢る。」それでよいではないか、最早汝が爲めに安心し畢つたのだと證明した。吾が宗に於て安心なる言葉は此の時始めて出て居る、二祖慧可が此の筆法にて安心を得たから三祖に對するも同じ筆法である。三祖鑑智僧璨大師が二祖慧可大師に向つて「弟子・身風恙に纏る、請ふ和尚罪を懺し給へ」。私は業病に罹つて居ますが、これは前世の罪業によることと存じます、どうか私の爲めに懺悔滅罪をして頂きたいと云ふと、二祖は「罪を持ち來れ汝が與めに懺せしめん」と云はれた。三祖は「罪を覓むるに不可得なり」と答へらるゝと、二祖は「我れ汝が與めに罪を懺し畢れり」。と云はれた。これ達磨が心を將ち來れ汝が爲めに安心せしめん」と同調異曲である。三祖が四祖に對する時亦これと同じ筆法である。四祖が「願くば和尚慈悲乞ふ解脱の法門を與へよ」。と云ふと、三祖は「誰れか汝を縛する」と問はれた。すると四祖は「人の縛さる無し」と答へられたので、三祖が「何ぞ更に解脱を求むる」と、誰れも縛したものがないなら、本來解脱ではないかと云はれた。これも前三祖の場合と同樣である。斯くの如くにして五祖と六祖も亦同樣であ

る。六祖が始めて五祖の處に行くと、五祖はお前は何處から來たのだと問はれるので、六祖は「嶺南より來る」と答へると、五祖は更に嶺南から何をしに來たのだと問ふので、六祖は「唯作佛を求む。」成佛得脱したい爲めであると答へた。すると五祖は「嶺南人無佛性いかんぞ佛を得ん。」嶺南人には佛性がないから成佛得脱することが何うして出來やうぞと云はれた。六祖は言下に「人には南北ありと雖も佛性豈に然らんや。」人には嶺南人嶺北人の差はあらうが、一味平等の佛性には決して嶺南の佛性嶺北の佛性と云ふ差別はあるまいと答へられた。するとと五祖はグッ〳〵云はず米搗部屋にでも引込んで居ろと、とう〳〵米搗部屋へ叩き込まれてしまつた。斯の如くにして六祖は米を搗いて居たが「菩提本樹無く、明鏡亦臺に非ず、本來無一物、何の處にか塵埃を惹かん」との一偈を五祖に呈した、これが即ち六祖が悟つた時の偈である。これ亦前列祖と同一筆法である。

斯の如く安心の筆法は定まつて居て、同じ型であつて、六祖迄の安心の經路は分明であるが六祖以後になれば宗風が段々變つて來て、宋朝に至つて益々變になつたのである。彼の碧巖録を燒いて有名な大慧宗杲の時に至つて益甚だしくなり

一方には大慧の主唱する公案禪卽ち看話禪が盛んに行はれ、其の一方には宏智禪師卽ち天童正覺は曹洞禪を盛に擧揚した、これを看話禪に對して默照禪と云ふのであるが、吾が曹洞宗は卽ち此の默照禪である。然らば看話禪と默照禪とは如何なる相違があるかと云ふに、看話禪は公案を學人に授けて其の公案の解答に努力せしむるものである。其の公案とは如何なるものであるかと云ふに、種々の說はあるけれども、要するに古人の問答の語句を一つの問題として、これを硏究することである。その問題と云ふものは通常の智識や分別を以て計ることの出來ぬ言句である。例せば、「如何なる是れ禪師西來意」と云ふ問に對して、趙州和尙は「庭前の柏樹子」と答へ、又「如何なるか是れ佛」との問に對して、洞山和尙は「麻三斤」と答へた。かう云ふ風な古人の問答を問題として學人に授け、その論理的智識分別の及ばぬところに全力を傾け盡させて悟を開かんとするのである。而かもそれに淺きより深きに至り、卑きより高きに至ると云ふ風に次第階級を追つて種々の公案を授くるのである。これを俗に梯子悟りと稱するのである。されば彼等が坐禪をするのは、坐禪そのものが目的では無く、悟りを開くのが目的で、坐禪は悟りを得る爲

めの手段に過ぎないのである。

五、曹洞禪の特殊

然るに吾が曹洞禪はこれと大に趣きを異にして居る。高祖承陽大師は永平廣錄に、

此の坐禪は佛佛の相傳、祖祖の直指、獨り嫡嗣するものなり、餘は其の名を聞くと雖も、佛祖の坐禪に同じからず。所以はいかん、諸宗の坐禪は、悟を待つを則となす、譬へば船筏を假つて大海を渡るが如し、將に謂へり、海を渡つて船を抛つべしと吾が佛祖の禪は然らず、是れ乃ち佛行なり。

と示され、又同書に、

測り知りぬ、坐禪は悟來の儀なることを、悟とは只管坐禪のみ。

と仰せられてあつて、坐禪卽ち悟り、坐禪卽ち佛道である。要するに吾が宗では佛祖の經論を捨てず、又それに執著もせず、一經一論を所依とせずして、直ちに一切藏經の活精神、卽ち佛心を活捉せんとするのである。その佛心を活捉せんとするに當り、これを他に求めず、卽心是佛の本證に入つて妙修を行ふのである。卽ち修證

不二の坐禪を修するのである。

此の本證妙修と云ふことは餘り他宗では云はぬことであるが、修證に就ては通途、教、行、證と云つて、教へに隨つて修行をなし、然る後證悟りを得ると云ふ、修が因で證は果であると、修證因果前後に分けて說くが普通であるが、吾が宗では修と證とを分けて別々にするやうなことをしない。本證妙修と修業と證果とを一つに見るのである。然らば本證妙修とは如何なることであるかと云ふに、高祖承陽大師は正法眼藏辨道話に、

この法は人々分上ゆたかにそなはれりといへども、いまだ修せざるにはあらはれず、證せざるには得ることなし。

と示され、又同じ辨道話に

それ修證は一にあらずとおもへる、すなはち外道の見なり。佛法には修證これ一等なり。今も證上の修なるゆゑに、初心の辨道、すなはち本證の全體なり。かるが故に修行の用心をさづくるにも、修の外に證を待つおもひなかれとをしふ。直指の本證なるがゆえなるべし。すでに修の證なれば、證にきはなく、證の修な

れば、修にはじめなし。ここをもて釋迦如來、迦葉尊者ともに證上の修に受用せられ、達磨大師、大鑑高祖、おなじく證上の修に引轉せらる。佛法住持のあとみなかくのごとし。すでに證をはなれぬ修あり、吾等幸に一分の妙修を單傳せる初心の辨道、すなはち一分の本證を無爲の地に得るなり。

と仰せられてある。此の修證不二の坐禪と云ふことは、徒らに坐禪の形式に捉へられ、從晝至夜、手足を組み合せて坐り込んで、無念無想に住し、或は古則公案に熱注すると云ふことではない。其の坐禪中の正念が常に行住坐臥四威儀の間に相續して、如何なる處、如何なる時と雖も、少しも坐禪中の境界を離れず、所謂「行も亦禪坐亦禪、語默動靜體安然」とか「平常心是れ道」の境界に至るのである。高祖承陽大師は、ここの處を「身心脱落、脱落身心」と仰せられてある。この身心脱落といふことは、身心を寒巖枯木の如くすることではなく、我見、我慢を亡くすることである。高祖承陽大師は、この事に就て、正法眼藏、現成公案の卷に、

佛法を習ふといふは、自己を習ふなり、自己を習ふといふは、自己を忘るるなり。自己を忘るるといふは、萬法に證せらるるなり。萬法に證せらるるといふは、自

己の身心および他己の身心をして脱落せしむるなり。

と仰せられてある。

さて此の坐禪をすると云ふことに就ては、前に述べた如く、坐禪の形式に拘泥して、通常の心理狀態を外れたやうなことを研究するのが坐禪であると云ふことになれば、それは一種の變人でなければならぬと云ふことになる、眞の坐禪は決してソンナものではない。高祖承陽大師は坐禪儀の中に、

上智下愚を論せず、利人鈍者を簡ばず、專一に工夫せば正に是れ辨道なり。

と仰せられ、又、正法眼藏、辨道話の卷に、

佛法を會すること、男女貴賤をえらぶべからず

と仰せられてあつて、決して卓越の人でなければ出來ぬとか、學識を有する者で無ければならぬとか云ふ譯のものではないのである。又、正法眼藏隨聞記の中に

眞實の志を發して、隨分に參學する人、得ずといふことなきなり。その用心の樣は、何事を專らにし、その行を急にすべきと云ふことは、次のことなり。先づ欣求の志の切なるべきなり。譬へば重き寶をぬすまんと思ひ、強き敵をうたんと思

ひ、高き色にあはんと思ふ心あらん人は、行住坐臥、ことにふれ、をりに隨ひて、種種の事は、かはり來るとも、其れに隨ひて、隙を求め、心に懸くるなり。この心あながちに切なるもの、とげずといふことなきなり。此くの如く、道を求むる志切になりなば、或は只管打坐の時、或は古人の公案に向はん時、若くは知識に逢はん時、實の志を以て行ずる時、高くとも射つべく、深くとも釣りぬべし。是れほどの心發らずして、佛道の一念に、生死の輪廻をきる大事をば如何が成せん。若し此の心あらん人は、下智劣根をも云はず、愚癡惡人をも論せず、必ず悟を得べきなり。

と示され、又、公案のことに就ては、同じ辨道話の中に、

公案話頭を見て、聊か知覺有る樣なりとも、それは佛祖の道にとをざかる因緣なり。無所得無所悟にて、端坐して時を移さば、卽ち祖道なるべし。古人も看讀祇管坐禪ともに勸めたれども、猶ほ坐をもはらにすすめしなり。亦話頭に依りてさとりをひらきたる人あれども、其れも坐の功に依りてさとりのひらくる因緣なり。まさしき功は坐によるべし。

と示されてある。斯やうな信念の下に坐禪をすれば奇嬌、飄逸の弊に陷らずして

自然に悟を開くことが出來るのである。

要するに曹洞宗の坐禪は、かやうに平常なる端直なる風に坐禪をやつて行く上に、身心自然に脱落して本來の面目現前するのである。その本來の面目とは、人人本來具有せる佛心のことである。その本來の面目を自分自身に徹見した時、これを悟りと云ふのである。前に云つた本證妙修とは、人々此の佛心を本來具足して居ると云ふことを徹底的に信じた上に於て修行をするから、本證妙修と云ふのである。そして此の本證の現れたる時が、これ即ち安心である。この安心が確定して然る後日日の作行と云ふものが皆佛行と云ふことになつて行く。本證の現れざる時の一事一行は、それが如何に善き事であらうとも、皆これ一己の私事であつて、佛事ではない。然るに一度身心脱落して本來の面目現前した上の行は、如何に卑賤平凡な事であつても、それは佛心の上の働きであるから、皆悉く佛作佛行となるのである。古來斯くの如く自ら信じ人に敎へて來たのであるが、漸次に種々な弊風を生じて、今日は世間では變り者でなからねば坐禪をせず、又坊さんも坐禪をすることと、日常生活とは關係が無いやうに思つて居る者があるが、これは甚だ間

違つた考へである。高祖承陽大師も、日常生活と佛法と變らぬやう修行せよ、「作法これ宗旨、得道これ作法」とお示しなされて、吾等の一擧一動皆佛事ならざるなしと修行せねばならぬと教訓せられてある。

六、布教化導の標準

我が宗の修證辨道の樣子は上に述べたる如き次第であるが、一般に在俗の化導は如何にして居るかと云ふに、別段に出家在家と云つて修行を分けて居るといふ譯ではないが、古來眞宗とか、淨土宗とか、日蓮宗とかの如く、在家のすべての機根の人を大勢集めて、法談說法をするといふことは近代迄なかつた、維新以前迄は授戒が行はれ、其の際、說戒と說法があつたけれども、その說戒と云ふのは十六條戒の說明で、說法と云つても極めて簡單なもので、一定の主義があつて、それを布衍すると云ふ譯でも無かつたのである。然るに明治維新となつて各宗が說教をせねばならぬと云ふ事になつたので、曹洞宗もその說教のやり方を稽古せねばならぬと云ふので、明治十五年曹洞宗大學林で說教講習會が開設せられた。これより先き明治十三年に曹洞教會大意幷に說教指南なる書物が辻顯高師に依つて著された事

があつた。これが宗意安心とも云ふべきことが説教の體裁に現された最初のものである。其の後明治二十年に曹洞扶宗會なるものがあつて洞上在家修證義と云ふものを編纂した。ところが其の洞上在家修證義を二十二年に兩本山貫首が更に嚴密なる修正を加へ、二十三年に兩本山貫首選述として、正式の宗規に依つて宗内一般布教の標準として發布せられた。これが現行の宗意安心となり、これを以て一般布教の標準となつたのである。扶宗會で編纂した時は洞上在家修證義と云ふ名前であるから、在家丈けの安心の標準であつたが、兩貫首が修正をして發布したものは曹洞教會修證義と云ふのであるから、在家出家共に我が宗の安心の標準であることは勿論である。

その修證義の内容は如何なるものであるかと云ふに、高祖承陽大師御選述の正法眼藏九十五卷の内容を催か五章、三十一節、三千七百〇四字に約めたものである。その五章とは、第一章總序、第二章懺悔滅罪、第三章受戒入位、第四章發願利生、第五章行持報恩である。第一章總序は普通佛教の教理を示したもので、第二章以下第五章迄は曹洞宗の特殊の點を說いたものである。この四章を圖示されば、

本證《ほんしよう》｛懺悔滅罪　受戒入位

妙修《めうしゆ》｛發願利生　行持報恩

となるのである。この四章を修證義の四大原則と稱するのである。本證妙修とは如何なることであるかと云ふに、通常は修行をして證果を得ると云ふから、修が前で證は後であるが、吾が宗では修證不二と說くから、アベコベに本證妙修と云ふのである。本證とは吾々は本より證つて居ると云ふことで妙修とは、その證つた上の修行であるから妙の字を付けたのである。この本證妙修、修證不二の道理は前にも述べて置いたが、兎に角、此の道理は禪門五家七宗中でも、吾が宗に於て特に唱ふるところで、實に吾が宗の神髓である。均しく禪門と稱する中でも、坐禪は初心晩學の要機なりとして、悟りを得る手段とするものであるけれども、吾が宗では、これを待悟禪と稱して極力排斥するのである。

七、本　證

人人具足箇箇圓成で、華嚴經に「一切衆生悉く如來の智慧德相を具有す」とあるがこれが佛敎の根本義である。此の根本義を眞箇に了解すれば、これ迄妄想分別して居たことは皆問違であると知ることが出來る。されば悟つたから、成佛したからとて、本來に變つたものではない、寢て居たものが覺めたからとて少しの增減もない、夢を見てゐた時から完全無缺の人間である、それが夢を見てゐるから不完全と思ふのみである、本人は不完全と妄想してゐても側から見れば完全である。それを完全なりと知るのが本證である。その事を法華經の中に長者窮子の喩を擧げて說明してある。卽ち身は百萬長者の子でありながら、一念の迷ひから、家出をして、知らぬ他國に流浪して本來の乞食であると思つて居る。これ卽ち一切衆生が六道輪廻の有樣と同じいのである。如何に菰を被つてゐても長者の子に違ひはないのである。その長者の子が今迄は乞食であると思つてゐたが、豈に計らんや、本來長者であつたと知つたのは本證の現れたのである。そして是れ迄の仕方は間違であつたと知るのは懺悔である。懺悔をすれば是れ迄惡るかつたことが一切帳消しとなる。それが懺悔滅罪である。

然しながら、これ迄悪かつたと懺悔をすれば、それ丈けで效果があるかと云ふに決してさうではない。例せば大酒を飮み酩酊して喧嘩をして、ア丶悪かつたと懺悔をしても、其の翌晩又酒を飮んで同じ事を繰り返す、さうして懺悔をする、又其の翌晩もその翌晩もと同じ事を繰返してゐては、折角の懺悔も悪い事をする口實となるに過ぎないのである。懺悔と云ふのは今迄悪かつたと知つたらばそれを改めねばならぬ。これまでは凡夫の淺ましさに悪業を作つてゐたが、それが懺悔をすればどうなるかと云ふに、諸佛の行はせられた戒法を受け、これを諸佛同等に行ふことに依つて、始めて奇麗サッパリとなるのである。これ即ち受戒入位である。

受戒入位とは梵網經に「衆生佛戒を受くれば、則ち諸佛の位に入る」とあるのを、受戒入位の四字に約めたのである。諸佛の戒法を受けて諸佛の位に入るとは如何なることであるかと云ふに、我が宗にて行ふ戒法を性戒と云ふのであるが、元來戒には性戒と遮戒とあつて、遮戒とは時、處、位に依つて變るが、性戒は時處位に依つて變るものではない、これは天性の戒であつて、今日の言葉で云へば自然律で、自然の道德律を云ふのである。佛祖が特に是れ等の戒律を拵へたものではなく、一切衆

生が天然に具ふるところのものである。佛祖はこれを行ふが、凡夫はこれに背いて居る、これを行へば佛祖と同等の位に入るのである。これに十六箇條あつて十六條戒と云ふのである。其の前六箇條は抽象的のもので、後の十箇條は前六箇條の抽象的のものを實行條項に現せるものである。十六條戒の名目に就て簡單に説明すれば、

第一に三歸戒、これは南無歸依佛、南無歸依法、南無歸依僧の三つで、此の戒法は佛教信者たるものは何人も守るべきもので、戒法を説かぬ淨土眞宗と雖も此の三歸はあるのである。

次に三聚淨戒、これは第一に攝律儀戒、これは一切の戒律を守ると云ふことである。第二に攝善法戒は、一切の善を修すと云ふことで、一切の惡を止め善を修するのは一切衆生を利益せんが爲めであると云ふところから、第三に攝衆生戒と云ふのがある。總べての戒法は此の三つの現はれである。

次に十重禁戒、これは不殺生戒、不偸盗戒、不貪婬戒、不妄語戒、不酤酒戒、不説過戒、不自讃毀他戒、不慳法財戒、不瞋恚戒、不謗三寶戒の十箇條で、これが佛祖傳戒の實行條

目である。此の十重禁戒が性戒たる所以は、例せば物の生命を取ると云ふやうなことは何人も本心よりこれを好むものではない、又他人の物を盗むと云ふ事も、何人も本心より是認してをるものでは無い、其他妻を重ぬると云ふ事も其の通りで、十箇條一々調べて見れば皆その通りである。何れの時代、何れの土地にても、故なくして人を殺してよいと云ふ事はない、如何なる野蠻人と雖もこれに變りはないのである。これ卽ち天然律であるからである。これを本心に具へて居ながら凡夫は迷ふて背いた行をやつて居るから、之を改めて天性に隨つて行はしめんとするのである。

要するに迷の衆生と悟りの衆生とは、何處に相違があるかと云ふに、一方は天性に具へて居るところのものを行はぬ、一方は天性に具へて居るところのものを行ふと云ふ丈けの差である。此の日常の行をなして行く上に於ては、身の在家であらうが、出家であらうが、身分職業の如何に違ふても、此の十箇條の上から其の日其の日の業務が行はるれば、其の業務の如何に關らず、それが直ちに佛事佛行となるのである。これで本證と云ふことは略ぼ了解出來たことと思ふ。

八、妙修

次に妙修に就てお話致せば、前にも述べた通りに、一般に修行が先であつて、悟は後であると云ふけれども、我が宗では、本來具足せりとの自覺の上に修行するのであるからその自覺のまゝに行ふまでである。故に普通一般の先に立つ修行でないから妙修と云ふのである。この妙修に發願利生行持報恩の二つあると云つたが、發願利生と云ふのは、一切衆生を利益せんとの願を起すのである。世間には欲望とか希望とかあるが、菩薩にも斯くしたいとの念はあるが、これは行願又は願望と云ふもので、欲望野心ではない、總べての事を衆生を濟度せんとの念よりするから、行願と云ふのである。卽ち我れは本來佛性を具足したものであるとの自覺をなし、而して迷へる一切の衆生を利益せんとの願望を起すのである。佛教には大乘と小乘とあるが、小乘は自分丈け苦を離るればよいと云ふ自利一方であるが、大乘になれば自分よりは先づ人を利益せんと願ふのである。例せば自轉車乘は小乘で自分丈け足を動かし向ふに達すればよいとするのであるが、大乘は汽車や汽船の運轉手の如く、自分はどうでもよいから、多くの人々を目的地に達せしめんと

するのである。此の運轉手になるのが發願利生である。更に今一例を擧ぐれば極く下等の人間になれば女房もなく子供もなく、自分が働いて得たところは、自分自身丈けの飲み食ひの料としてしまへば、それでよいとする所謂立ちん坊の如きものがある。稍進めば妻子あり親戚あり、日日の職業は仰いで父母を奉養し、俯して妻子を育み、左右を顧みては一家親戚を利益する、更に進めば一身の働きによつて一鄕一國、乃至世界一般の利益の爲めにする、斯くの如くすれば、其のする事なす事が一切利生の業となる。これに反して名目は慈善事業でも其の動機が自分の利益の爲めとか、自分の名を揚ぐる爲めとかであつたならば、それは自利であつて、利他の行願ではない。自利と利他とは其の名目の如何に依るものではない。更に適切の例を擧ぐれば、菩薩が衆生を愍む心は恰も慈母の赤子に對する如きものである、暑さ寒さを厭はず働くのは子供の爲めのみを思ふからである。自分を顧みず他を利益する念慮の發露である。これが進んで親戚、一鄕、一國、全世界に及ぶ、これが卽ち佛性である。人々旣に佛祖と同等の性德を具へて居る事を知り、これを行ふは一切衆生を利益せんが爲めとの心から行はねばならぬ。同じく泥棒せ

ぬと云ふことに就ても、刑法に觸れるからとか、人に排斥せらるゝからとかの理由でせぬのは、するよりもよいが珍重すべき事ではない。一切衆生を利益せんとの念が充つれば、泥棒せんとしても出來るものではない。同じくせぬとしても、其の意義が違ふのである。故に戒法を持つは一切衆生を利益せんとの願望の上に實修して行くのである。其の一切衆生を利益する上に於ても、おれがこれ丈け一切衆生を利益すれば、一切衆生から讃められ、來生には善處に生れ、且つ又現世に於ても、老後は樂になるだらう等の考へよりすれば、それは淺はかなものとなり、衆生を苦しめるよりはよいけれども、自分の利益、報酬名譽の爲めにするのであつて、決して菩薩の行願とは云はれぬ。又例せば饑渴に迫つて居るものに衣食又は金錢を惠むとせんか、それはよい事に違ひはないが、然し他日其の人が、これを心肝に銘じて居て、それに對する報酬をするであらうとか、世間から讃めらるゝだらうかと云ふ一念からであるとすれば、事は慈善でも、それは一種の商賣である。

十六條戒を實行すると云ふのは何の爲めであるかと云ふに、それは四恩に報答する爲めに外ならぬ。四恩とは、父母の恩、國王の恩、衆生の恩、三寶の恩である。念

佛を唱ふるにも、念佛往生せんが爲めではなく、一念歸命と、一度佛に歸依すれば其の後の念佛は報恩の爲めの念佛であると云ふが、我が宗の行持もこれと同じく報恩の爲めの行持である、子供を敎育するのは、子供が立身出世して自分を安樂にして呉れるとか、又女ならば藝者に賣らうとかの念よりすると云ふが如きは實につまらぬ事で、それは保險金を掛けるとか、割增金附の債劵を買ふやうなものである。一切衆生を利益すると云ふ事は子供そのものから報酬を受けんが爲め子供を養ふのでないと同樣で、父母、祖先、社會、國家、君主、佛祖の恩に報答するの一念より外にないのである。玆に至つて何等吾我名利の念が無いのである。これ卽ち佛祖の行持である。

九、解　疑（一）

斯くの如く、本證妙修中に四大原則を立てたのが修證義であつて、これを以て宗內一般の布敎をなすのである。ところが、これに就て往々疑ひを抱く者がある。それは外ではない、この四大原則は明治二十三年修證義が發布されて以來突然出來たやうに考へるのである。けれども四大原則の名目を擧げて說明したのは、そ

の時が始めてであるが、其の主旨は昔からあり、殊にその一句一句が皆正法眼藏以外に無く、內容が亦正法眼藏全部を約めたものであるから、明治二十三年に出來たのではなく、七百年の昔から存するのである。

一〇、解　疑（二）

猶又一つの疑ひを抱く者があつて、兩祖の主意は參禪辨道より外にない、然るに修證義中には此の參禪辨道なる文字がないと云ふので、宗內一部の人は兩祖の意に背けるものとなして居る。これは頗る誤つた考へである。佛法總體を分くれば戒定慧の三學となるが、その三學中定を擧ぐれば他は悉くその中に包括せらるゝと云ふ事前に述べた通りであるが、戒に於ける場合も同樣である。禪苑清規の中に、

參禪問道は戒律を先となす。若し過を離れ非を防ぐにあらずんば何を以てか成佛作祖せん。

とある。而して此の清規には禪僧が參禪問道中に行ふ戒律は非常にやかましく說いてあつて、戒と禪とは離れぬものである。我が宗に於ては出家得度の始めに

戒法を受けこれを守ることになつて居る。されば我が宗七百年間の布教化導に授戒を除けば何物もないのである。高祖承陽大師も戒律に就ては頗る力說せられたのであるが、その要文を弟子の孤雲禪師が輯錄せられたものに「敎授戒文」と云ふのがある。その中には戒法の非常に尊いことが書いてある。經豪禪師がこれを解釋せられたものに「禪戒抄」がある、これを讀めば如何に戒が我が宗に於て禪と離るべからざるものであることが分る。敎授戒文に、

夫れ諸佛の大戒は諸佛の護持したまふ所なり。佛佛の相授あり、祖祖の相傳あり、受戒は三際を超越し、證戒は古今に聯綿たり。乃至。今將に付授して佛祖の深恩に報じ、人天の眼目と爲さんとす。蓋し佛祖の慧命を嗣續する者なり。

とある。それで上述の十六條戒が斯の如く尊き意味を以て實行條目となつたのである。されば坐禪と云ふも戒に外ならず、戒と云ふも坐禪に外ならない。禪卽戒、戒卽禪である。故に血脈の下にも「菩薩戒は宗門の一大事因緣なり」と書いてあり、又「禪戒訣」の註解にも、

禪中に戒あり、一にして二、戒の外に禪なし、二にして一、性相共に通じ、事理滯るこ

と無し水中の鹽味色裡の膠青これ吾が戒を標して禪の名ある所以なり。

とある。此の文によるも禪戒一致なることがよく分る。故に修證義の中に禪と云ふことが無くても、戒を説いてあれば、戒中に禪を攝せるものなること知るべきである。我が宗の戒は六度中の一であるところの戒ではなく、禪戒一如の戒である。例せば表を禪とすれば裏は戒、表を戒とすれば裏は禪である。坐禪は戒を拔きにしたる禪でないと共に、戒を説く時は禪を拔きにしたる戒ではない。禪と戒とは表に現はるゝ時と裏に現はる時とあれど、決して二つのものではない。これを圖示すれば、

表（禪）
裏（戒）

表（戒）
裏（禪）

となるのである。

此の意義が分らねば禪天魔となる。これ戒を拔ける禪であるからである。然しながら戒一方に拘泥すれば窮窟で仕方のないものになる。例せば不殺生戒を持つと云つても黴菌も殺してはならぬとなれば人の害となるものも殺されぬ事

となり。又酒を飲まぬと云ふことに拘泥し過ぎれば藥としてのアルコールも飲めぬことになる。其他戒法の條目を墨守すれば衆生を利益することが出來ぬ事となる。律僧の大物食ひは條項に捉らへらるゝからで、禪坊主の中に、三升酒を飲んで、素裸で怒鳴る者があると云ふが、これ戒の無い破れ禪である。よし如何に十二時中坐禪をする事何十年と雖も、十六條戒に外れたるものであつたならば、禪何の效あらんやである。禪は寧ろ心地の安定を得るものであつて、戒はその安定が實行に現れたものである。禪の目的は戒が實行せらるる處にあるが、八九百年以前支那以來妙なものになり、待悟禪と云ふことが流行し、悟りさへすればよい、戒律何にかゝあらんと云ふやうになつたのである。故に高祖承陽大師が大にこれを慨歎して、清規を作り、參禪辨道の規律を定められ、「作法これ宗旨、得道これ作法」と、一擧一動行住坐臥が宗旨であり得道であると云ふ風にお說きになつてある。我が宗の戒は此の如きものであるから、此の戒が行はるる處これ禪である。況んや修證義の始めと終りとを見れば、修證義が禪を外れてゐると云へぬことがよく分る。

生を明め死を明むるは佛家一大事の因緣なり、生死の中に佛あれば生死なし、但生死卽ち涅槃と心得て、生死として厭ふべきもなく、涅槃として欣ふべきもなし、是時初めて生死を離るゝ分あり。

これは總序の初めにある言葉であるが、これ旣に禪を捨てた戒などから出たる言葉ではない。生死を出離することれ禪である。のみならず、三祖大師は「至道無難、唯嫌揀擇、但憎愛なければ、洞然として明白なり」と示されたが、此の憎愛卽ち生死として厭ひ、涅槃として欣ふ、欣厭憎愛を離るゝ事が禪に非ずして何であるか。又終に至つて、

謂ゆる諸佛とは釋迦牟尼佛なり、釋迦牟尼佛是れ卽心是佛なり、過去現在未來の諸佛共に佛となる時は必ず釋迦牟尼佛と成るなり、是れ卽心是佛なり。卽心是佛といふは誰れといふぞと審細に參究すべし。

とある。これ禪の發露である。始めより禪に起り、中間禪戒一如の戒にて說き終りに又禪にて結ばれてある。これを禪でないと云ふのは皮相の見である。これは甚だくどいやうではあるが、宗內の人すら疑を抱くものがあるから、宗外の人に

は必ずや斯やうな疑を起す人が澤山あることと思ふので、念の爲め辨じた次第である。今日の若い者が布教するとか傳道するとか云つても、僅かの修證義にすら自信が無くして、いろ／＼の經文や哲學を捏ね混ぜても、自信教人信で無いから效果が擧らぬのも無理なき次第である。

德川氏の政治は德敎を中化としたる政治であつた。よし政治の方法手段に就ては「民をして賴らしむべし、知らしむべからず」の主義を執つたにしても、民を敎へ導くことを政治の方針とし、夙に文敎を興隆して武士階級に奬勵したるのみならず、農村に對しては慶安二年二月「鄕村の掟」を出して農村に於ける支配階級に屬するものゝ心得を示し

公儀御法度を怠り、地頭代官の事をおろかに不レ存、又名主組頭をば眞の親と思ふべき事

名主組頭を仕る者、地頭代官の事を大切に存し、年貢を能濟し、公儀、御法度を背かず、小百姓身持能く仕る樣に申渡すべく、扨又手前の身上成らず、萬不作法に候へば、小百姓に公儀御用の事申付候ても、侮り用ひざるものに候間身持を能く致し不便仕らざるやうに常々心掛可レ申事。

名主心持我と仲惡きものなりとも、無理なる儀を申かけず、又仲能き者なりとも、依怙贔屓なく、小百姓を懇にいたし、年貢割役等の割、少も高下なく、ろくに可申渡、扨又小百姓は名主、組頭の申付候事違背なく念を入れ可レ申事。

これと同時に農民の心得を示し

男は作をかせぎ、女房はおはたをかせぎ、夕なべを仕り、夫婦共に稼ぎ可申、然ればみめかたちよき女房たりとも、夫の事をおろかに存じ、大茶をのみ、物まゐり、遊山好きなる女房

を離別すべし。

身持を惡しく致し、其外の年貢不足にて借米を爲し、終に身代をつぶし、妻子を賣り、我身をも賣り、子孫共に永く苦しむ事に候、此儀を能々考へ、身持を可レ仕候。

一村の内にて耕作に精を入れ、身持よく致し、身上よき一人あれば、其眞似を仕り、鄕中のもの皆よく稼ぐものに候、一郡の内に左樣なる在所有之ば、一郡皆身持をかせぎ候、左候へば、一國の民皆豊かに成り其後は隣國迄も其ひゞきあり、地頭は替もの、百姓は末代其所の名田を便とする者に候間、能く身持を致し、身代能く成り候は百姓の大なる德分にては無之候哉云々

親に能々孝行の心深くあるべし、親に孝行の第一は其身無病にて煩はぬやうに、扨又大酒を買のみ、喧嘩すき不仕樣に身持をよく致し、兄弟中よく、兄は弟をあはれみ、弟は兄に隨ひ互に睦ましければ、親殊の外悦ぶものに候、此趣を守り候へば、佛神の御惠もあつて道にも叶ひ作も能く出來、とりみも多く有之ものに候、何ほど親に孝行の心有レ之も、手前ふべんにては成りがたく候間、身持を能く可レ仕候、身上不レ成候へば、ひんくの煩も出來、心もひがみ又は盜をも仕り、公儀御法度をも背き、しばりからめられ、牢に入り、又は死罪はり付などにかゝり候時は、親の身に成ては何程悲しく可有之候、其上妻子兄弟一門の者にもなげきをかけ、恥を曝し候間能々身持を致し、ふべん不仕樣に毎日每夜心掛可申事。

右の如くに物每入念身持をかせぎ申べく候身持好成り、米金雜穀をも持候はゞ、家をもよく作り、衣類食物以下に付、心の儘なるべし、米金雜穀を澤山に持候とて無理に地頭代

作よりも取る事なく、天下泰平の御代ならば、脇よりおさへ取る者も無之、然れば子孫まで有德に暮し、無間ききんの時も妻子下人等をも心安くはごくみ候、年貢さへすまし候へば百姓ほど心易きもの無之よく〳〵此趣を心掛け、子々孫々申傳へ能々身持をかせぎ可申ものなり云々

以て農民の心得を示し、之れより先き親藩紀伊侯德川賴宣が

父母に孝行に法度を守り、へりくだり、奢らずして面々家職を勤め、正直を本とする事、誰れも存じたる事なれども、いよ〳〵相心得候樣、常に下へ敎へ申すべきものなり

との「父母狀」なるものを下して領內一般に徹底せしめ、諸藩も亦これらの方針を學びて民育に着目し、しば〳〵訓令を直接民衆に接せる代官、郡吏等に下し、彼等も亦此方針により民育を計つたので、中にも常陸笠間牧野侯の郡吏中川登が村民を諭せし如きは最も叮嚀懇切を極めたもので、親子、主從、兄弟、夫婦、朋友の道を說き

五人組は申すに及ばず一村の者は一家內と存じ年の長幼により父兄子弟の如く何事も讓りあひ、我が分限の外、聊かも貪りなく、相互に睦じく付合申すべし、總て一村一家內と心得、堪忍第一に相守り喧嘩口論、公事訴訟等起さゞる樣いたす

べし、村内にて聊かの事を呻し合ひ、事を起し候ものは、木の中に生れて木を食ふ虫の如く、其村に居て其村の禍に相成候間、悪むべき事なり、

といへる如き、今日に於ても郷村の戒めとなすべき言辭に滿ちて居る。

二　書籍の刊行頒布

「武野燭談」といへる書に「東照宮御治世より萬の事、古に立ち歸り、中にも聖教廢れ、人生れて今日の行ひを知らざる故に世も亂れ君臣父子恩愛にそむきけるを、人道を諸國に遍く知らしめんには書籍を弘く行はんこそ仁政なれとて初めて板刻を仰せ付けらる」とある通り、德川家康の文敎興隆は古書開板新著の編纂刊行となつたので、其の初めは主として有識階級に讀ましむべき「孔子家語」(慶長四年)「貞觀政要」「三略」(同五年)「東鑑」「周易」(同十年)武經七書(同十一年)「大藏一覽」(同二十年)「群書治要」(元和二年)「四書集注」(元祿三年)等であつたが、八代將軍吉宗に至つて民育に注意し、清の康熙皇帝が六條の勅諭を下し、會稽の范鋐なるものの命を受けて通俗的に解釋して一般清國民に普及せしめたる「六諭衍義」の琉球に傳はり、琉球の程順則が之れを飜刻し

たるを聞き、當時琉球の宗主の地位にありし薩摩の島津家に囑して一本を献せしめ、之れを儒臣荻生徂徠に命じて訓點を加はへしめて武士階級に頒ち、更に室鳩巢に命じて之れを和譯して一般民衆に讀み易からしめ「六諭衍義大意」と名け享保七年二月官版に付して、先づ江戸市中八百餘人の手習師匠をして悉く此書を用ひて敎科書たらしめ、京都並に大阪の書肆に其の板木を與へて出版せしめて、こゝに最も民衆的なる書籍の出版は幕府の手によつてなされたので、此書の眼目たる六諭は

(一)孝順父母。(二)尊敬長上。(三)和睦鄕里。(四)敎訓子孫。(五)各安生理。(六)毋作非爲。

で、悉く民衆敎化に必要なるものである。此他諸國の孝子、節婦義僕の行狀を輯めたる「孝義錄」(寛政十二年)慈善事業に資を投じたるものを知るべき「仁風一覽」(元文元年)の如きも亦幕府の官板に付したるものにして民育の上に多大の效果のあつたものである。幕府が民育を計つたのは唯だ此道德方面のみではない。山間僻地醫師に乏しき地に便せんとして平易なる藥劑方を編述したる「太平和劑局方」(享保十三年)「普救類方」(同十五年)の如きも亦官板として刊行せられたのである。

これら政府の手によつて刊行せらるゝものゝ外、民間にあつても通俗書の刊行は企てられ、碩學貝原益軒の如きは夙に眼を民衆教育に注ぎ「大和俗訓」「五常訓」「童子訓」「家道訓」並に「養生訓」等の著は皆な通俗平易を旨とし、特に女子教育に着眼して「女大學」等の著ありて此時代の民衆教育の先驅を爲し、其他天文暦算の學を以て將軍に召されたる長崎の西川如見には「町人袋」「百姓袋」の如きあり、彼の「六諭衍義大意」を著はしたる室鳩巢には「五常名義」「五倫名義」等の通俗文字を作りて刊行したる等文教は武士階級のみならず次第に一般的に普及せらるゝに至つたのである。

三　民育と佛教

文教の權は僧侶より儒者に移り、其の教化による武士階級の扶持を離れて浪人となりたるものゝ渡世として手習師匠を營むに至り、寺子屋の名は存せしも實は佛教とは緣薄きものとなり、高等教育は儒者、普通教育は手習師匠といふ狀態となつたが、山間僻地に至りては此手習師匠も得易からざるを以て、依然寺院に通ひて業を受くるものもあつて其の名の如き「寺子屋」も尚は殘存して居つたのみならず、

社會敎育の方面に於ては全く僧侶の說敎法話以外にはこれぞといふべきものなかつたがため、直接民衆に接して敎を說くものは、此僧侶のみであつて、其感化は津々浦々に及んだのである。勿論彼等の說く所は信仰を中心としたものであつたとはいへ、其の善因善果、惡因惡果の因緣談が民衆を動かしたことは少なくなかつたので、特に最も民衆的なる淨土眞宗の如きは他の宗派が朱印黑印等に安んずるに引きかへ說敎を以て生命として各地に傳道を試みたるがため直接間接に民育の上に多大の效果を擧げたのである。禪はもと武士階級を主としたが、其の敎化も次第に民衆的となり、曹洞の石平道人、鈴木正三の如きは士農工商に日常の敎訓を示せる「萬民德用」最も平易に敎旨を示せる「盲安杖」等の著あり、又親しく其の門に集り來れる老若男女を敎化し、此時代より禪の高僧の假名書きの法語行はれ、特に臨濟の白隱、盤珪、澤水、曹洞の天桂等の諸高僧が通俗平易を旨としたる述作は民心敎化に多大の力を有したのである。

此時に當りて民育に一新紀元を開きたるものは心學道話である。心學は從來の儒者佛者若くは神道者の各々其の一方に偏せるに反し、これを打つて一丸とし

て其の一致の點に立脚し且つこれらの人々の各々自己の職とする所あつて專ら民衆敎育に從事する能はざるに反し、こは身を挺して民衆敎育に從はんとし、しかも其身は、これらの人々の如き當時の上層階級と目せらるゝ身分にあらずして農民の子にして商家の徒弟たりし石田勘平（梅巖）によつて唱出せられ、其の初めて京都に道場を開くや、其の門の柱に

何月何日開講、席錢入り申さず候、無緣にても御望の方々には御遠慮なくお通りお聞きなさるべく候

と書いて全く自由に聽講せしめたる等、民育の方法として最も徹底したものである。しかも梅巖をして此心地を得せしめたのは禪道に通達せる海容軒了雲の力である。梅巖の高弟に手島堵庵あり通稱を近江屋といふ庶民階級の人であり、堵庵の門に中澤道二あり、これも亦通稱龜屋久兵衞といへる庶民階級の人、白隱の高足東嶺和尚の法を聞きて悟入する所あり後、師堵庵の命を受けて傳道を關東に試みんとして江戸に出で參前舍を設け得意の雄辯を以て民衆を敎化し、時の老中松平越中守（白河樂翁）の其の功を賞して參前舍のために地一區俸百包を與へんとす

るを辭し、彼の官醫官工の如きは富貴に慣れて營業を忘れ、祠官寺僧も亦寺祿に安んじて其の道を忘る、これ古より然り、今若し心學にして俸祿を得ば、恐らく同一の轍を履まん」といへる如き、確かに民衆敎育家の面目を發揮せるものである。

かくて心學の學舍は諸國に設けられ、其の敎師は多く庶民の階級より出でゝ民育の普及發達を計つたのである。此心學は神儒佛の一致を標榜したのであるが、其の中心思想となれるものには禪最も多く、殆んど禪の民衆化せられたるものゝ如き傾向を有して居つたのである。

四　地方改良と佛教

これら民育の中心となれるものに佛敎思想の横溢せるのみならず、佛敎家中直接地方の改良に手を下せるものも少くなかつたので、土地の開墾に就ては黄蘗の鐵牛和尙の下總を巡遊して周圍十里に亘れる椿沼の以て其の水を排すべき「法を弘むると民を利すると、世を濟ふに於て異ることとなし、我れ出家の身なりといへども「食は民の本なり、當に任じて之れを成すべし」とて閣老稻葉正則に請ひて之れに

着手し、終に五千餘町の良田を出し、干潟八萬石の名を得たるあり、殖林事業に於ては洞仙寺良悦が伊達政宗に勸めて國家百年の計は不毛を拆きて樹を殖るにありとし、領内に杉樹を殖えしめしあり通路を開鑿せるものには有名なる耶馬溪の洞門を開ける僧禪海あり、風俗の矯正に就ては墮胎拉殺の弊風を改めんとして百方之れを訓諭し、貧者には金穀を與へて之れを鞠育せしめ、尚ほ其の鞠育に苦むものは之れを乳母に屬して養はしめ、脱兒若くは嬰兒無慮三千餘人の生命を救へるといはるゝ土佐高岡郡發生寺の僧智隆あり此智隆と時を同うして備中備前の地方にあつて此弊風を矯めんとし地獄應報の額面をつくりて之れを多人數の集まる神社佛閣に掲げて墮胎壓殺の罪深きを感せしめたる僧法道あり、（白河樂翁も亦曾て其領内に此風あるを慨き當時の名工谷文晁をして血の池地獄の圖を描かしめて因果應報の恐るべきを知らしめて之れが矯正を計りしといふも亦之れ佛教を地方改良に應用したるもの）若し其れ賑恤救濟に至つては黄檗の鐵眼禪師の再度までも一切經飜刻のために勸進したる資を飢饉の救濟に抛ちて、人をして鐵眼は二度までも活きたる一切經を刻し、三度目に死したる一切經を遺せりと評せらる

ゝを初め、肥後の玄隨、伊勢の月僊、越後の教譽等枚擧に遑ないほどである。

身は僧侶にあらざるも、其の精神を佛教に得て親しく手を地方改良に下せるものには有名なる二宮尊德がある。尊德の報德教は戲れに名けて神儒佛正味一粒丸といへる如く三教融合の上に立つといへども、彼れが志を立てしは觀音經の感化最も力あり、其の主張せる經濟と道德との調和といひ、濟世利民の施設といひ、分度を守り推讓を旨とし報恩の道德を說ける皆な大乘佛敎の精神と一致して居るのである。彼れは口舌の人にあらずして實行の人であり、其の自得せる方法を以て下野、常陸、相模並に奥州中村等の各藩の囑を受けて地方の改良に從ひ頗る効績のあつたことは玆に喋々するまでもない。其他此の二宮尊德の報德教と共に地方改良の教旨として今の世に傳へらるゝ大原幽學の性理教も亦三教の混一に成るといへども、彼れが高野山に入りて深く佛教を究め、後、近江の松尾寺に提宗和尙に就き佛儒を併せ究め、其の所見を和尙に呈して悟入したるを本とすれば、佛教が其の思想に與つて力ありしは疑ふことが出來ない。

第四節　社會思想の變遷

一　徳川時代の社會組織

徳川氏の制度は上に皇室を戴き、下に諸侯を率ゐて國内の統一を計り、諸侯は各地に封土を得て之れを世襲し、其の領内の政治は全く之れに一任せられたる所謂地方分權的の封建制度であるが、地方分權の荷もすれば陷り易き分裂の弊を防ぐがため、毎に權力を中央に集注することを怠らず、諸侯に課するに參覲交替の制を以て、其の妻子を幕府の所在地たる江戸に置かしめ全國の大名を二分して毎年四月を以て交替期とし一半は江戸に居り、一半は國に居しむることとし、且つ諸侯の配置に苦心して自己の根據地たる關東八州幷に京都あり大阪ある近畿地方には自己の股肱たるべき譜代大名を置き此兩地を接續せしむる東海道、仲仙道には外樣大名を置かずして腹心の大名を配置し、外樣大名は多く之れを中國、以西若くは奥羽に置き、其の間にも譜代大名を配置して之れが監視に當らしめ、且つ主要の意味を有する所は幕府の直轄とし京都には所司代を置き、大阪には城代を置き、神宮

の鎮座ましますの山田、外國貿易の衝に當る肥前の長崎、或は金の産地たる佐渡には奉行を派し、其他産物の上に於て若くは戰略上重要と認めらるゝ地は代官を置きて幕府自ら之れを管理したる等頗る苦心して地方分權の上に國內の統一を計つたのである。

かく國內を統一すると共に、社會の階級を立て、禁裡卽ち皇室を最上權威としたるはいふまでもなく、他は悉く臣下として五攝家の如き上位の公卿を第一位とし、位階官等により將軍殆んど之れと同列にあり、其の下に諸大名あり、之れにも位階官等あり、將軍に直參せる旗本は無官たりとも六位に準じて之れを上士といひ、大名に仕ふるものは陪臣として下士に列し、其の中に官位高く一藩の家老職たるものは將軍直參に準じて上士の中に列し、他は下士として庶民階級たる士農工商の上位にあるに止れども、これを武士階級として貴び其の祿を離れたる浪人も、尙ほ且つ農工商の上にあり、此農工商の下に穢多非人あり、賤民として社會の最下層に置かれたのである。此の外に僧侶あり、社會階級を超越し、其高きは禁裡の下、大名の上にも列し、其の低きも庶民の上に位するの狀態であつた。かく階級を分たる

ゝも當時生產階級に屬するものは農工商のみで、殊に農は其の中心となり、それ以上の階級は皆な此收穫によつて衣食したので石高なるものは實に大名以下の階級を評定するの標準であつた。卽ち將軍は八百萬石を以て其の上に立ち、親藩には尾張(六十二萬石)紀伊(五十八萬石)水戶(三十五萬石)あり、外樣大名にあつては加賀の前田氏の百萬石、薩摩の島津氏七十七萬石、仙臺の伊達氏六十二萬石、肥後の細川氏五十四萬石、筑前の黑田氏五十二萬石、安藝の淺野氏四十三萬石、長門の毛利氏三十六萬石、肥前の鍋島氏三十五萬石等を大とし、其の小なるものは一萬石に至り、陪臣に至りて大藩に於ては萬石以上を得たるものあれど、大抵千石以上は稀れにして多くは五六百石より二三百石、乃至百石五十石等であつて此石高卽ち收入は以て彼等の社會的位置を評定せられたのであるが、大名以上たる公卿に至つては此石高を以て評定する能はず、一に其の位階官等に由るので、彼等は收入に於て大名に及ばずとも位に於ては其の上にあつたから終に「公卿の位倒れ」なる俗諺をも生ずるに至つたので、其の最上にある五攝家に見るも九條家は三千四十三石、近衞家は二千八百六十石、一條家は二千四十四石、二條家は千七百八十石、鷹司家は千五百

石に過ぎなかつたので其他の公卿は諸國の陪臣の所得にも及ばざるものが多かつたのである。されど彼等は社會の上位にあつて雲上人として崇敬をせられつゝあつたのであるから、名譽あるものは實收なく、實收あるものは名譽なく、こゝに社會の均衡が保たれたのである。

二　諸藩の民政

巧みに中央集權と地方分權とを調和したる德川氏の封建制度の楔子たる諸大名の參覲交替は各年毎に平和の出陣ともいふべき行列を整へて江戸と領國との間を往來し、且つ多くの家來を江戸に養はざるべからざるがために諸藩の大名の財政を疲弊せしめたことは少からぬものであつた。大名の疲弊は幕府の權力を重からしむる所以であるが、かくては諸藩の大名は立ち行き難きのであるから、勢ひ當時の生產階級たる領內の農民に重税を課せざることを得ざるに至るが、苛斂誅求は却て其の民を疲弊せしめて、其の結果は領主の困憊となり、終に財源を失ふに至るのであるから自然積極的の方法を講じて新地の開墾を奬勵して收穫の增

殖を計り國產を創造して其の缺乏を補ふといふことになり地方〳〵の富源は自から開發せられ、富力增進の策は次第に立てられたので、加賀の產業奬勵、富山の賣藥保護、津輕の殖林、赤穗の製鹽、米澤の織物、出雲の人蔘等に對する保護奬勵は其の著名なものである。

諸藩の施政此の如きを以て、此の時代に於ても地方民力の涵養に頗る注目せられ時に惡政の民を苦めたるものなきにあらずといへども、幕府、上に之れを統一し、各藩亦境を接するを以て苛斂誅求等の惡政の行はるゝ時は百姓は一揆を起して之れを奉行代官に哀訴し、其の用ひられざるや死を決して更に領主に迫り、領主に於て聽かずんば幕府に直訴し、又は他領に掛け込みて救濟を求むる等、時代相應の權利伸張の法はあつて、領內に此の如きことの行はるゝ時は、自家の面目を害するのみならず、其の極、幕府の譴責を受けて、或は減地、國替等の不幸を生ずるを以て、此の點からも民力は休養せしめられ、慈仁の政治は比較的多く此時代に行はれたのである。勿論、これには德敎の興隆も與つて力を有し名君と云はる人々の治蹟は多く此主義によつて民を敎へ民を富まし、常に其の臣下を戒めたるは、此時代劈頭

に黒田如水が
神の罰より主君の罰おそるべし、主君の罰より百姓の罰おそるべし、其故は神の罰は祈るも免るべし、主君の罰は詫言《わびごと》して謝すべし、只臣下百姓にうとまれては必らず國家を失ふ故、祈りも詫言も、此罰を免れがたし
といひ、備前の池田光政が、
町奉行は先づ心を正して義を明にするを本とし、其職を相勤むべき事
町中の風俗善に遷り候やうに常に心を盡すべき事
郡奉行も又之れに同じく下民住宅に安居して家職怠らざるやうに、盡くすべき事
郡中の風俗善に移り候やうに常に心を怠るまじき事
と記して家士を戒めたる、下つては白河樂翁が領内の武士を諭して
古より四民とて天下の人を士農工業の四ッに分ちおき夫々に司る所の職を付け申事に候、然るに農は耕作を勤め米穀野菜を出し、工は梓道となりて家屋を構へ、或は陶治となりて器物を作り、商人は諸々の物を商賣して妻子一族を養ふ、此

四民の内に三民にて天下の用を足し申候、殘り一民しかも上に立ち士と申す者は何を職と定め、誰に撫育をうけ、誰を育て候哉と得と合點致し可申候士の商賣と申すは、只義の一字を賣り候が家職にて候此の義理と申すものは色も香もなく何れから買出す所もなく、賣る所もなく、彼三民の所作とは事替り候へば、急度司人を定め不申候ては其分のやうに候得共、此義理の筋目なくなりては、人に廉直の心なく終には子も親を親ともせず、家事も主を主ともせず後には大亂にも及び申候故、武士といふものを四民の上に立て義理といふものを守らせ置き候といへる皆な領民尊重の精神に出でたるに外ならぬ。されば其の政治的施設に於ても藩用を節約して民の負擔を輕くし、窮民救濟の法を立て民をして怨みなからしめ、或は治水を施して氾濫の害を除き、溝渠を通じて水利を便にし、社倉を設けて凶荒に備へしめたる等民力の休養に心を盡くしたることは少なくないのである。

三　社會階級と經濟上の地位

諸侯は此の如く地方富源の開發に着眼し、且つ生産の主力たる農民を愛撫せしといへども、時代の推移や、其の一半を都會に暮らして漸次奢侈の風の浸染する等の事情によつて財政は次第に窮迫し、一方德川家康の謀臣本田正信の「百姓を治るの法は一年の入用の食料だけを殘して其の餘は年貢に取り、彼等の手許には財の餘らぬやうに且つ不足なき樣に治むべし」と献策せる主義により彼れの奢侈を制して租税を取り立つるも及ばざるを以て、武士の奉祿を半減して之れを上(主君)へ借り上ぐる半知なぞの法を行ひしを以て、大名の窮迫につれ其の臣下たる武士も亦窮迫し、却て當時の下層階級に置かれたる商家卽ち町人が擡頭し來り、太宰春臺が「經濟錄拾遺」に、

近來諸侯大小となく、國用不足にして貧困すること甚し、家臣の俸祿を借ること少きは十分の一、多きは十分の五六なり、それにても足らざれば國民より金を出さしめて急を救ふ、猶は足らざれば、江戶、京、大阪の富商大賈の家を借ること年々に已まず。借るのみにて返すこと稀れなれば子亦子を生みて宿債増加することと幾倍といふことを知らず

といへる如き狀態となり、社會階級上、陽に町人を輕侮するも、陰に町人を尊重することとなりて初めは百姓の下位なりしものも終には貴人の前にも出づることとなりて次第に勢ひを得るに至つたので、之れは打續く太平に伴ふ都市の發達や商工業の進步、加ふるに交通の便利は金銀貨の流通を盛んにしたる結果、經濟上の實力は商家に歸したに由るので、これら經濟上の優勝者たるブルジョアの手を借るにあらざれば大藩の諸侯も其の財政を維持する能はざるに至つたのである。これら町人の心理は近松門左工門が「壽の門松」に山崎淨閑の口を藉りて「侍は利德を棄てゝ名をもとめ、町人の子は名をすてゝ利德を取り、金銀をためる。これが道と申すもの」といへる如く社會上の階級たる名譽よりも經濟上の利得を主とせる此町人階級に武士階級は實力に於て屈服せざるべからざるに至つて社會制度は革新せられざるを得ざるに至つたのである。

一面社會上の階級と經濟上の階級とが顚倒し來れると共に、他面に於て國民的の自覺は幕府以上更に禁裡なるものあつて、これこそ統一の中心なるに、幕府が權威を擅にするの意義なきを悟り、將軍の八百萬石を領して禁裡を僅かに三萬石內

外に置くことの不合理を看取して、こゝにも改革の氣運は熟し來つたのである。

因にいふ寶永三年の調べによれば、禁裡御料二萬九千餘石、仙洞御料一萬五千餘石、親王公卿四萬四千餘石、門跡院家一萬九千餘石、女中方三千三百餘石尼御所四千二百石、諸役人二千三百石其他姫宮の合力米、公卿の藏米等を合せて十二萬餘石に過ぎなかつたのである。

第四章　自治の完成と佛教

第壹節　立憲自治の制度

一　自治制度の確立

太平三百年を繼續し來れる德川の天下も、內は次第に社會組織の崩壞を來し外は世界の大勢に促されて、こゝに維新の改革となり、皇室と人民との中間に介在せる幕府なるものは倒れ、諸國の大名も亦其版籍を奉還して、皇室親しく國家を統治したまふと共に、萬機公論の御詔となり、封建の餘弊たる社會の階級は打破せられて四民平等の世となり、曾ては武士のみの專有したりし兵役も、國民皆兵となり、上

流階級にのみ行はれたる學問の道も、國民悉く同一の敎育を受くることとなつて、自由平等の精神は國内に横溢せしといへども、其の初めに當りては封建時代に於て久しく地方分權に流れたる弊風を濟ふに急にして、德川時代に漸く萠芽を出し來れる自治の芽は刈られ、すべて統一を計るを旨として鋭意中央集權を計る官治の方針を取り明治四年、藩を廢して府縣を置き、其の府縣の下に大區小區を分ち區毎に戸長副戸長を置き、僅に自治の面影を存せしも、其の後泰西自由民權の思想、國内に浸染し來り、政府も亦維新の大詔たる萬機公論の政を布くには、普く地方の事情を悉くさしむるの必要を認め明治八年に至りて一方元老院を設け、大審院を置かるゝと共に、又地方官會議を召集の詔は發せられたので、これには

地方官を召集し、以て民情を通じ、公益を圖り漸次に國家立憲の政體を樹て、汝衆庶と共に其慶に賴らんと欲す。

と仰せられ、更に時勢の趨向に順應し他日立憲制を行ふの準備として府縣會並に町村會の規則を設けて地方自治の端を啓くと共に地方制度編纂委員を置き、幾多の變遷を經て制定せられたのが、明治二十一年法律第一號を以て公布せられたる

「市町村制」で、同法の理由書中に

蓋し自治區には其の自治體共同の事務を任すべきのみならず、一般の行政に屬する事と雖も、全國の統治に必要にして官府自ら處理すへきものを除く外、之れを地方に分任するを得策なりとす。

といひ、又

今地方の制度を改むるは卽ち政府の事務を地方に分任し、又人民をして之れに參與せしめ以て政務の繁雜を省き、併せて人民の本務を盡さしめんとするにあり、而して政府は政治の大綱を握り、方針を授け、國家統御の實を擧ぐるを得べく、人民は自治の責任を分ち、以て專ら地方の公益を計るの心を起すに至るべし。蓋し人民參政の思想發達するに從ひ、之れを利用して地方の公事に練習せしめ、施政の難易を知らしめ、漸く國事に任するの實力を養成せんとす、これ將來立憲の制に於て國家百世の基礎を立つるの根源なり

と、かくて日本國民は市町村に於て完全に自治の民たることを得たので、其の翌明治二十二年には不磨の大典たる帝國憲法發布せられて地方のみならず、國政にも

參與し得る立憲治下の民となり、次で明治二十三年府縣制郡制も發布せられ、(近く郡制は廢せられて、郡は行政區劃となつて自治體とはならなくなつた)國民として府縣民として、はた市町村民として完全に自治の民となつたのでこれを德川時代の恩惠的なる行政は、よし受けたることありとも、社會階級に壓迫せられ、領主の專制に誅求せられたるに比して、霄壤の差あるに至つたのである。

二　立憲と自治

由來我が國は民は皇室を中心とし、君は人民を中心としたるが爲めに、自治の萌芽も早く大化の革新と共に生じ、德川時代に至つては稍見るべきもののあるに至りしも、其の根本に於て人民によつて行はるゝ人民のための政治でなく、もと〳〵領主の便宜と利益の上から或る範圍の自治が認められて居つたといふまでで眞の意味での自治でなかつたのが、明治の世に至つて初めて完全なる自治が認められ市、町、村は國家の間接行政機關たる公共團體としての人格を有し自存の目的を以て立つことゝなり、其の市町村民は其の市町村のために互に協議して定めたるこ

課外講義

日本教育史上に及ぼせる佛教の勢力（三）

文學士　横山建堂

鎌倉時代には禪といふものが餘程日本へ入つて來まして、先づ後鳥羽天皇の時に榮西（歸朝）後堀河天皇の時に道元（歸朝）四條天皇の時に辨圓（歸朝）後嵯峨天皇の時には道隆、後伏見天皇の時には一寧といふやうな禪の高僧が參りました。尤も禪といふものは申すまでもなくズツト昔からあるのでありますけれども、謂はゞ禪の專門といふものが入つて來たのはこの鎌倉時代である、それより以前にも禪をやらない所は何處にも無いけれども、今度は禪が專門に入つて來た、殊に榮西、道元に至つて日本の禪といふものは初めて立派なものが出來た譯でありませう。鎌倉には前から申すやうな事情で非常に禪が歡迎せられて、鎌倉の五山が出來、京都

の方も亦禪に風靡して京の五山も出來るといふやうになつて來ました。

この禪といふものは、武士の方へどういふ工合に影響したかといふと、一體武士道といふものは歸する所は眞劍勝負であります、是が學問と違ふ所だらうと思ひます。學問の方は第一ヶ條、第二ヶ條で成べく秩序的でなくてはいけないのですけれども、實際の事柄、社會の眞事實といふものは、さう箇條を逐うて來るものではありませぬから初めから第百條といふやうなのが飛んで來るかも知れない、又前から順次に言はなければ說明が附かぬといふやうでは、實際の活きた社會に立てるものではありませぬ、殊に戰國の間に活潑な社會成長をやつて居る人は、その精神作用が活潑になつて來るのであります、學問をやつて居る人はそこがさういふ風に行かぬのだらうと思ふ。さういふ眞劍な所が禪と最も能く契合して居る點だらうと思ふ。その禪が武士の敎育に影響した一例を申しますと、應對の間の起居動作、その他すべて武士の生活といふものに是が及んで居る、つまり臨機應變といふ言葉がありますが、あれが卽ち禪的であらうと思ふ、證文の出し遲れといふことが世間にありますが、幾ら自分は正しいといつても、後から說明したのでは答辯

が答辯にならぬ「證文の出し遲れ」といふのは禪的ではない。武士道を現はす所の劍法武術の方に於ては、この禪が最も形の上に能く現はされて居ると思ひます。それで今申す所の武士時代の鎌倉から戰國の間を通じて、武藝の大家といふ者は、大概禪といふものに接觸して居るようでありまして、やつて居る事が禪僧的のことが多い。日本の擊劍では中興の大家としてある所の塚原卜傳なんといふ人のやる所は、餘程禪僧のやうでありまする、所謂無手勝流といふやうなのは最も禪的である。卜傳が馬を避けて通つたといふ話がある、卜傳の弟子のモウ免許を與へようとした位の人が馬の後ろを通つた時、馬が不意に跳ねたら、體を替して巧に避けたから人が感心して、流石に武藝の達人であると言つた、所が卜傳それを聞いて驚いて、そんな奴では免許を與へることは出來ない、それ程下手ではないと思つたと言つた。そこで卜傳はどうするかと思つて試して見ようといふので、馬を避けては通れないような細い道に馬を繫いで置いて、卜傳の仕方を見ようと思つたら、卜傳はそれを遠方から見て馬の居る道を通らないでズーッと遠廻りをして行つた。それから卜傳にどういふ譯かと聞いたら、馬の後ろを通れば馬が跳ねるのは無理

からぬことである。馬の後ろを通るのが悪いと言つたさうであります。斯ういふやり方は、卜傳は禪を學んで其處に至つたかどうかは分りませぬけれども、兎に角禪的であります、さうして卜傳は鹿島の神官の家の出でありますが、所謂神佛混淆で、鹿島の神宮寺といふものがある位、全く神樣と寺院は八幡大菩薩の流儀でありますから、その方の敎育を受けたといふことも想像されるのであります。又澤庵和尚の『不動智神妙錄』といふ書物は、擊劍の方に於ては金科玉條として看做された、例へば「白刄頭上に臨むとき如何」といふような問題は、卽ち禪宗の一の問題でありますが、斯ういふ事は殊に武士道では言ふ事でありまして、卽ち芝居に能くやる所の、荒木又右衞門が柳生但馬守の所に行つて、何も得物が無いからそこにあつた三寶の熨斗を折つて、それを刀にして試合をしたといふ事、あれは禪と武士道との接觸點を芝居に現はしたものだと思ひます。形に示せばさういふ風でありまして、その他追々中上げたいと思ひますが禪といふものが武士の敎育にズッと入つて來たのであります。

尤も鎌倉時代に於ては佛敎が非常に盛んになりまして──王朝時代には寺は

あれども佛敎はそれ程實質は熾んでない、私は奈良の今日を見ますと、奈良には寺あれども佛敎無しと謂つても宜からうと申したことがあります、あれが恰度奈良王朝の形をその儘遺して居る。今度鎌倉になりましてから佛敎といふものが實質的に發達して參つて、今申上げた禪僧の外に法然上人、親鸞上人、日蓮上人といふやうな立派な方が出て、さうして自力他力の兩方面からこの佛敎といふものが實質的に進んで、それが精神的にも又今の制度の方面にも、兩方に影響を與へたことゝ思ひます。

之を概括してこの時代に於ての佛敎徒の爲したる敎育的事業といふものを申上げて見ますと、第一には「寺子屋」であります、寺子屋といふ言葉は是こそ萬世不朽に、日本の敎育史に與へた佛敎の勢力を記念する言葉であります、是は最も好い代名詞であると思ひます。鎌倉の終り南北朝頃に或は「小學」とか或は「村黌」といふやうな字で漢文の書物に出て居るのは、卽ち世間で言ふ寺子屋であります。寺子屋といふ字は、今でも往々間違つて「寺小屋」と書いてあることが何かにありますが、是は「子」でなくてはいかぬと思ふ、「寺の小さい屋」といふ譯はないと思ふ。寺へ初め行

つて稽古したのが起原であることは申すまでもありませぬ。

その次には佛教徒が出版といふ事に非常に努力致しました、日本の出版事業といふものは佛教徒に依つて開かれたのであります。最も有名なのは正平版の論語で、是は正平年中に出來たのであります、これを出版した人は泉州堺の道祐居士（足利義氏の第四子で俗名祐氏といふ人で出家して道祐といつた）といふ人が、『論語』を出版した、是が先づ顯著なる出版の初めとなつて居ります。さうして佛書のみならず儒書を次第に出版して參りました、無論皆木版であります。

次には學問の上に哲學的思索といふ事が佛教徒に依つて日本に開かれた。日本の教育の表面は何處までも儒教でありますが、その儒教といふものに哲學的思索を與へたのは佛教徒であると思ふ。是より以前の王朝の學問といふものは、唯所謂訓詁の學問であつて、少しも哲學的といふことは無い。唯所謂漢唐の學問―漢唐の學問でも董忠舒の學問といふのが一番支那でも勢力がある、それが、日本にも入つて來たので、日本の王朝の學問は卽ち訓詁の學問でありますが、それが鎌倉時代の終になれば朱子學といふものが日本に入つて來て、朱子學に依つて日本

の儒學といふものが餘程哲學的になつて參つた。それから王朝の末に淸原賴業といふ人の意見が、朱子と略ぼ同時であつてさうして略ぼ同意見を出して居りますけれども、是はまだ十分に出來上らない未成品であつたのであります。それが今度鎌倉の終に至つて玄惠法印になつて、初めて朱子學をやり、玄惠の弟子からは北畠親房卿のような立派な人が出て居ります。この佛敎徒が朱子學を採つたといふことは或は、禪理に合して居るといふような所から採つたのでありまして、やはり何處までも哲學的なる所が斯ういふ佛敎者と合つた所であらうと思ふ。是で初めて儒敎といふものが餘程實質的になつて參つた、朱子學といふものが果して理想的のものであるかどうか、それは別と致しまして、日本の儒學といふものが哲學的になつて來たといふことは、佛敎の影響の餘程大きなものゝ一つであらうと思ひます。

鎌倉から戰國時代を通じて德川時代に至るまでの間に、一方に於て文學を主にやつた京都の五山の學僧が澤山ありますが、併しその外にやはり朱子學といふものを修めて居つた、その學統はズツと續いて德川時代の所謂文藝復活に至るまで

の間を繋いで居るのであります。　さうして桂庵和尚といふやうな人が出て居る――この桂庵和尚なども近年までは世間に忘れられた人でありますけれども、この人は薩摩の人として傳へられて居りますが、元來は山口の人である、併し山口では多く事業を爲さずして薩摩の方で非常に著はれた人であります。　一體藤原惺窩先生でも、初めは支那に行く積りであつたけれども、當時航海が不便で行かれない、そこで支那に行かれないから薩摩に行つた、薩摩の坊の津へ行くと支那の學問が支那との交通上容易に得られる、卽ち德川時代に長崎へ行つて西洋の學問を學ぶ、長崎でちよつと洋行の代理をしたといふような工合で、謂はゞ能く神樣などを勸請して遙拜する、あゝいふ理屈で長崎で西洋を勸請したように、薩摩で支那を勸請したようになつて居りますが、その惺窩先生が薩摩に行つたのは、卽ち桂庵和尚の學問を探ねる積りであつたのであります。　さういふ風に學問といふものがズツと哲學的研究が出て來るようになつたといふことは、この時代に於ける一つの大きな事實と思ひます。

一體この時代に支那及海外へ行くといふことは、餘程大きな仕事であつたらう

と思ひます。私自身は船には餘り弱くはありませぬ、強いとはありませぬが、別に弱くはない、それは別に醉つた事がないからさう申すので、併し非常に強いといふ事はありませぬ。西郷隆盛を西洋へやつたら十年戰爭は起らなかつたらうといふ論者があります、西郷從道さんも一生言うて居られたようでありますが、併し是はその事實を知らぬ人だと思ふので、あれはやはり船が嫌ひであつたのが一つの原因だらうといふ事であります。隆盛は島に流されたときに和船で送られて非常な難儀をした、私共も船には弱くないと思つて居りますけれども、若し和船で萬里の波濤を凌ぐといふことになつたら、餘程考へものだらうと思ふ、今日のように一萬噸二萬噸の汽船に乘つて行くなれば、自分の家に居るより餘程立派でありますから、却つて良い譯でありますけれども……。あの頃の弘法大師でも、傳敎大師でもその他所謂入唐された人の勇氣といふものは、先づこの和船に乘つて萬里の波濤を凌いだといふことに敬意を表さなければならぬと思ひます。今日の洋行といふことは、却つて自分の家に居るより船中の方が良い位ですから、少しも驚くに足らぬ、旅費さへあれば何時でも行かれる、併し當時支那に行くのはさうではない。

その上に船が始終難船をする虞があつて、傳教大師と弘法大師でも大變風に吹送られて、飛んだ離れた處に着陸された、着陸されたのはまだ宜しいけれども、それが遂に吹戻されたり、或は顛覆したりする事が多いので、寧ろ顛覆しなかつた方が不思議だと思ふのであります。でありますから王朝時代から鎌倉にかけまして、坊さんだけは流石に精神的生活をする人でありますから、それだけの勇氣を以て支那に行つたのでありますけれども、普通の人は中々信仰の力でなければ海が渡れなかつたと思ふ。支那の書物に書いてあるのを見ますと、一切經を日本へ持つて歸らうと思ふけれども、一切經は龍王が惜んで中々持つて歸れない、能く船が難船すると橘姫の式で荷物を皆捨てますから、一切經をすつかり持つて歸らうとしては度々一切經を海中に捨てた事がある、そこで到頭終ひには坊さん達が考へて、向ふへ行つて一切經を全部諳記して來ようとした人がある、是はちやんと歷史に書いてありますが、その人はモウ既に十年も十五年も居つて、何百卷とか覺えたけれども、まだまだ後が澤山ある、それも内容だけ覺えるのではない、文章をすつかり頭に入れて戻つて來て、それを書下せば一切經になるといふ譯であります、それ位の

努力をするといふことは非常なえらい事で、その人は遂に成功しなかつたようでありますけれども、兎に角航海が中々困難な爲にさういふ事を考へついたのだらうと思ひます。であるから支那から持つて歸つた書物は、弘法大師の將來目錄にしても、あれだけの本を無事に持つて歸るといふことは非常な力で、卽ち信仰の賜ものといふやうな事であらうと思ひます。たゞ例の倭寇といつて所謂八幡船で出かけた人は、平生船の生活をして居る人々で、是は別でありります。

第四は國體論でありますこの鎌倉から戰國の終までの間に日本の國體論といふものが佛敎者に依つて初めて唱へられたといふ事は、又一つの記念すべき事であると思ひます。この國體論といふものを明瞭に書いたものは私共の知つて居る限りに於ては『愚管抄』といふ本であると思ひます。これに、日本の國は天皇の血統ならぬ人を天皇にすることは出來ない國であるといふことが明言してありますそれより以前には如何なる物にもさういふ風に日本の國體を明かに書いたものはありませぬ。卽ち今日の帝國憲法の第一條には、

大日本帝國は萬世一系の天皇之を統治す

と書いてある、是が過去三千年と將來とに亘つての日本の國體を明記したものでありますが、その以前に遡ると、斯の如く一行二行の間に日本の國體を明言したのは『愚管抄』が初めてである。併しそれをモウ少し詳しく書きましたのは、師錬といふ坊さんの書いた『元亨釋書』に、ズツと詳しく日本の國體が辯論してあります。是は愚管抄よりもモツと詳しいといふことであつて、最も先鞭をつけたのは愚管抄でありますが、孰れも佛敎者の手に依つて出來たものでありまして、餘程愉快な事だと思ひます。それから鎌倉時代には親鸞上人、道元禪師が日本の皇室に最も近い所の血統から出られて、さうして佛敎を弘められたといふ事が、日本の國體と餘程聯絡を取ることに力があつたと思ひます。それから日蓮上人が『立正安國論』を書いて、日本の佛敎といふものを大いに國家的に活動されたといふ事も餘程力があると思ひます。併し國體といふ論は今申した愚管抄に始まると思ひます。

第五には敎育思想といふものが餘程進んで參りました、是より前王朝時代に於きましては、敎育思想といふものは前に段々申した所の有職故實といふような、一

つの練習のようなものでありましたが、鎌倉以後に至つて佛敎が盛んになるに從つて、敎育といふ思想が非常に進んで來ました。それからその敎育思想の中に段々細かく行けば中には一種の體育論ともいふべきものも出て來るようになつたのであります。榮西禪師の『喫茶養生記』是は茶を勸めた論であつて、茶は人の精神を開き、鬱を散じて體を養ふといふ事を書いた、茶の宣傳でありますけれども、その中に精神と肉體との關係を論述してある、是が一つの日本に於ける體育論の先鞭と見て宜からうと思ふのであります。

次には敎授法といふものがやはり佛者の手に依つて日本に開かれたのであります。寺子屋といふものがあつて子供を敎へるのであるから、自然そこに敎育といふ一つの技術《アート》が出來て來るのは當然の事であります、敎育といふものは技術であるから、唯内容だけでは出來ない。その寺子屋の敎育といふものは、終ひまでやはり習字といふものが本體になつて居る、是は初から終ひまでそれであります、鎌倉時代からやつて來た習字は和樣の習字で、唐樣ではない。それから講釋の術といふものが一種進んで參りました、是も佛者に依つて開かれたのでありまして、是

は王朝の終り頃から鎌倉の初めに、源氏談義といふ即ち講釋が起つて參りました。讀み方の方は王朝の時に既に訓讀といふものが開けて居ります、ちよつと著しい例を擧げますと、「月はのぼる百尺の樓」といふ詩があります、それを大江匡衡でありましたか、京都の或る荒れ果てた家の庭に入つて、行つて月夜の晩に、非常に月が美しいので興が浮いて、圖らず「月は上る百尺の樓」といふ唐詩を吟じたら、奥から型のように床しい尼さんが出て來て、今あなたは月は上る百尺の樓と仰しやつたけれども、それは違つて居る、月が何しに百尺の樓に上りますか、「月によつて上る百尺の樓」と言はなければならぬといつたといふ。所謂訓讀で言うたのでせう。是は一つの挿話でありますけれども、讀み方として一番多く、行はれたのは『遊仙窟』といふ本があります、是は支那の方では餘りその文章が傳はらないで、日本に傳つて居る一つの小説の文章として餘程よく書いてあるように思ひますが、前年森槐南さんでしたか出版されたように思つて居ります。是にはズッと讀み方が出て居ります。その讀み方を引用してあるのは近來では『八犬傳』の文章であると思ひます、馬琴は餘程ペナンチックの人であつて、人知れぬ所にあゝいふ事を試みた

ようでありますが、八犬傳の文章で山などの峨々として居る所を形容した所に、所々遊仙窟を眞似遊仙窟を氣取つて居る所があります。それは一つの音を言うてそれを繰返すようになつて居る、ちよつと一例を申すと、「高山峨々として聳え」といふ——是は餘り適當の例でありませぬが、例へば「慾ばる」といふ言葉は、正しく言うと「慾ぼる」である「慾ぼる」といふのは「よく」は音であつて「ぼる」は訓である「慾」の講釋が「ぼる」である「慾ぼる」といふ言葉ではない「慾」は音で「ぼる」は訓である、それを「慾ぼる」といふのは、初めから「慾」といふ字を言ふときに「慾ぼる」と讀んでしまふ、さういふ風に「高々として高く」とかいふように王朝の時には讀んだようであります。それは本を習ふときにそれが分れば大體分る譯であるけれども、今度講釋といふのはそれでは未だいけない、モウ一歩進んでの講釋が所謂談義といふことになつて、源氏談義といふのが行はれて居る。そこで佛者の方で唱導といふ事を始めて、それをやる人、所謂談義僧といふ者が出來て是が鎌倉時代に非常に盛んになつて參りました。これが所謂お談義といふことの一番起原であります、さうして王朝の終に出た澄憲、鎌倉時代のズッと終(寛元年中)に出た定圓、この二人が前後に現はれた談義

僧の二大家と言はれて談義といふ一種の講釋に長じた方であつた。今日でもお談義といふ言葉はありまして、學校の先生の講釋を直ぐお談義といふ、殊に修身の講釋を直きにお談義といふのでありますが、併し此のお談義といふのは初めは修身ばかりでなく、何でもかんでもお談義であつたのでありませうけれども、後には精神的修身訓話といふやうな事に、主に談義といふ言葉が殘るようになつたのであります。この談義といふことも佛者が日本の教育史に與へた非常に大きな記念物であつて、お談義といふ言葉は今日以後も永く遺るだらうと思ひます。

その次は修身教育に及ぼした力であります。是は餘程慈愛の深いといふ事、殊に第一佛教で教へる因果律といふものが、餘程日本の人心に大なる影響を與へて居ります。さうして男も女もでありますが特に婦人に對して、「あはれ」（物のあはれといふ事が王朝文學に出て居る、あはれといふのは悲しいといふ事では無論ない）「物のあはれ」といふ事を深く知らしたのは佛教の力でさうして女子といふものを非常に優しく導くことになりました。併し鎌倉時代には是が禪的、武士的と結びついてさうして武士道といふものが男子が表であるならば、その裏に女子武士道

といふやうなものが出來て來たのであります、是は貞永式目にその一箇條が出て居るので、明かにこれを女子道と書いてはありませぬけれども、その內容に於て明に規定した所があります。

教化資料

○ものゝ速度

種類	一時間に就き
蝸牛の歩む速さ	一尺六寸二分
血の循環する速さ	二町
降雪の速さ	六町
人の歩む速さ	一里
人の走る速さ	三里二十二町
馬の歩む速さ	三里二十二町
和風の速さ	五里十八町
強風の速さ	十里三十五町
烈風の速さ	二十六里二十二町
自轉車の速さ	二十六里
急行列車の速さ	二十九里
音の空中を傳はる速さ	三百三十九里六町
地球廻轉の速さ	三百四十四里
小銃彈丸の速さ	三百四十三里
十二吋砲の速さ	八百十一里四町
地球公轉の速さ	二萬七千里
流星の速さ	七萬二千里
海底電信の速さ	四百三十二萬里
光及無線電信の速さ	一億一千二百七十八萬○八百里

○犯罪と教育との關係

犯罪者の教育程度を別ちて其の總數に對する百分比例を算出すれば次の如し

△男に於ては

被高等教育者	○、一一%
被中等教育者	○、八○%
被普通教育者	二三、三一%
讀書し得る者	二六、二八%
無教育者	六、一二%

（略式手續により調査せざるもの及不詳者四四、三八%）

△女にありては

被高等教育者　〇、〇一%
被中等教育者　〇、一一%
被普通教育者　五、七二%
讀書し得る者　一四、〇三%
無教育者　一九、〇八%
（略式手續により調査せざる者及不詳者六一、〇五%）

次に主なる犯罪に就てこの關係を觀れば

△男にありては

賭博及富籤の罪
被高等教育者　〇、〇一%
被中等教育者　〇、一〇%
被普通教育者　一一、四七%
讀書し得る者　一七、〇四%
無教育者　四、三八%
（調査なきもの及不詳者六七、〇〇%）

竊盜の罪
被高等教育者　〇、〇五%
被中等教育者　〇、九五%
被普通教育者　四一、二〇%
讀書し得る者　四六、二五%
（調査なきもの及不詳者一一、五五%）

詐欺及恐喝の罪
被高等教育者　〇、三九%
被中等教育者　三、〇五%
被普通教育者　四三、九九%
讀書し得る者　四四、一五%
（調査なき者及不詳者八、五一%）

△女子に就て見れば

賭博及富籤の罪
被高等教育者　無
被普通教育者　二、二三%
讀書し得る者　八、六四%
無教育者　一二、七九%
（調査なきもの及不詳者七六、三七%）

竊盜罪
被高等教育者（不詳者）各〇、三五%
被中等教育者　一七、六三%
被普通教育者　三五、七二%
無教育者　四五、九五%
被中等教育者　〇、七六%

嬰兒殺
- 被普通教育者　一一、三六%
- 讀書し得る者　三九、三九%
- 無教育者　四九、四九%

墮胎の罪
- 被高等教育者　無
- 被中等教育者　〇、二四%
- 被普通教育者　一八、六三%
- 讀書し得る者　三三、〇二%
- 無教育者　四八、一一%

詐欺及恐喝罪
- 被高等教育者　〇、五二%
- 被普通教育者　二〇、二一%
- 讀書し得る者　三九、八九%
- 無教育者　三九、三八%

贓物の罪
- 被高等教育者及不詳者には無し
- 被中等教育者　〇、七四%
- 被普通教育者　一五、四四%
- 讀書し得る者　三六、〇三%
- 無教育者　四七、七九%

等にして男女共に無教育者に犯罪者多く、次で讀書し得るものに多し。

○日常食料品主成分分析表

	水分	蛋白質	脂肪	含水炭素	纖維	灰分
米飯	六九・〇	二・七	〇・〇三	三〇・七	一・一	〇・五
麥飯	七六・〇	二・八	〇・二	一八・五	〇・八	〇・七
麵麭	三八・八	七〇・〇	一・二	五三・五	一・〇	〇・七
うどん	六八・三	四・九	〇・一	二六・〇	〇・三	〇・五
そば	八〇・〇	二・五	〇・一	一七・一	〇・一	〇・三
豆腐	八八・八	六・六	三・〇	一・一	〇・二	〇・六
卯の花	八三・三	六・八	二・三	四・四	一・四	〇・七
高野豆腐	一一・九	六二・四	六・〇	一六・八	〇・五	二・四
油揚	五七・四	二三・〇	一八・七	〇・五	〇・一	一・四
湯葉	二三・九	五一・六	一五・六	六・七	〇・五	二・八
麩	七一・五	一三・三	〇・二	一四・五	〇・二	〇・四
黑豆	二・一	四〇・三	一八・三	二三・〇	三・九	四・六
大豆	一三・五	三六・七	一七・三	二四・九	二・五	五・〇
豌豆	一四・九	二三・七	一・四	五二・七	五・七	二・七

牛乳	八六・三	三・八	三・六	四・七	—	〇・七
豆乳	九〇・二	五・三	二・五	一・三	—	〇・六
鱸	七七・七	一八・五	二・六	—	—	一・一
鰹	七二・七	二五・一	一・二	—	—	一・〇
鯛	七七・八	一九・〇	一・九	—	—	一・三
鰯	七〇・三	二一・四	六・九	—	—	一・六
鯖	七二・五	二一・一	四・九	—	—	一・五

○犯罪と年齢との關係

△男女總數に對する年齢別百分比例

二十歳未滿者　六、三五％
二十歳以上三十歳者　三〇、八〇％
三十歳以上四十歳者　三一、六二％
四十歳以上五十歳者　二〇、〇八％
五十歳以上六十歳者　七、八七％
六十歳以上者　三、二八％

△女にありては

二十歳未滿者　六、〇〇％
二十歳以上三十歳者　二一、三一％
三十歳以上四十歳者　二八、六三％
四十歳以上五十歳者　二三、四四％
五十歳以上六十歳者　一三、二四％
六十歳以上　七、三八％

二十歳未滿者は男女の比例著しき懸隔なけれども二十歳以上三十歳者に於ては、男高きこと九、四九％にして、三十歳以上四十歳者は何れも其の割合最も高くして、男は女に比し二、九九％高し。四十歳以上五十歳者に於ては、男は大に低下し、其の最高率より少きこと一一、五四％にして女も亦五、一九％少し。五十歳以上六十歳者は何れも益々減じ、男は二十歳未滿者より纔かに一、五二％高く、女は男の約二倍を占め、其の二十歳未滿者に倍す。六十歳以上者の男は其の最低位に達し女は男の約二倍餘に當り、其の二十歳未滿者より尚一、三八％高し、依是觀之、男の犯罪年齢は比較的短く、女は之に反して比較的長しと謂ふべし。

○保健食料の標準

日本人は其の體量十三貫目を有する成年男子として中等度の勞働に從事するものなれば一日間の食料は總溫量二千四百カロリーを發生すべき蛋白質、含水炭素及脂肪を攝取する必要がある。卽ち其比例を示せば

蛋白質　九〇瓦（二十四匁）
脂　肪　二〇瓦（五匁半）
含水炭素　四五〇瓦（百二十匁）

を以て相當の分量とせられてゐる。尤も之れは前記十三四貫程度の男子に對するものにして、成年の女子及び十四歲乃至十七歲の男子は、右の八割同年輩の女子は七割、十歲乃至十三歲の男女子は六割、六歲乃至九歲の小兒は五割、二歲乃至五歲の幼兒は四割に相當する分量を適當とする。

因に總溫量單位の一カロリーとは一リットル(約五合五勺)の水を攝氏一度に高むるに要する溫量にして蛋白質含水炭素は共に其の一瓦（二分六厘）は四、一カロリーの溫量を、脂肪の一瓦は九、三カロリーの溫量を發生し得るものである。

○營養法に就き心得べき十則

（一）、材料の選擇。（二）、調理法の研究。
（三）、食量の節約。（四）、完全なる咀嚼消化。
（五）、嗜好の廣汎。（六）、購買方の注意。
（七）、食物貯藏法。（八）、虛榮心の除去。
（九）、粗食美食萬能主義の排斥。
（十）、飽食不要等。

雜　錄

□前卷正誤　前第七卷講義中左の通り正誤す

經濟學說と實際問題

111頁　7行　地方で貸け　は　他方で貸付けの誤

聽衆の心理

64頁　1行　論議　とあるは　謬論の誤

教化講習錄概要

□課目並に講師□

課目	講師
歐洲近代文藝思潮	文學博士 金子馬治先生
大戰後の世界現勢	ドクトル、オフフイロソフイー 長瀨鳳輔先生
社會問題と思想問題	文學士 赤神良讓先生
社會教育	文部省社會教育課長 乘杉嘉壽先生
思想の變遷と流行語の研究	文學博士 藤岡勝二先生
兒童心理の應用	東洋大學教授 高島平三郎先生
經濟學說と實際問題	慶應義塾教授 淸水靜文先生
實用論理	東洋大學學長 境野黃洋先生
佛教文化の特徵	文學博士 椎尾辨匡先生
我國の政治と佛教	文學博士 村上專精先生
現代思想と佛教	ドクトル、オフフイロソフイー 渡邊海旭先生
思想の表現と聽衆の心理	加藤咄堂先生
社會事業概說	內務事務官 齋藤樹先生
自治民政と佛教	加藤咄堂先生
我國の文化と神道	帝室博物館祭祀神祇部主任 津田敬武先生
佛教各宗の安心	各宗諸大家

其他隨時課外講義として最近科學の進步幷に敎化に適切なる講演を揭げ且つ每卷敎化資料を添ゆ

□會員特典

特典 會費三ヶ月分以上前納者に對しては質問劵を送附し、講義科目に就き隨時質問の便を得せしむ

□期間並に紙數

每月一回(一日發行)、紙數二百頁內外、各科講義に長短ありと雖、全部十二冊を以て完結す

□本講習錄の五大特色

一、專門知識を通俗化し平易なる說述を以て民衆敎化に好資料を提供するは本講習錄の特色なり。

一、敎化傳道に從事する宗敎家諸君に斷えず新なる敎材話材を供給するは本講習錄の特色なり。

一、社會を敎化し民衆を指導する人々に常に思潮の推移を知らしむるは本講習錄の特色なり。

一、各方面に於ける現代大家の執筆を請ひ讀者をして親しく其敎を受くるの感あらしむるは本講習錄の特色なり。

一、質疑應答の欄を置き讀者をして其難解の個所に對して隨意に質問せしむるも亦本講習錄の特色なり。

本講習錄購讀上の注意

△會費御送附の節は「新規」若くは「繼續」と御記入ありたし

△會員住所氏名は間違を生じ易きが故に最も明瞭に記載されたし

會費	
一ヶ月分	金壹圓
三ヶ月分	金貳圓九十錢
六ヶ月分	金五圓五拾錢
一ヶ年分	金拾圓五拾錢

△會費は前金のこと、送金は振替にて新修養社へ御拂込を乞ふ、集金郵便を差出す時は手數料金拾錢を加ふ

△中途加入者にも第一卷より送付す

大正十一年五月廿八日印刷
大正十一年六月一日發行

編輯兼發行人 東京府豊多摩郡代々幡村代々木百八番地 加藤熊一郎

印刷人 東京市神田區三崎町三丁目 番地 百目木智璉

印刷所 東京市神田區三崎町三丁目一番地 株式會社共榮舍

發行所 東京市麻布區飯倉町五丁目卅拾四番地 新修養社

電話芝一二七四番
振替東京八二六四番

◆思想混亂時代青年

この部分は、原本の状態により収録できませんでした。（不二出版）

加藤咄堂先生著

最新刊

青年箴

裝幀高雅 クロース金字入
袖珍型
二百三十頁
定價金壹圓貳拾錢（郵稅六錢）

青年は如何に人生を見、如何に社會に立ち、如何に人格を養成し、如何

化に貢獻し、如何に心を修め、如何に世に處すべきか、本書は著者

の苦心を以て、高遠の理を平易の筆に現はし、簡潔の語句の上に深長

を寓して是等の問題を解決し、更に國民としての覺悟に及ぶ、叙述

にして趣味横溢し、引例適切にして感興特に深し。今や思想は混亂

世は其の進路に迷ひ、生活は窮迫して人は煩悶に苦しむの時、一卷

書は明に其の進路を定むるの羅針盤たり、其の煩悶を醫するの清涼

劑たるを疑はず。敢て滿天下に勸めて其購讀を希ふ。

東京市神田區三崎町三ノ一
新修養社
振替口座東京八二六四番

JN165605